高等职业教育财经商贸类专业系列教材

新媒体营销

第2版

主　编　康肖琼
参　编　林健骏　杨叶飞　周任重

机械工业出版社
CHINA MACHINE PRESS

本书系统地阐述了新媒体的概念、理论及应用方法。在梳理了新媒体营销理念与规则的基础上，结合生动的新媒体营销案例，深入探讨了新媒体营销的策略与方法，全面涵盖了新媒体营销的主要领域：微博营销、微信营销、短视频营销、自媒体平台营销、社群营销、新媒体营销与大数据推广等。

本书按照学习者的认知规律，各模块均设置了知识目标、能力目标、素质目标、案例分析、小资料、课堂讨论（活动）等版块，帮助学习者对重点内容进行理解与掌握。

本书可作为高等职业教育各专业“新媒体营销”课程的教材，亦可作为企业及社会相关从业人员学习新媒体营销技能的培训指导用书和参考用书。

图书在版编目（CIP）数据

新媒体营销 / 康肖琼主编. -- 2 版. -- 北京 : 机械工业出版社，2025. 1. --（高等职业教育财经商贸类专业系列教材）. -- ISBN 978-7-111-77171-5

Ⅰ. F713.365.2

中国国家版本馆 CIP 数据核字第 20248WK741 号

机械工业出版社（北京市百万庄大街 22 号　邮政编码 100037）

策划编辑：孔文梅　　责任编辑：孔文梅　董宇佳

责任校对：丁梦卓　张　薇　　封面设计：鞠　杨

责任印制：张　博

北京建宏印刷有限公司印刷

2025 年 1 月第 2 版第 1 次印刷

184mm×260mm • 13.5 印张 • 292 千字

标准书号：ISBN 978-7-111-77171-5

定价：48.00 元

电话服务
客服电话：010-88361066
　　　　　010-88379833
　　　　　010-68326294

网络服务
机　工　官　网：www.cmpbook.com
机　工　官　博：weibo.com/cmp1952
金　　书　　网：www.golden-book.com
机工教育服务网：www.cmpedu.com

Preface

前言

党的二十大报告指出，必须坚持科技是第一生产力、人才是第一资源、创新是第一动力，深入实施科教兴国战略、人才强国战略、创新驱动发展战略，开辟发展新领域新赛道，不断塑造发展新动能新优势。为贯彻党的二十大精神，本书在动态修订过程中，系统梳理了新媒体营销领域的新知识、新技能、新思路、新方法，并将其有机融入内容中，同时汲取《国家职业教育改革实施方案》中有关的职教改革理念与精髓，以学生的全面发展为培养目标，融“知识学习、技能提升、素质培育”于一体，严格落实立德树人根本任务。全书以讲好中国故事、传播中国文化为主线，将“乡村振兴”“粤港澳大湾区”等鲜活生动的案例内容融入知识讲解中，全面阐述各种主流新媒体营销模式的理论、方法与操作过程。

新媒体的称呼是与传统媒体相区别的一个概念。传统媒体主要包括报刊、电视、广播等信息传播渠道，新媒体则是采用网络技术、数字技术和移动通信技术进行信息传递与接收的信息交流平台。在以互联网为代表的新媒体时代，在产品和服务日益同质化的背景下，新媒体营销越发凸显出其重要性。新媒体营销是当下最流行的营销途径。互联网时代的新媒体营销，为商业经济的发展带来新的机遇，同时开拓出一片新的发展领域，从另一个角度来说，也使人们的日常生活变得更加丰富、多元和便捷。

本书从新媒体营销的基本概念切入，对整个新媒体营销知识体系进行了系统整合，将新媒体营销所涉及的不同平台及载体分开讲解，以理论知识为主，结合实际案例，帮助读者更好地将知识应用到实际工作中。

下面分别介绍各模块的主要内容，以帮助读者更好地了解本书的知识架构体系。

模块一：新媒体概述

介绍新媒体的基本概念、发展历程和未来趋势。

模块二：新媒体营销与运营

主要介绍新媒体营销的相关知识，详细讲解新媒体营销的概念、类型、营销方法与思维，以及新媒体运营相关内容。

模块三：微博营销

主要讲解微博营销的相关知识，包括微博营销的基本概念、特点以及价值，并从应用角度讲解企业微博营销的入口设计、推广技巧及效果分析。

模块四：微信营销

主要讲解微信营销的相关知识，包括微信营销的基本概念、模式等基础知识。同

时，按照微信朋友圈营销、微信群营销、微信公众号营销三大门类进行营销设计、定位的分析。

模块五：短视频营销

主要讲解短视频营销的相关知识，包括视频营销的基本概念、营销模式、创作以及直播营销。

模块六：自媒体平台营销

了解自媒体平台营销的相关知识，了解代表性自媒体平台，例如今日头条、百度百家号的营销方法和技巧，以及申请流程等。

模块七：社群营销

了解社群营销等相关知识，包括如何打造社群运营团队，如何进行社群商业变现等。

模块八：其他类型新媒体营销

了解包括游戏营销、知识问答营销、App营销在内的新型新媒体营销的基本概念及应用场景。

模块九：新媒体营销与大数据推广

了解人工智能大数据在新媒体营销领域的应用与实践。

本次修订分工如下：康肖琼负责模块一、二、五，周任重负责模块三、四，林健骏负责模块六、八、九，杨叶飞负责模块七；康肖琼负责全书统稿。

本书阐释了新媒体营销的方式、策略、规则和盈利模式，采用了大量的案例分析，贴近生活、贴合实际、观点犀利、构思独特。通过微课视频，巧妙融入课程思政；针对案例现象，通过研究，发现新媒体营销的真正内涵，增加了该书的理论价值，有利于人们在营销过程中趋利避害，值得读者深思。

为方便教学，本书配有电子课件等配套教学资源。凡使用本书的教师均可登录机械工业出版社教育服务网www.cmpedu.com下载。咨询电话：010-88379375；或加入QQ群：726174087。

编　者

Index

二维码索引

（续）

名称	二维码	页码	名称	二维码	页码
新媒体运营相关工具介绍		28	LBS 推广		55
微博营销的概念		41	微博舆情监测		56
微博营销规则		42	常用微博舆情监控工具		58
微博营销的发展趋势		43	微信营销的模式		66
微博营销的特点		43	微信小程序营销		66
微博营销的价值		44	微信视频号营销		67
微博账号 @ 博物杂志解读		46	丁香医生微信营销案例		68
企业微博账号运营规则		47	微信个人号营销		69
微博营销的设计定位		47	微信朋友圈营销		72
微博矩阵		54	微信群增粉技巧		75

（续）

名称	二维码	页码	名称	二维码	页码
微信群营销霸蛮案例		77	直播营销风险防范及分析技巧		105
短视频营销的概念		89	自媒体营销基本概念		113
讲好中国故事		89	典型自媒体平台介绍		114
自媒体生产内容方式（UGC、PGC、PUGC）		93	自媒体平台内容创作思路		117
乡村振兴，科技助农		93	自媒体内容创作技巧		118
政务新媒体		94	社群营销		148
AISAS 模型		98	社群的构成要素		148
直播营销		104	社群的分类		150
直播营销的优势及发展		104	社群营销基本概念		152
直播平台分类		105	社群商业变现方式		157

Contents

目录

Module 1

模块一
新媒体概述

学习目标

知识目标

◎ 了解新媒体的概念

◎ 理解新媒体的形式与特征

◎ 掌握新媒体的发展趋势

能力目标

◎ 能够清晰地界定新媒体的类型，区分新媒体与传统媒体

◎ 能合理地运用新媒体的特征完成相关营销活动

素质目标

◎ 从认识各类新媒体平台入手，了解我国新媒体相关技术及商业模式的飞速发展，重视中国式现代化话语体系及文化输出方式

单元一 认识新媒体

一、新媒体的概念

新媒体（New Media）的概念是1967年由美国哥伦比亚广播电视网（CBS）技术研究所所长戈尔德马克率先提出的。新媒体是相对于传统媒体而言产生的定义，到目前为止，没有一个绝对的概念。随着科技的进步，新媒体的概念也在进一步进行延伸变化。

新媒体的概念

关于新媒体的定义，业界目前有以下一些主流观点：

美国《连线》杂志对新媒体的定义是："所有人对所有人的传播。"新传媒产业联盟秘书长王斌则认为："新媒体是以数字信息技术为基础，以互动传播为特点，具有创新形态的媒体。"联合国教科文组织对新媒体下的定义是："新媒体是以数字技术为基础，以网络为载体进行信息传播的媒介。"

对于新媒体的界定，学者们可谓众说纷纭，至今没有定论。一些传播学期刊上设有"新媒体"专栏，但所刊载文章的研究对象也不尽相同，有数字电视、移动电视、手机媒体、IPTV（交互式网络电视）等，还有一些刊物把博客、播客等也列入新媒体专栏。那么，到底什么是新媒体？

国内著名新媒体研究领域专家、清华大学新闻与传播学院教授彭兰在其《"新媒体"概念界定的三条线索》一文中提及：①计算机信息网络在传播新闻和信息方面具有媒体的性质和功能，故称为网络媒体，目前主要指全球最大、最普及的计算机信息网络——互联网。②网络媒体从广义上说通常指互联网，从狭义上说是基于互联网这一传播平台进行新闻信息传播的网站。③在实践层面，曾有人用"网络媒体"一词特指像千龙网、东方网这样不是直接产生于传统媒体的媒体。当然，前述界定过于狭窄，后来基本形成的共识是，在传播机构层面，网络媒体特指以网络为渠道与手段从事新闻与其他信息传播的机构。在Web1.0时代，很多人眼里的新媒体就是网络媒体，"新媒体"一词在当时使用频率要远远低于"网络媒体"。Web2.0兴起后，一些新的社会化媒体应用形式，如微博、微信，其传播模式显著异于网站，因此，也被一些人称为"新媒体"。

综合以上概念所述，新媒体是报刊、广播、电视等传统媒体以后发展起来的新的媒体形态，是利用数字技术、网络技术、移动技术，通过互联网、无线通信网、有线网络等渠道以及计算机、手机、数字电视等终端，向用户提供信息和娱乐的传播形态和媒体形态。

根据艾熹信息技术（上海）有限公司（CICsocial）2019年发布的中国社会化媒体格局概览（见图1-1），搜索、视频、图片、音频等均为新媒体的形态之一。

图 1-1　2019 年中国社会化媒体格局概览

【课堂讨论】

你认为以下媒体中哪些属于新媒体？哪些属于传统媒体？除此之外，你还能列举出哪些新媒体？

1. 手机短信	2. 报纸	3. 电子邮件	4. 门户网站
5. 手机新闻客户端	6. 视频直播	7. 微信公众号	8. 电子竞技

二、新媒体的形式与特征

新媒体的形式和特征

新媒体是新的技术支撑体系下出现的媒体形态，如数字杂志、数字报纸、数字广播、手机短信、移动电视、网络、桌面视窗、数字电视、数字电影、触摸媒体、手机网络等。相对于报刊、户外广告、广播、电视四大传统意义上的媒体，新媒体被形象地称为“第五媒体”。

综合以上，新媒体在传播方式、传播内容、传播速度等方面均表现出独有的特征。

1. 交互性与即时性

新媒体利用独特的网络介质使信息内容传播与接受方之间的关系趋向于对等，与传统媒体相比，受众可以通过新媒体的互动，发出更多的声音，影响信息传播者。

在新媒体时代，信息传播渠道多元化，受众可以自主地参与到传播系统中，每个人既是信息的接受源，也是发射源。计算机与通信的结合才是信息化的基础。对于新媒体而言，也正是如此。而通信技术意味着，媒介的信息传播可以是双向的，这也使得传受双方的双向交流成为可能，这种双向交流的能力往往被人们称为“交互性”。尽管传统媒体也有一定的受众反馈机制，但与新媒体相比，那种反馈是被动而微弱的，因此，交互性成为区分传统媒体与新媒体的主要特征之一。

新媒体信息传播的速度非常快，表现出明显的即时性特征，网民通过手机、电脑或者其他智能终端能够快速发布信息和及时接收信息。打破了传统媒体定时传播的规律，真正实现了无时间限制和无地域限制的传播。

2. 海量性与共享性

依托各种先进的网络技术手段，海量化、碎片化的新媒体信息得以以简短精练的形式存储于平台上，并实时被触达。同时，也有许多不同内容类型的互联网共享平台，例如B站、知网，用户可以随时上传和下载自己喜爱的互联网视频、图片、文本资源等。

新媒体形式多样，这给传播带来了极大的趣味性，丰富的文本、图片、音频、视频可以对媒体的表现形式进行更广泛的延伸、扩展、融合，从而使内容触达人心，令人身临其境。除了大容量之外，新媒体还有“易检索性”的特点：可以随时查找、存储一段时期内的相关内容。

3. 超文本与多媒体

尽管“新媒体”一词刚出现时，它所对应的信息内容等并未采用数字超文本技术，但是，当“新媒体”这个词开始真正普及时，人类已经进入计算机时代。计算机技术实现了信息的数字化存储、加工、传播与呈现，而数字化信息的传播介质，就是新媒体。

美国麻省理工学院教授伊契尔德·索勒·浦尔（Ithiel de Sola Pool）在他1983年出版的著作《自由的科技》（*Technology of Freedom*）中指出，“任何一种过去只能通过单一媒介提供的服务，例如广播、报纸、电话，现在都可以由多种媒介来提供。由此，过去在媒介与它所提供的服务之间存在的一对一的关系正在被侵蚀”。而这种媒介形态的融合，还体现在大众传播、人际传播、群体传播、组织传播的媒介融合方面。浦尔所说的融合，已包含了大众传播与人际传播的渠道的融合，而后来新媒体的发展，将群体传播与组织传播也融合进来了。

除了以上所提到的媒介形态的融合外，新媒体的融合还表现为手段的融合。多媒体传播被认为是新媒体传播的典型特征。

4. 个性化与社群化

基于大数据和人工智能技术，新媒体可以做到面向更加细分的受众，为个人提供千人千面的媒体信息服务。也就是说，每个新媒体受众手中最终接收到的信息内容组合可以是一样的，也可以是完全不同的。这与传统媒体受众只能被动地阅读或者观看毫无差别的内容有很大不同。

在新媒体时代，受众角色发生转变。每个人都可以利用互联网来表达自己想要表达的观点，传递他们生活的阴晴圆缺，构建自己的社交网络。我国著名新闻传播学者喻国明形象地将此描述为“全民 DIY”：“简单来说，DIY 就是自己动手制作，没有专业的限制，想做就做，每个人都可以做出一份表达自我的‘产品’来。”新媒体成为平民大众张扬个性、表现自我的最佳场所。

除此之外，随着流量成本逐步提高，私域流量的概念再次火了起来。“私域流量”，简单来说是指“自己可以掌握的私人流量”，即所探讨的“社群化”。新媒体的社群化主要具有以下特性：能够低成本地获取精准流量，能够在社群交流中提高用户黏性，以此进行低成本宣传，并且可以搭建自己的平台。

私域流量

【小资料】

融合发展下《人民日报》数字化转型

随着互联网的不断发展，传统媒体与新兴媒体融合发展已经成为时代发展的必然趋势。《人民日报》的数字化转型如图 1-2 所示。

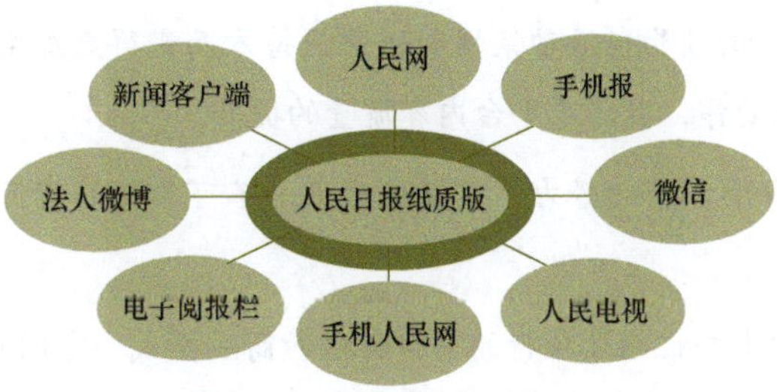

人民日报：打造全媒体矩阵，构建“数据中心”&“信息超市”

图 1-2 《人民日报》的数字化转型

【案例分析】

小红书内容增长与生态发展

小红书的月活用户数已超过 3 亿，其中 95 后和 00 后用户占比较高，内容创造者超过 8000 万，SPU 超过 20 万。平台 90% 的内容由用户产生（UGC），这表明小红书拥有强大的用户基础和活跃的内容生态。

小红书通过种草营销，探索了多元的商业化路径。2023 年，小红书提出了“种草值 TrueInterest”作为衡量效果的新维度，并强调“万物皆可种草”的概念，这不仅包括消费品，还涵盖了服务、体验等。小红书的电商发展依托于其内容社区氛围，商品笔记成为商家经营的重要场地。未来，小红书计划上线 AIGC 技术驱动的商品笔记发布工具，以降低内容制作门槛，提高效率。

从小红书的发展历程来看，它通过不断迭代产品和运营策略，从最初的购物攻略 PDF 到 UGC 笔记形式，再到引入算法推荐，不断优化用户体验和内容分发机制。同时，小红书也注重发现和运营新兴的小众生活方式和内容趋势，如露营等，这不仅丰富了社区内容，也吸引了更多对此感兴趣的用户群体。

微信视频号的商业模式探索

微信视频号自2020年上线以来，已经实现了强劲的增长，并不断完善其生态系统，进一步释放商业潜力。

（1）用户增长与参与度：视频号的总用户使用时长已超过朋友圈总用户使用时长的80%，视频播放量、日活跃创作者数和日均视频上传量均大幅增涨。

（2）内容生态建设：视频号的内容类型偏泛生活、泛知识，与抖音、快手的泛娱乐内容形成差异化。视频号通过社交推荐机制，基于社交关系链进行内容分发，促进了内容的冷启动和传播。

（3）商业化发展：视频号在商业化方面进行了多项功能更新，如视频号小任务、创作分成计划、直播间付费推广功能等，为创作者和商家提供了商业化变现的途径。

（4）直播电商：视频号直播带货规模保持高速增长，2023年GMV（商品交易总额）较上年增长近300%，显示出视频号在直播电商领域的巨大潜力和发展空间。

（5）用户画像：视频号用户年龄层较高，45岁以上用户占比40%，并且在一线城市和五线城市的占比高于抖音和快手，显示出视频号在不同地域和年龄层的广泛吸引力。

（6）运营与生态治理：视频号在活动策划和运营扶持方面变得更加主动积极，同时通过乱象整治和规则更新等生态治理动作，促进了平台内容质量的提升。

微信视频号通过上述多个方面的努力，已经成为一个不可忽视的蓝海赛道，为品牌和商家提供了新的增长机会。

问题：你如何看待小红书与视频号独特的平台特色和商业模式，它们有什么核心区别？

新媒体的发展趋势

单元二　新媒体的发展趋势

新媒体异军突起，日益成为信息传播的主渠道，极大改变了世界传媒业的面貌。未来新媒体的发展至少有以下七大趋势：

1. 人工智能促进智能互联与万物融合

在新的传媒时代，新媒体更加广泛地渗入人类社会生活，从“万物互联”到“万物智能”，电商、人工智能，以及各类VR（Virtual Reality，虚拟现实技术）、AR（Augmented Reality，增强现实技术）将极大地改变人们未来的生活。随着5G、人工智能算法、智能语音与计算机视觉、智能驾驶等领域的不断发展，人工智能企业将加速崛起。

“互联网+”是用互联网技术去对接配置、迭代甚至取代传统的或者现有的一些生活或者商业模式，有机会重塑传统行业。我们正在从“万物互联”走向“万物智能”，如何通过技术感知场景，使用户连接服务变得更加智能，而且让人机交互不为人们所意识，这是未来媒体的系统工程。

2. 新媒体发展进入“大数据”时代

现在越来越多的企业将用于管理、查询、交易、计算的个人资料和生产资料储存在云上面，这能有效降低企业 IT 资源的投入，让企业更专注于主业和核心竞争力，尤其适合创新型的中小企业。大数据、云计算、人工智能等技术的普及应用，改变了传统的新闻采集、制作、发布方式，重塑了信息传播流程，极大激发了新闻生产潜力。

一般情况下，用户并不知道媒体什么时候发布自己关心的新闻，这时智能化推荐就显得尤为重要。腾讯的天天快报、百度的百家号以及今日头条都在该领域有所尝试。今日头条的广告词是“你关心的，才是头条”。今日头条会根据用户的个性需求将内容推送到用户首页上，以便让用户最先看到他们关心的内容；百度多年前就开始布局人工智能，并一直在旗下的百家号上进行测试。

【小资料】

提及新媒体科技改善生活，阿里巴巴（以下简称“阿里”）堪称这方面的典范。以“让天下没有难做的生意”为宗旨的电商平台阿里，以 B2B 为主要业务，后续扩展至 C2C、B2C。随着科技的不断进步、互联网经济的进一步发展，阿里也逐渐将新技术纳入自己的电商生态圈体系。

自 2014 年开始，阿里巴巴在文娱行业展开一系列收购，并在数字音乐、数字出版、影视版权行业分得一杯羹，从而拥有了全媒体完备的经营资质，为后续家庭互联网的生态拓展奠定了坚实的基础。

除此之外，阿里还与上海广播电视台（SMG）建立了全面战略合作关系，对于传统媒体电视 SMG 来说，这可谓是双赢无疑了。SMG 将从阿里获得海量的互联网用户数据；同时，引进电商、手游等，寻找广告以外新的增长点；最后，开放节目制作链条，引入用户全方位参与。

3. 移动互联与媒体融合

中国毫无疑问已经成为全球最大的移动终端市场，在天猫、淘宝每年“双十一”惊人的成交额当中，有 68% 来自移动端的交易。通过移动端接口，人们可以随时、随地自主地选择各类媒体。于是，传统媒体（报刊、广播、电视、书籍等）不得不与移动互联产生融合，形成各类所谓的融合媒体，媒体融合同时也改变着人们的视听、阅读体验。移动互联的基本特征是数字化，其最大优势就是便于携带，具备交互性功能强大、信息获取量大且快速、传播即时、更新快捷等基因。以移动广播为例，搭上移动互联网的广播，使得多向互动成为现实：受众可以在线收听，也可回放节目，并随时、随地通过微博、微信等方式，即时参与节目。与传统广播节目相异，移动互联广播倾向于个性化、自主化的节目。

电视观众与传播机构的互动也因移动互联而更加灵活。电视用户在观看节目的同时，依然可以随时、随地通过文字、图片、声音、图像等方式，与电视传播机构进行互动、相互交流。而且随着各种美图、摄像技术的发展，移动互联网用户的身份从原先传统媒体的受众，转变为新媒体信息的提供者（User Generated Content，UGC）。全民参与的新媒体形式不断诞生。视频移动客户端用户接受影响因素需着重“内容体验”，增加“娱乐性”，降低“风险性”，提升“易用性”。

内容付费

4. 内容付费市场发展与挑战并存

中国知识付费市场近年来经历了显著的增长，这主要得益于在线学习和网络消费习惯的普及。内容付费市场的发展受到多重因素的影响，包括：①用户需求增加：随着社会竞争的加剧，个人对提升自我技能和知识水平的需求不断上升。②技术发展：互联网技术的快速发展，尤其是移动网络和在线支付技术的普及，为知识付费提供了便利条件。③内容创新：内容创作者和平台不断创新，推出多样化的内容形式，如视频课程、在线研讨会等，满足不同用户的需求。

针对用户的不同需求，知识付费行业也在不断探索新的商业模式和运营策略，以适应市场的变化和用户需求。例如，订阅制模式，通过提供持续且稳定的收入来源，同时也为用户带来更加灵活和个性化的服务体验，还有包括泛娱乐内容探索，即付费故事和短剧作为新兴的内容形式，结合了娱乐与知识传递，吸引了大量用户，尤其是年轻群体的关注；除此之外，还有知识服务化，即知识付费正逐步从单一的内容售卖向提供深度服务转型，如百度的“训练营”模式，通过线上线下结合的方式，为用户提供更加全面和深入的知识服务体验，以及AI技术的融合应用，AI技术不仅在内容创作和推荐中发挥作用，也在知识服务的个性化和互动性上展现出巨大潜力，如通过智能客服和虚拟助教提供定制化服务。

5. 政务新媒体不断加强服务功能

在国家倡导“互联网+政务服务”、政务资源互通共享后，全国政务新媒体功能更加完善，不同部门间的信息壁垒被逐渐打通，人们在网上办事也会更加便利。

【案例分析】

《西安人的歌》：新媒体营销与文化自信的融合实践

《西安人的歌》是一首以西安方言演唱的歌曲，通过新媒体平台迅速走红。这首歌曲凭借其独特的地方特色和朗朗上口的旋律，吸引了广大听众的注意。通过抖音平台的病毒式传播，成功打造了西安的网红城市形象。在营销策略上，主要有以下方面：①内容创意：歌曲以西安方言演唱，展现了浓厚的地域文化特色，引起当地人的共鸣和外地人的兴趣。②用户参与：鼓励用户模仿、翻唱和创作与西安相关的短视频，增加了互动性和参与度。③KOL效应：利用抖音上的意见领袖和网红进行推广，借助他们的影响力吸引更多粉丝。④话题标签：创建相关的话题标签，如#西安人的歌#、#西安旅游#等，便于用户搜索和参与。⑤城市特色展示：结合西安的历史文化、美食、景点等元素，通过短视频展示城市魅力。⑥跨平台联动：将抖音上的影响力扩展到微博、微信等其他社交媒体，形成全方位的宣传效果。 通过这些策略，不仅提升了西安的知名度和吸引力，也为城市旅游和相关产业带来了经济效益。

在该案例中，抖音利用西安丰富的历史资源，通过歌曲和短视频讲述历史故事，增强对中华文明悠久历史的了解和尊重。同时，强调歌曲展现的西安方言和地域文化，体现对中华优秀传统文化的自信和传承，激发听众对本土文化的自豪感和保护意识。

6. 以“社交电商”为代表的社会化媒体产品成为新势力

拼多多、小红书、有赞、云集等社交电商模式有效解决了传统电商获取流量难的问题，通过充分挖掘用户个体和社群价值，以信任和人脉为核心进行商品和平台推广。社交电商催生了新零售，充分发挥了社交化这一新媒体产品的核心功能。借助小程序等社交媒体平台，以“社交电商”为代表的社交化产品不断发展。

社会化媒体一方面成为人们进行有效交往的社交工具，改变着人们的社会资本，另一方面也逐步被政府、企业组织体系广泛应用，以提高其工作效率，并吸引应用开发商转移到社会化媒体的传播平台上来，研发各类用户所需个性化的服务。所有种种，必定将带动更多的投资汇聚社会化媒体领域，使其成为新的产业增长点。

社交化电商

同时，更多公众借助社会化媒体平台分享自己的闲置资源，与他人共享资源，并促成消费的“分享经济”商业模式不断涌现在教育、医疗、广告创意、培训、家政服务、租赁、二手交易等领域，颠覆着人们的传统消费观念，改造着传统社会的各个领域，如交通出行、短租住宿、旅游等。未来，用户自主传播的媒体创意效应将以更多的“分享经济”形式崛起，向更多领域拓展，如餐饮外卖、家庭美食分享，一些闲置厨房资源也将被盘活；发达的快递物流将出现服务功能更加细化的物流众包模式。用户自主传播的媒体创意效应因各类媒介技术的应用越发彰显其魅力。

【课堂讨论】

你在使用下面哪些产品时更依赖于朋友圈的社交口碑？和同学们交流一下看法，为什么有的产品更需要社交口碑？

1. 鲜花店　　2. 手机　　3. 新款饮品　　4. 大米

5. 专升本培训班　　6. 手机游戏　　7. 方便面

7. 互联网平台监管进入常态化阶段

自 2021 年国家出台一系列互联网监管政策以来，我国对互联网平台的监管政策不断更新、完善。2022 年 3 月 1 日，国家网信办等四部门联合发布的《互联网信息服务算法推荐管理规定》正式施行，我国积极布局人工智能领域法律体系与制度建设，算法与人工智能领域将是下一阶段网络治理的重点。我国对互联网平台的常态化监管预期在一定时期内相对稳定。

【小资料】

我国社会化媒体生态

BATS（百度、阿里、腾讯、新浪微博）是社会化媒体界的传统巨头，而独角兽“字节跳动”的出现打破了这一格局。“字节跳动”凭借精准的智能算法推送技术创立了抖音短视频、今日头条等平台，运用技术优势迅速俘获了大批用户，用户量暴增直追传统的 BATS 社会化媒体。

在传统观念里，无论是百度系还是新浪微博，用户都已经习惯了“使用搜索引擎主动寻找内容”。然而，信息流时代的来临，无疑颠覆了原本的用户行为，用户的一些潜在需求被培养、被挖掘，而原生性极强的信息流广告也让用户在不知不觉中接受广告浸润。

1. 社会化媒体多格局分化，核心与衍生各领风骚

以往根据功能性对社会化媒体进行划分的方式已不再能适应其新格局下的扩展形式了，因此，以用户关系及平台内容作为分类指标，业界形成了核心社会化媒体、衍生社会化媒体以及复合社会化媒体的分类方式。

（1）核心社会化媒体。核心社会化媒体延续传统的社会化媒体形式，以即时通信、人际交往为基本目的，辅以周边相关兴趣、新鲜事、生活体验增强联系纽带。

（2）衍生社会化媒体。衍生社会化媒体主旨为保持或增加用户黏性，赚取流量，让用户通过平台的过滤获得更加个性化的信息，以帮助他们更好地进行决策；衍生社会化媒体可以宽泛地分为影音娱乐、网络游戏、电商购物、知识资讯四大板块。

图 1-3 为核心和衍生社会化媒体双格局 App 示例。

图 1-3 核心和衍生社会化媒体双格局 App 示例

（3）复合社会化媒体。在世界领先的互联网市场之一——中国，越来越多的互联网平台从单一功能转向多功能的复合媒体。这种“新型生物”是独有且复杂的，我们将其定义为复合媒体。

复合媒体指支持搜索、交友、通信、娱乐、游戏、购物及社交功能且总用户数大于 5 亿的平台。在我国，微信、支付宝、淘宝、QQ 目前均可被定义为复合媒体。

2. 核心社会化媒体平台：微博

新浪微博通过扶持鼓励个人在垂直化领域进行专业性运作，来提升普通用户与专业用户之间的黏性，从而实现全局各个垂直领域的流量变现生态。

3. 衍生社会化媒体平台：从抖音到知乎

（1）影音娱乐。现代人生活节奏加快，对娱乐内容的碎片化感官体验提出了更高的需求。视频相比于传统的文字和图片有着更丰富的表现力，并且可以满足用户娱乐消遣、打发时间的需求。

在欣赏有趣内容的同时，这些社会化媒体也支持一键转发分享，这就实现了内容的快速爆发疯传，使得用户既能自己娱乐，又可以感受到社交的乐趣，而其中内容的推送又是严格按照算法实现的，使得用户"刷"到停不下来，从而产生"抖音三分钟，人间已三年"的调侃。

图 1-4 为用户观看网络视频和直播原因示例。

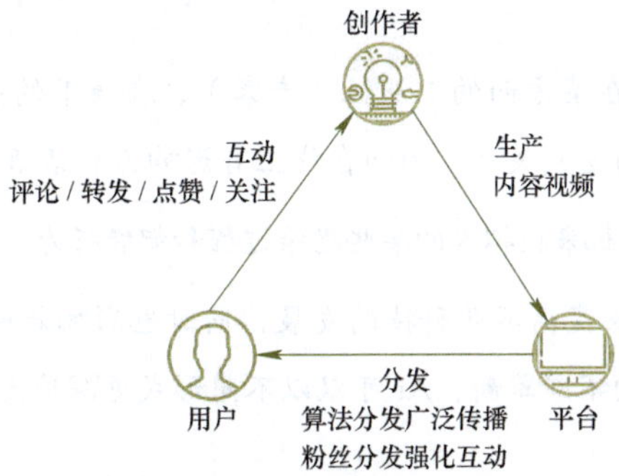

图 1-4　用户观看网络视频和直播原因示例

（2）网络游戏。以"王者荣耀"为代表的多人在线游戏是网络游戏社会化媒体运作的经典成功案例。当玩家第一次进入该游戏，系统会随机匹配队友，但玩家若想要在游戏中获得好成绩，必然会想方设法寻找有共同兴趣爱好、相对稳定的游戏玩伴，摸索固定的战斗模式，合作取胜。

此时他们既可以将已有的稳定社交关系带入游戏中，也可能把因游戏结识的玩伴沉淀为线下的社交关系。如此游戏内外社交关系的良性导入导出，产生了强大的用户黏性，也让游戏成为天然的社会化媒体入口。

（3）电商购物。小红书通过深耕内容，打造 KOL（Key Opinion Leader，关键意见领袖）的影响力，迅速成为社交电商的领航者。

1）内容精细化。对普通用户鼓励其分享生活笔记，晒出个性；对于 KOL，邀请其入驻，鼓励帮助其生产相关专业内容；对于明星，为其提供展示自我的舞台，满足粉丝的好奇心。

2）传播。小红书笔记可通过链接和截图两种方式分享，既可以在朋友聊天时转发分享，也能被微博大号和电商用作文案素材进行二次创作。

3）向电商导流。小红书本身自带商城，支持用户完成笔记内同款产品的认知、购买、买后晒货评价一条龙服务，同时，App 也支持其他主流电商的分享转发，如淘宝、京东等其他主流电商也会借用小红书上的爆款吸引顾客。

（4）知识资讯。知乎是以精品回答内容为主的弱关系知识型社区。该平台用户可以分为三类：专业生产者（贡献高质量内容的专业团队）、专业知识者（来自各个行业的意见领袖或者专家或者学者）和知识型用户（愿意接受更好的教育，渴望学习探索，拥有积极生活态度的用户群体）。

知识资讯平台用户架构如图 1-5 所示。

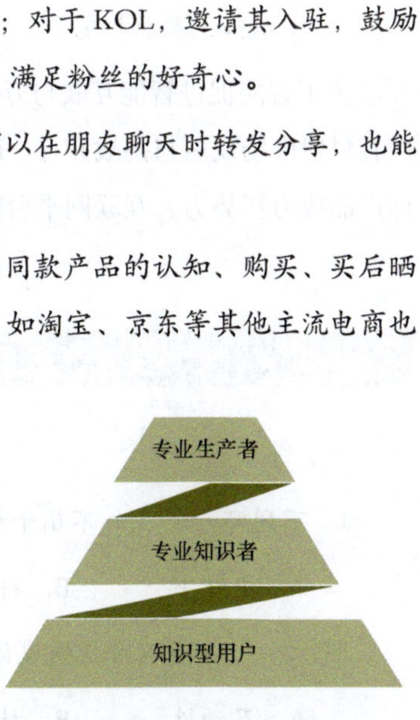

图 1-5　知识资讯平台用户架构

4. 社会化媒体用户的变迁

现今，社会化媒体的用户形态已不仅仅包含普通网民和意见领袖，人工智能（AI）也已开始涉足社会化媒体。

（1）普通网民。通过媒体获取信息，表达个人意见，但通常情况下影响力较小，或只在小范围内有影响力。

（2）意见领袖。由于其在某方面的专业性（专家）、在线下的影响力（名人和媒体），或者借助线上平台特质（网红）而受到关注，因而在线上有影响力和话语权。

（3）人工智能。通过计算机来模拟人的某些思维过程和智能行为，是社会化媒体上的新“用户”。

社会化媒体生态的不断改变离不开科技的发展，同时也影响着网络用户之间的关系。随着AI技术的发展和机器学习技术的不断革新，AI可以以不同形式更深地影响媒体的传播。

模块小结

1. 新媒体的基本概念

新媒体是报刊、广播、电视等传统媒体以后发展起来的新的媒体形态，是利用数字技术、网络技术、移动技术，通过互联网、无线通信网、有线网络等渠道以及计算机、手机、数字电视等终端，向用户提供信息和娱乐的传播形态和媒体形态。

2. 新媒体的特征

交互性与即时性、海量性与共享性、超文本与多媒体、个性化与社群化。

3. 新媒体的发展趋势

人工智能促进智能互联与万物融合、新媒体发展进入“大数据”时代、移动互联与媒体融合、内容付费市场发展与挑战并存、政务新媒体不断加强服务功能、以“社交电商”为代表的社会化媒体产品成为新势力、互联网平台监管进入常态化阶段。

练习题

一、单项选择题

1. 下列哪一个App不属于社会化媒体（　　）。

A. 小红书　　B. 抖音　　C. 微博　　D. 滴滴打车

2. （　　）是区分传统媒体与新媒体的主要特征之一。

A. 互动性　　B. 社群化　　C. 海量性　　D. 融合性

3. 新媒体是以（　　）为基础，以互动传播为特点，具有创新形态的媒体。

A. 数字信息技术　　B. 互联网

C. 超文本　　D. 多媒体

二、多项选择题

1. 新媒体的典型特征是（　　）。

A. 交互性　B. 海量性　C. 融合性　D. 社群化

2. 未来新媒体发展的大趋势包括（　　）。

A. “大数据”时代　　B. 内容付费

C. 政务新媒体　　D. 移动互联与媒体融合

三、问答题

你关注了多少个微信公众号？经常打开的微信公众号有多少个？都是什么类型的？微信公众号的置顶功能你使用得多吗？会对你的阅读产生什么影响？

四、案例分析题

内容付费将成为大趋势

1. 内容付费成为中流砥柱

在这个全民学习、信息爆炸的时代，每个人都想抢占先机，获取更多的信息资源和优势，“终身学习”成为一项大趋势。2016 年，得到、知乎 LIVE、樊登读书、喜马拉雅 FM 等平台纷纷上线推出付费产品，知识付费产业进入集中爆发阶段。然而，经过了微信公众号、网络直播的火热，知识付费究竟是昙花一现，还是潜力无穷？

2. 内容付费的前世今生

自古以来，“购买知识服务”一直都存在，古时的达官贵人解决了基本的温饱问题后，都会雇佣文人墨客给自己口述一些传记、传说的内容，以达到娱乐休闲的目的。到了现代，我们所阅读到的出版物、所接受的学校教育以及各个培训机构的专项课程都是知识服务的内容。随着互联网技术的进一步发展，各种形态的娱乐形式层出不穷，人们日常的生活场景日益碎片化，这对知识服务也提出了新的要求。人们可能没有耐心逐字逐句读完一本完整的书，更愿意将一篇太长的文章转化为音频收听。因此，如何提供更加个性化、碎片化的知识内容服务，也成为整个行业的痛点。

这个痛点用一句话总结，就是需要有专业人士能够迅速将一门学问讲解给普通人听，而对普通人来说，则是通过碎片化学习的方式快速获得一门知识或一项技能，最终实现知识内容跨界化、碎片化、场景化分享。

3. 内容究竟该付费还是免费？

在传统的免费内容提供时代，商家最关注的是内容如何吸引用户眼球，从标题党到内容尺度大，但凡能达到阅读量 10 万以上，商家的技巧无所不用其极。而在这一过程中，免费内容充分满足了用户的猎奇心理。

而内容付费则改变了这一逻辑：用户通过付费去学习的内容，天然是需要打败诱惑和猎奇的，并且要付出一定的努力。挑战人性的舒适区，与此同时，用户也会在这一过程中有一定的获得感。

古人云：书非借不能读也。对于付费内容也是一样的道理，“付费产品”选择众多，用户一定是经过精挑细选，选择更为适合自己需求的产品，在这一大前提下，用户主观学习的能动性充分被调动，在这一过程中，也享受到了学习的自我成就感。从内容提供者的角度来说，他们的知识产品得到了更为广泛的传播，在创造价值的同时，他们的专业能力也得到了尊重。

4. 内容创业，敢问路在何方？

（1）内容创业在未来会成为培训的辅助。在快节奏的社会进步场景下，再也无法实现以往一门专业知识用一辈子的场景。因此，每个人都需要日常的自我学习和知识更新。碎片化的内容知识付费服务可以提供给人们多元化的场景进行泛社会化的培训教育，不得不说，现在是内容创业最好的时代。

（2）内容创业领域头部效应显著。与任何领域相同，内容市场的头部20%的公司占据了市场80%的利润，自媒体、公众号领域的内容创业，新入场者的机会已经不多，市场蛋糕与格局正在逐步走向稳定，但垂直领域专业性更强、可读可看性更强的内容创业团队依然有脱颖而出的希望，而短视频与直播领域的内容创业，还有众多机会。

问题：内容付费为何火爆？未来发展何在？你使用过内容付费产品吗？内容质量如何？相比于其他的知识获取渠道，内容付费在哪些方面吸引你？

Module 2

模块二 新媒体营销与运营

学习目标

知识目标

◎ 了解新媒体营销的概念与类型

◎ 理解新媒体的营销方法与思维

◎ 掌握新媒体运营所需工具

能力目标

◎ 能够运用新媒体营销的方法与思维

◎ 能够合理运用新媒体的相关技能及工具完成运营活动

素质目标

◎ 新媒体营销时代造就了一批成功的领军人物和相关平台，学生应从从业人员身上学习勇立潮头、紧握机遇、锐意创新的宝贵品质

单元一 认识新媒体营销

新媒体营销的概念

一、新媒体营销的概念

新媒体营销是随着信息技术的革新、互联网技术的进步、企业传统营销模式多样化态势的出现而发展起来的一种全新理念的营销方式。对于新媒体营销的概念认知，目前不同的人群亦持有不同的观点。一种观点认为，新媒体营销是一种基于互联网技术的应用，是在满足客户需求的前提下，所进行的不断开拓市场、增加盈利的营销过程。也有观点提出，新媒体营销是一系列以新媒体为主要手段，以获取销售线索为主要目的的市场活动。

信息时代，伴随着5G高速通信网络时代的来临，新媒体营销以其沟通性、差异性、创造性、关联性、体验性的特点，在各个行业展现出了强劲的发展势头，并对传统的报纸、杂志、电视媒体产生了巨大的冲击，各个企业纷纷将营销的重点转移到新媒体平台，但这并不意味着新媒体营销将完全取代传统营销。从媒体融合角度来看，新媒体营销是对传统营销的扩展与延伸，所获取的收效不可估量，是社会经济新的增长点。新媒体营销作为一项系统化工程，其所触及的内容极其丰富，包括市场调研、客情分析、品牌建设以及信息发布等，其价值的最大释放有赖于各个环节的有效衔接与整合，需要宏观布局、统一协调。

【课堂讨论】

以下哪种行为属于新媒体营销的活动类型？

1. 在微信社群进行了一场主题内容分享，用户填写个人资料并关注公众号后可获得相关活动资料素材。

2. 某知名博主在微博发起话题活动，评论并转发可获得抽奖资格。

3. 在知乎的音响发烧友圈“如何选择居家小音箱？”问题中解答并推介某个品牌的音箱产品。

二、新媒体营销的类型

互联网环境下新媒体营销的传播媒介呈现越来越多元化的态势，手机终端的升级发展，也给新媒体营销提供了广博的媒介土壤。时下流行的新媒体营销主要有以下几种类型：微信营销、微博营销、短视频营销、自媒体营销、社群营销。

1. 微信营销

微信微博营销

微信营销是网络经济时代企业或个人营销模式的一种，是伴随着微信的火热而兴起的一种网络营销方式。微信不存在距离的限制，用户注册微信后，可与周围同样注册的“朋友”形成一种联系，用户订阅自己所需的信息，商家通过提供用户需要的信息，推广自己的产品，从而实现点对点的营销。

举例来说，支付宝的微信公众号可谓在众多严肃官方公众号中独树一帜。“山无棱，天地合，都不许取关！”这是关注支付宝微信公众号后自动弹出的回复。相比于企业正统的形象，支付宝微信公众号有着自己独特的“人设”。在这里，支付宝摒弃了传统的品牌硬广，积极迎合现代年轻人古灵精怪的风格。文字没有复杂的排版和逻辑推理，更能照顾到多数人轻阅读的习惯。同时，支付宝公众号的文章非常注重对用户留言的反馈，这极大地满足了用户被尊重的需求。

支付宝公众号

【课堂讨论】

1. 你知道目前主流的新媒体平台都有哪些吗？可以如何进行分类？

2. 你曾经使用过哪些新媒体软件？请以小组为单位展开讨论（每组至少讨论三种新媒体平台），总结各新媒体平台使用情况、感受等。

3. 结合新媒体的特征和发展趋势，谈谈你使用过的新媒体平台的特色和亮点等。

4. 分组讨论，谈谈亲身经历过的印象最深的某公司某产品的新媒体营销活动案例，分享交流。

2. 微博营销

微博营销是指通过微博平台为商家、个人等创造价值而执行的一种营销方式，也指商家或个人通过微博平台发现并满足用户的各类需求的商业行为方式。微博营销以微博作为营销平台，每一个粉丝都是潜在的营销对象，企业利用更新自己的微型博客向网友传播企业信息、产品信息，树立良好的企业形象和产品形象。每天更新内容就可以跟大家交流互动，或者发布大家感兴趣的话题，这样来达到营销的目的，这样的方式就是互联网新推出的微博营销。

该营销方式注重价值的传递、内容的互动、系统的布局、准确的定位，微博的火热发展也使得其营销效果尤为显著。微博营销涉及的范围包括认证、有效粉丝、朋友、话题、名博、开放平台、整体运营等。自2012年12月后，新浪微博推出企业服务商平台，为企业在微博上进行营销提供一定帮助。

2018年6月，来自霸王的一条广告在微博上引起了大量关注及刷屏。起因是歌手毛不易代言了霸王洗发水，明星代言产品本身是一件稀松平常的事，可这一次代言的原因却令大家啼笑皆非。只因为毛不易的粉丝在官微下评论了内容，“为何不请毛不易作为产品代言人呢？”因为毛不易和霸王防脱洗发水的结合能让人产生“每一根毛发都来之不易”的联想。

熟悉的粉丝们都知道，毛不易本身是一个艺名，其意取自“虽生活不易，但希望不改初心”，然而霸王却在这里将自身产品与艺人名字相结合，迸发出了新的火花——“每一根毛发都不容易”，甚至连品牌口号也都是围绕着“毛不易”的名字展开——“护发不易，还好有你”，可谓十足的借势营销。毛不易代言霸王防脱洗发水广告如图2-1所示。

图2-1　毛不易代言霸王防脱洗发水广告

【课堂讨论】

你有微博账号吗？大概是什么时候注册的？登录微博的频率如何，你一般用微博做些什么呢？

3. 短视频营销

关于什么是短视频，目前尚没有一个合适的定义。社交媒体和数字营销内容与招聘平台 SocialBeta 将其定义为“一种视频长度以秒计数，主要依托于移动智能终端实现快速拍摄与美化编辑，可在社交媒体平台上实时分享和无缝对接的一种新型视频形式”。

短视频的出现既是对社交媒体现有主要内容（文字、图片）的一种有益补充。同时，优质的短视频内容亦可借助社交媒体的渠道优势实现病毒式传播。在厘清了短视频的概念之后，短视频营销就可以理解为“企业和品牌主借助于短视频这种媒介形式进行社会化营销的一种方式”。

近年来，短视频规模化发展，技术的进步、用户的需求、内容的爆发，都使得短视频行业面临新的挑战。短视频独立 App 月活用户数量庞大，BAT 也纷纷入场短视频；从广告数据分析来看，电视广告和互联网广告的预算也是此消彼长，2015 年、2016 年是短视频营销的分水岭，互联网广告投放已经大于电视广告投放，广告主的预算不断向移动视频转移。

4. 自媒体营销

自媒体营销就是利用社会化网络、在线社区、博客、百科或者其他互联网协作平台和媒体来传播和发布资讯，从而形成的营销、销售、公共关系处理和客户关系服务维护及开拓的一种方式。自媒体营销工具包括论坛、短视频、微博、微信、今日头条、博客、SNS 社区、图片和视频。网络营销中的自媒体主要是指具有网络性质的综合站点，其主要特点是网站内容大多由用户自愿提供，而用户与站点不存在直接的雇佣关系。自媒体传播的内容量大且形式多样；每时每刻都处在营销状态、与消费者的互动状态，强调内容性与互动技巧；需要对营销过程进行实时监测、分析、总结与管理；需要根据市场与消费者的实时反馈调整营销目标等。自媒体的崛起是近些年来互联网的一个发展趋势。

通俗地讲，自媒体相当于“包产到户”，对于每一个播主来说，自媒体内容质量的高低直接影响着传播的广度。

5. 社群营销

社群营销是在网络社区营销及社会化媒体营销基础上发展起来的用户连接及交流更为紧密的网络营销方式，是通过产品和服务满足具有共同兴趣爱好群体的需求而产生的商业形态。网络社群营销主要通过连接、沟通等方式实现用户价值，营销方式人性化，不仅受用户欢迎，还可能成为继续传播者。

好的社群营销应该确定社群类别，并根据不同的类别去吸引用户，有的放矢；同时，也应掌握社群的营销优势，深入挖掘和汇总用户需求，得到精准信息；并积极与用户以交流建立信任，凭借信任卖出产品。

以中信银行信用卡在百度贴吧建立的章鱼卡吧为例（见图 2-2）。章鱼粉们通过将线上建立的粉丝阵地与线下同城会联动的模式，开展各式各样围绕产品的自主活动，并将粉丝引入信用卡设计、营销、规划的全流程中，以增强粉丝黏性和数量。

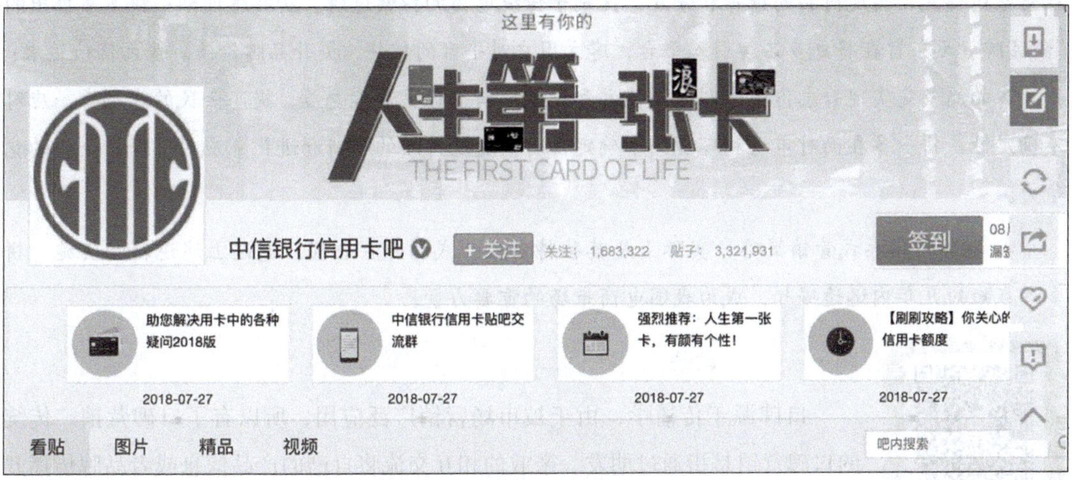

图 2-2 中信银行信用卡百度贴吧截图

单元二 新媒体营销方法与思维

一、新媒体营销方法

常见的新媒体营销方法有以下八种：病毒营销、口碑营销、事件营销、互动营销、饥饿营销、会员营销、知识营销、情感营销。

1. 病毒营销

病毒营销是一种网络营销方法，常用于进行网站推广、品牌推广等。它通过提供有价值的产品或服务，利用公众的积极性和人际网络，让营销信息像病毒一样传播和扩散，营销信息被快速复制并传向数以万计、数以百万计的受众。“让大家告诉大家”，通过别人为你宣传，实现“营销杠杆”的作用。病毒营销已经成为网络营销最为独特的手段，被越来越多的商家和网站成功利用。

【案例分析】

拼多多是怎么做病毒营销的？

目标用户精准定位：拼多多通过瞄准三、四、五线城市人群，这些人群之前被主流电商平台忽视，拼多多以低价策略大量吸引用户。社交网络的利用：拼多多利用微信等社交平台，鼓励用户分享拼团信息，通过社交网络实现裂变式传播。低价与团购模式：拼多多采用团购和砍价模式，用户通过参与拼团可以获得更低的价格，这种模式激励用户主动分享和邀请，从而实现用户增长。长尾理论的应用：拼多多通过满足大量小规模市场的需求，汇聚成与主流市场相匹敌的市场能量，这是长尾理论的实践。供应链的创新：拼多多通过整合零散的客户需求，提供给厂商稳定的批量订单，推动供给侧的效率提升，减少浪费。“人”的逻辑：拼多多的商业模式强调以人为核心，通过社交电商模式，实现商品的推荐和分发，区别于传统电商的搜索逻辑。新品牌计划：拼多多推出的“新品牌计划”旨在将更多品牌引入平台，建立用户对平台的信任，提升品牌价值。普惠价值追求：拼多多的愿景是实现普惠价值，即通过技术和模式创新，让更多人受益，提高全民的幸福感。应对不确定性：拼多多在面对市场和环境的不确定性时，通过持续的创新和进化来应对，保持企业的竞争力。

拼多多的病毒式营销策略，实际上是其独特商业模式的外在表现，通过上述逻辑的实施，拼多多在短短几年内迅速崛起，成为我国电商市场的重要力量。

病毒营销和口碑营销

2. 口碑营销

口碑源于传播学，由于被市场营销广泛应用，所以有了口碑营销。传统的口碑营销是指通过朋友、亲戚的相互交流将自己的产品信息或者品牌传播开来。在今天这个信息爆炸、媒体充斥的时代，消费者对广告，甚至新闻，都具有极强的免疫能力，只有创造新颖的口碑传播内容才能吸引大众的关注与议论。口碑是目标，营销是手段，产品是基石。

3. 事件营销

事件营销是指企业通过策划、组织和利用具有新闻价值、社会影响以及名人效应的人物或事件，吸引媒体、社会团体和消费者的兴趣与关注，以求提高企业或产品的知名度、美誉度，树立良好品牌形象，并最终促成产品或服务的销售的手段和方式。由于这种营销方式具有受众面广、突发性强，使信息短时间内大量、优质传播，为企业节约大量的宣传成本等特点，近年来越来越成为国内外流行的一种公关传播与市场推广手段。

事件营销和互动营销

4. 互动营销

在互动营销中，互动的双方一方是消费者，另一方是企业。只有抓住共同利益点，找到巧妙的沟通时机和方法，才能将双方紧密结合起来。互动营销尤其强调，双方都采取一种共同的行为。互动营销可以给我们带来四大好处：促进客户的重复购买、有效地支撑关联销售、建立长期的客户忠诚、实现顾客利益的最大化。将互动营销作为企业营销战略的重要组成部分来考虑，将是未来许多企业的发展方向。

饥饿营销和会员营销

5. 饥饿营销

在日常生活和工作中，我们常常碰到这样一些现象，买新车要交定金排队等候，买房要先登记交付定金，甚至买手机、平板电脑等数码产品也要等候，还常常会看到“限量版”“秒杀”等现象。在物质丰富的今天，为什么还存在大排长龙、供不应求的现象呢？大家的解释是“刚性需求”所致。商家通过大量广告促销宣传，勾起消费者的购买欲，然后采取限制供货量的手段，让用户苦苦等待，结果进一步刺激了消费者的购买欲，这就是饥饿营销。这种营销方式有利于提价销售产品或为未来大量销售奠定客户基础；还有利于品牌产生高额的附加价值，从而为品牌树立起高价值的形象。在市场竞争不充分、消费者心态不够成熟、产品综合竞争力和不可替代性较强的情况下，“饥饿营销”才能较好地发挥作用，否则，就只能是一厢情愿。

【小资料】

小米手机饥饿营销背后的原委

作为国产手机中的性价比之王，小米手机的发家之道——“饥饿营销”一直广为流传，但作为一款认定要走亲民性价比路线的手机产品，小米为何在新产品发布时总要控制发货量，让其产品在市场上显得紧俏，一货难求呢？

要回答这个问题，首先就要回归到小米手机的产品定位。熟悉小米品牌的人都知道，小米手机的定位是“为发烧而生”，因此，在产品创立之初，小米就精准锁定这群“技术宅”用户，他们是产品的高级别玩家，喜欢研究手机背后的技术改进，喜欢泡在小米论坛，更会在新品首发的第一时刻传播相关资讯，进行抢购。他们是小米手机的“自来水”（指不收取商家费用，但对产品真实拥护的消费者，他们自发向大家宣传），在各大手机论坛中宣导小米手机，完成了最高效的口碑宣传。

再者，由于小米手机的定价在智能手机市场中显著偏低，利润率也相对较低，因此，为了降低库存，小米只好采用小批量生产和预售的方式，也就是所谓的饥饿营销，来降低风险和成本。

6. 会员营销

山姆会员营销案例

会员营销是一种基于会员管理的营销方法，商家通过将普通顾客变为会员，分析会员消费信息，挖掘顾客的后续消费力及其终身消费价值，并通过客户介绍等方式，将一个客户的价值实现最大化。会员营销通过会员积分、等级制度等多种管理办法，增加用户的黏性和活跃度，使用户生命周期持续延伸。会员营销是一门精准的营销，它通过设计完整的商业环节，把每一项工作不断做到极致，达成更高指标，来实现企业效益和规模的不断放大。会员营销也是一种绑定消费者的手段，在新媒体营销中运用得非常广泛。

7. 知识营销

知识营销

知识营销是指向大众传播新的科学技术以及它们对人们生活的影响，通过科普宣传，让消费者不仅知其然，而且知其所以然，重新建立新的产品概念，进而使消费者萌发对新产品的需要，达到拓宽市场的目的。

知识营销的五大作用：其一，知识营销要让用户在消费的同时学到新知识，这是做好知识营销的根本。其二，用知识来推动营销，这是知识营销的本质要求，因此我们需要提高营销活动策划中的知识含量。其三，知识营销重视和强调知识作为纽带的作用，通过对相关商品知识的延伸、宣传、介绍，让顾客知晓商品或服务的特点及优势。其四，知识营销以传播知识为媒介，以传播商品知识为公益诉求，激发顾客的购买欲望，从而达到推销商品的目的。其五，知识营销就是在营销过程中，加入商品的相关知识，提升知识含量，帮助顾客全面认识商品，刺激顾客的购买欲望，从而达到销售商品、树立品牌、开拓市场的目的。教育培训行业最常用的方式就是“知识营销”。

【课堂讨论】

打开“知乎”网页，搜索关键词“奥迪”，你发现了什么？这属于知识营销吗？为什么？你还接触过哪些知识营销的方式？

情感营销

8. 情感营销

情感营销就是把消费者个人情感差异和需求作为企业品牌营销战略的核心，通过借助情感包装、情感促销、情感广告、情感口碑、情感设计等策略来实现企业的经营目标。

【案例分析】

“健康中国年”——舒肤佳春节文化营销与社会责任案例

舒肤佳的“洗手吃饭”营销案例是一个情感营销的典型例子，它通过深入挖掘和利用中国文化中的家庭情感纽带，成功地将品牌理念与消费者的情感需求相结合，创造了深刻的品牌印象并促进了产品销售。

（1）主题的本土化与情感共鸣：舒肤佳的“洗手吃饭”营销主题紧密贴合中国新年的家庭团圆文化，通过唤起消费者对家庭亲情的共鸣，传递了品牌的健康守护理念。这个主题简单而深刻，易于消费者理解和记忆。

（2）目标人群的精准定位：该营销活动首次将目标人群聚焦在“职场妈妈”上，这一群体作为新一代网络原住民，其媒体习惯和行为模式对新媒体营销提出了新要求。

（3）内容营销的多样化：舒肤佳通过微电影、微博话题、抖音挑战等多种形式，围绕“洗手吃饭”的核心价值，创造了多元化的内容，以适应不同媒体平台和消费人群的特点。

（4）情感与产品功能的结合：在传播中，舒肤佳巧妙地将产品的功能（如洗手液的卫生守护作用）与情感故事相结合，通过情感向的广告故事和亲子间守护的故事，增强了品牌与消费者之间的情感联系。

（5）利用KOL和偶像影响力：舒肤佳利用偶像的影响力，通过人格化的IP形象“小舒”和偶像的结合，以及在抖音上的互动活动，扩大了品牌在年轻消费者中的影响力。

（6）营销效果的显著性：该营销活动取得了显著的成效，全网视频播放量突破2亿，话题阅读量超过5亿，互动量近千万次，舒肤佳产品在春节期间的销量显著提升。

（7）品牌价值的长期积累：通过持续的营销活动，舒肤佳不仅在短期内提升了销量，而且长期积累了品牌的情感资产，形成了品牌持久的IP，加深了消费者对品牌的情感依赖和忠诚度。通过这些策略，舒肤佳的“洗手吃饭”营销案例展示了情感营销在建立品牌与消费者深层次联系、提升品牌影响力和促进销售方面的重要作用。

“洗手吃饭”这一主题本身蕴含着中国传统文化中对家庭和亲情的重视。舒肤佳通过这一主题，唤起了公众对家庭团聚和春节传统文化的记忆与尊重。案例中的营销策略不仅仅是商业行为，更通过情感营销的方式，强化了家国情怀。舒肤佳利用春节这一重要节日，传递了对家庭的关爱和对国家的归属感。同时，在职场妈妈为主题的微电影中，舒肤佳探讨了新时代下的亲子关系，反映了现代社会中家庭结构和亲情表达方式的变化，同时也传递了无论时代如何变迁，家庭的守护和爱是永恒不变的价值。

【小资料】

新媒体营销新“4C”法则

在适合场景（Context）下针对特定的社群（Community），通过传播有力的内容或话题（Content）；利用社群网络结构进行人与人的连接（Connection），快速实现新的扩散与传播，以获得有效的商业传播和价值。

产品供不应求背景下	产品供大于求背景下	互联网思维背景下
产品、价格、渠道、促销	顾客、成本、便利、沟通	社群、内容、场景、连接
Product、Price、Place、Promotion	Customer、Cost、Convenience、Communication	Community、Content、Context、Connection

二、新媒体营销思维

1. 通过多屏整合，实现跨界营销，打造多元化的新媒体营销平台

互联网技术和数字媒体技术的出现使得各个传播渠道之间的界限模糊化。新媒体营销要求企业能够系统化地思考整个营销过程，不能仅局限于新媒体本身。在多屏整合上，必须要做到各种媒体之间对接无缝化，并将传播过程中的协同联动融入现实生活中。企业也可以用相同的渠道以更加方便和专业的方式获取消费者信息，从而能够以相比过去更加精准而有效的方式将本企业产品的信息传达给受众，投其所好，保持良好互动，做好积极沟通。如何选择有效的媒体是门艺术，企业需根据自己产品的气质和特色选择适合的渠道和媒介，要充分利用各种媒体渠道打好组合拳，多元、有主次地传播。

2. 充分洞察消费者行为

消费者洞察是企业做好新媒体营销的起点。所谓消费者洞察，是指企业从深层次挖掘消费者的潜在需求和新需求，研究消费者在心理方面对产品和品牌的认知与态度，以及其消费行为、购买倾向和消费经验。消费者洞察是不断进行的研究过程，需要对消费者购买、重复购买、停止购买企业产品或服务的原因进行跟踪研究。消费者洞察关注更多的是群体行为，而不是个体现象。企业通过消费者观察一方面可以充分了解消费者需求，另一方面又可以洞悉市场变化。

3. 创新营销内容，挖掘深层价值

新颖的营销内容能够引起社会和用户的广泛关注，并能够引起讨论和传播。想要创新和丰富营销内容，企业需要找到一个能够真正触动消费者神经的点，企业通过这些内容能够引起消费者广泛的兴趣，使得消费者渴望认识企业、承认企业并尊重企业。同时，企业及其产品若是得到了消费者的认可，消费者便会积极地进行评价，同时会向周围人传播这些信息内容，或者通过社交媒体平台，积极与企业进行互动沟通，参与到企业的营销过程中来。营销内容的创新需要将消费者放在第一位，传播的内容要有趣和有营养，深入发掘更深层次的价值，这样才能为企业和用户创造新的价值。

4. 新媒体营销内容碎片化

在新媒体营销时代，便捷的移动终端已经让我们实现了随时随地浏览各种信息，新媒体营销信息内容进一步碎片化发展，但每一条碎片化的信息都暗藏着消费者的个性化需求。新媒体营销碎片化思维是互联网带来的全新思维理念，它不仅要求新媒体营销负责人具备在碎片化的时间里进行集中思考的能力，还需要利用碎片化的时间去深刻地影响用户决策；它意味着企业或品牌必须将完整系统的品牌认知和新媒体营销信息转化成碎片化的信息，进行新媒体营销传播和新媒体营销广告植入，还要能够在用户的印象中重新组合起来。用户时间的“碎片化”只是表象，其实质是消费的“场景化”。短平快、具有娱乐性的内容易获得传播，新媒体内容的写法要适合移动化阅读的特点：碎片化、轻阅读、强交互。

5. 新媒体营销内容核心价值观与商业价值的平衡

新媒体经营者需要深刻理解新媒体影响力重塑的本质。标题党只能一时吸引观众的眼球，媒体变的只是信息的承载介质和传播手段，而其核心法则不能变。媒体的核心法则是，通过正当创新，在不违背媒体核心价值观的情况下，实现自己的商业价值。新媒体如何找到核心价值观与商业利益的平衡是一个长期话题。

【案例分析】

巴塔哥尼亚是如何实现核心价值观与商业价值的平衡的？

巴塔哥尼亚的创始人伊冯·乔伊纳德是一个攀岩和户外运动的发烧友，最早是做攀岩器具生意的，他开的公司一度是全美最大的户外硬件装备供应商。

但是后来，乔伊纳德因为一件小事，就放弃了卖攀岩器具。乔伊纳德发现，攀岩的岩钉在反复敲击中，会严重破坏岩壁，这和他“保护自然”的价值观不符，于是他停止了岩钉的生意，尽管岩钉的销售已经占据了公司生意的70%。

在这之后，乔伊纳德转换了公司的方向，在1989年以南美洲户外圣地为名，成立了巴塔哥尼亚公司，专心做户外运动服。

“保护环境”这样的价值观，从一开始就深深植入了这家公司的基因里。之后，巴塔哥尼亚公司在践行“保护自然”这条路上一路向前。从创立的1989年开始，乔伊纳德就承诺将收入的1%捐给环保组织，用于世界各地的环保项目。

同时，巴塔哥尼亚致力于生产高品质、耐穿的服装，并且提供一个今天你在服装行业从来没见过的售后服务：终生质保。它家的衣服如果坏了，可以寄给公司或者到他们的门店去修补。他们还会派出卡车全美国巡回，教授大家修补衣物的技巧。如果你遇到了卡车，还可以让这家公司的员工当场修补。你也可以把旧衣物卖给公司，获得购物基金，公司修补后会在网上继续出售。

那这家公司在商业上的表现怎么样？

巴塔哥尼亚公司的营收每年不断增长，在全球拥有70多家品牌直营店。与此同时，该品牌的衣服还在全美国最大的户外零售连锁店销售，销量保持第一。

那么在竞争如此激烈的商业社会，巴塔哥尼亚凭什么取得“另类”的成功呢？

首先，巴塔哥尼亚所坚持的“价值观”，成为它打出一片天地的一把利器。我们知道有一个词叫作“情绪价值”，描述的就是当下的消费者在选择商品的时候，除了会看中商品本身的质量以外，还会看中它背后代表的“价值观”。在近几年崛起的消费品牌中，情绪价值的重要性被不断放大。比如瑜伽品牌 Lululemon 强调“追求健康”，女性内衣品牌“内外”强调“不受束缚”。

根据很多市场调查的结果，消费者愿意为“情绪价值”付出溢价，而在全世界，最被年轻人认同的价值观是“环境保护”。巴塔哥尼亚的价格并不便宜，抓绒衣在 2000 元左右，T 恤在 400 ～ 500 元，在同类品牌中偏高，但高品质和品牌附加值是消费者最终买单的原因。

不过，在产品中贯彻自己的价值观，始终是公司内部的事情。巴塔哥尼亚做的第二件事，是通过价值观链接用户，让他们成为自己公司对外宣传的“节点”。

巴塔哥尼亚并没有把自己的“粉丝”当作消费者，而是通过营销，把他们转换成“品牌大使”。巴塔哥尼亚的官网上有一整页的内容，都是在介绍自己的用户故事。讲这样的故事，就是巴塔哥尼亚主要的营销手段，它有一个图书部门，负责出版跟环境、参与的环保运动、资深用户有关的书，还拍摄了大量公益电影和视频。这些资深用户会成为巴塔哥尼亚的品牌大使，他们自发地在巴塔哥尼亚的网站和自己的社交媒体上为品牌代言发声，吸引了更多用户的关注和购买。这也正是近年来流行的“社群营销”。

6. 新媒体营销由重内容转向重渠道

营销人的策划能力将取代资本，成为新媒体营销成败的关键。如巧借话题控制媒体信息流——通过巧妙的话题策划，吸引自媒体来关注并主动传播，再通过系列爆料等引爆社会化媒体，从而引导舆论走向或扩散传播等，将“声量”无限量放大，这需要操盘者具备复杂而高明的营销能力。

单元三　新媒体运营

新媒体运营是利用微信、微博、贴吧等新兴媒体平台进行品牌推广、产品营销的运营方式。通过策划品牌相关的、具有高度传播性的优质内容和线上活动，向客户广泛或者精准推送消息，提高参与度，提高知名度，从而充分利用粉丝经济，达到相应的营销目的。

一、新媒体运营团队的组成

新媒体运营
团队构建

成功的新媒体运营离不开团队的支持，如何搭建一支充满战斗力的高效团队，需要对运营团队的各个岗位有深刻的理解。团队成员的招募与岗位职责敲定可以采用任务倒推的方式：设定阶段任务目标，拆解关键节点，据此得到岗位职责画像匹配。

新媒体运营团队的组成人员包括新媒体营销经理、文案编辑、运营人员、渠道经理（BD 拓展）。他们所对应的岗位职责分列如下：

1. 新媒体营销经理

（1）负责公司微信公众号、微博的日常运营工作，增加粉丝数，提高关注度。

（2）根据制定的内容方向发布各种符合要求的优质、有传播性的内容。

（3）提高粉丝活跃度，与粉丝做好互动，对粉丝的网络行为进行分析与总结。

（4）挖掘和分析微信用户需求，收集用户反馈，分析用户行为及需求，即时掌握当下热门话题。

（5）根据运营需求，独立策划与组织各类线上/线下活动，增加曝光率，提高粉丝数量及用户黏性。

（6）监控推广效果和数据分析，对推广效果进行评估改进。

2. 文案编辑

（1）清晰项目目标，快速了解客户需求，并与相关协同部门密切合作，提供快速、精准、精彩的文案支持。

（2）负责宣传推广文案及宣传资料文案的撰写。

（3）负责创意内容撰写，为线上活动、广告传播、线上公关活动撰写相关文案内容。

（4）沉淀创意产出和内容撰写的经验，形成知识管理，供其他项目借鉴。

3. 运营专员

（1）热爱互联网及新兴社交媒体内容产品，能熟练使用新媒体（抖音、快手、微信、微博等），并熟悉运营规则；拥有自主搭建运营公众号的能力，对品牌有自己的认知和创想，掌握微信、论坛、社区网站的运作模式与形态特征。

（2）制订公司及客户新媒体平台内容建设方案，包括主题内容、节目策划、选题、执行等整体规划和运营管理，把握整体风格及发展方向，维持并提升用户黏性，提高企业的影响力、知名度。

（3）能够收集、研究同业自媒体发展模式及动态，并根据竞争对手的情况动态调整自身战术战略。

（4）挖掘和分析用户需求，收集用户反馈，分析用户行为及需求，即时掌握当下热门话题。

（5）有良好的法律、风控及版权意识，保证自媒体平台合法合规运营。

4. 渠道经理（BD 拓展）

（1）参与制订渠道策略和拓展目标计划。

（2）根据公司业务发展需求，寻找、挖掘有利于公司的合作资源。

（3）负责公司微信服务号商务拓展及合作，与各推广渠道建立良好的业务合作关系。

（4）对推广数据进行分析，有针对性地调整推广策略，提高粉丝量、订单量及活跃度等。

作为新媒体运营人员，需要拥有足够广阔的视野、庞大的知识储备信息，并对数据有自己合乎逻辑的解读能力，通过有效传播让数据拥有变现的可能，并通过好内容来树立优质品牌。同时，需要对用户有一定的了解和熟悉程度，以便进行整体的把握和选择。总之，新媒体营销人员需要具备内容选择、用户维护、数据提升的均衡能力。

【课堂活动】

故宫作为拥有六百年历史的文化符号，其跨界 IP 和网红形象的打造是一个多方面、多层次的创新过程，涉及文化传承、创新营销、互联网思维、跨界合作等多个方面。请从这几个方面查找资料，并回答以下问题：故宫形象的转变是由数字传媒组推动的，这个团队是如何进行分工的？他们涉足了哪些新媒体营销的形式（渠道平台）？结合新媒体营销常见方法和思维，举例分享他们用到了哪些新媒体营销方法和思维。

二、新媒体运营团队的考核和运营

KPI 是英文 Key Performance Indicator 的缩写，即关键绩效指标，如阅读量、转发数、新增关注、取消关注、净增关注、回复数等。

新媒体通过完成 KPI 的奖励，给运营者客观刺激、主观动力。合理的 KPI 会成为运营的指路灯，让运营者有明确的方向。KPI 让运营者明白，今天做得不好没关系，明天又是新的开始。

新媒体营销人员系统提升自己的路径如图 2–3 所示。

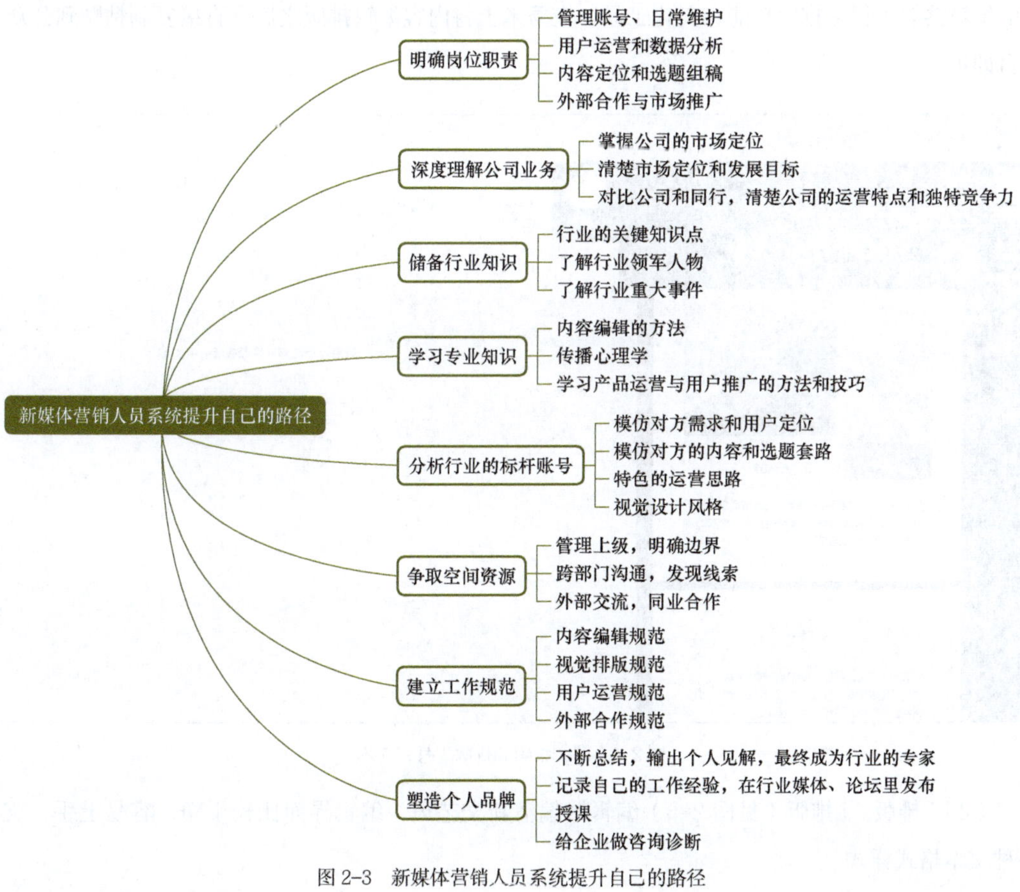

图 2–3　新媒体营销人员系统提升自己的路径

【课堂讨论】

如何通过设置 KPI 增加团队氛围，调动团队积极性？你有什么建议？

例如：优化团队氛围；增加会议室，以便讨论问题时不打扰其他同事；添置投影设备，丰富沟通手段。

新媒体运营相关工具介绍

三、新媒体运营所需工具

1. 文档协作工具

对于新媒体运营人员来说，新媒体文案写作和校稿是一项非常重要的工作。

WPS 云文档是一个团队文档的存储、共享与协作平台，支持多人同时在同一个文档里编辑和评论。新媒体运营团队的所有人员都可以在同一个文档里协作撰写、讨论和校对文案，无须再通过 QQ 或邮件反复发送和上传下载。WPS 云文档还是一个团队知识管理利器，新媒体运营团队可以将它作为团队资料的云端存储与共享平台。WPS 云文档已整合 WPS Office，可一键将 Office 文档存入云端，也可用 Office 直接编辑存储在云端的文档，修改文档后无须反复上传下载。

2. 图文编辑和排版工具

（1）秀米。秀米（见图 2-4）是一款基于微信公众平台的图文编辑和排版工具，它比微信自带的编辑器多了很多排版功能和美化工具。在秀米上将内容编辑排版之后，直接复制粘贴到公众号后台即可。

图 2-4 图文编辑和排版工具：秀米

（2）i 排版。i 排版（见图 2-5）编辑器偏清新文艺风，编辑界面比较干净，容易上手，支持各种文本格式样式。

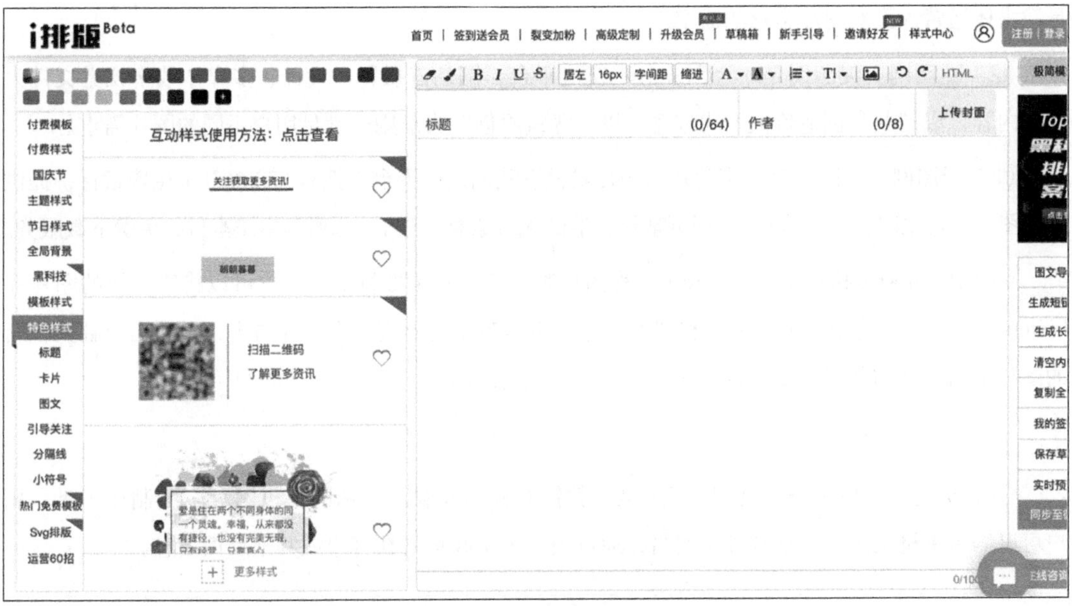

图 2-5　图文编辑和排版工具：i 排版

（3）135 编辑器。135 编辑器（见图 2-6）最大的亮点在于丰富的版式样式。它提供丰富的样式库，支持插入排版、秒刷排版、一键排版这三种排版方式，同时还具有样式操作、换色与传递、文档导入、生成长图文、微信同步和定时群发等功能。

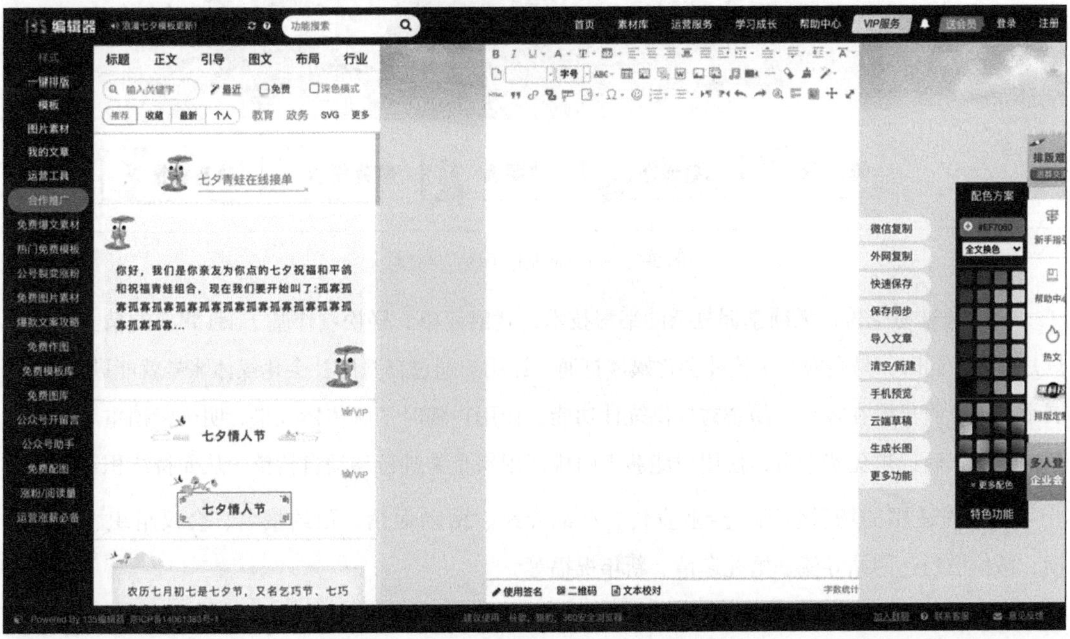

图 2-6　图文编辑和排版工具：135 编辑器

3. 图片素材网站

（1）花瓣网。做新媒体运营，经常需要为运营文案进行配图，花瓣网就是一个不错的图片素材网站，用户可以在上面收藏、发现优质图片。花瓣网目前拥有超过 16 亿张优质图片，基本能满足新媒体运营人员对图片素材的需求。

（2）昵图网。昵图网是一个图片分享交流平台，网站以摄影、设计、多媒体数字视觉文件为主要内容，以“共享创造价值”为理念，以“尊重原创”为准则，满足用户不同的图片需求。

（3）千图网。千图网是一家免费的图片素材下载网站，平台上拥有600多万张免费素材，提供矢量图、psd源文件、图片素材、网页素材、手机App素材、PPT、画册等主流素材的免费下载服务。

（4）Pinterest（拼趣）。Pinterest堪称图片版的Twitter（推特），用户可以将感兴趣的图片在Pinterest保存，其他用户可以关注和转发。它采用瀑布流的形式展现图片内容，无须用户翻页，新的图片不断自动加载在页面底端，让用户不断发现新的图片。

4. H5页面制作工具

（1）易企秀。易企秀（见图2-7）是一款针对移动互联网营销的手机网页DIY制作工具，用户可以编辑手机网页，分享到社交网络，通过报名表单收集潜在客户或其他反馈信息。

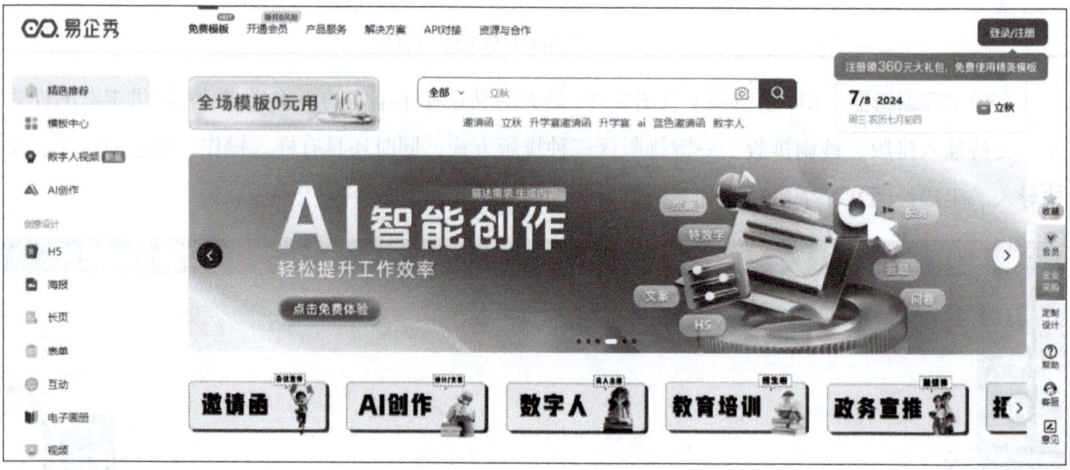

图2-7　H5页面制作工具：易企秀

用户通过易企秀，无须掌握复杂的编程技术，就能简单、轻松制作基于HTML5的精美手机幻灯片页面。同时，易企秀与主流社会化媒体打通，让用户通过自身的社会化媒体账号就能进行传播，展示业务，收集潜在客户。易企秀提供统计功能，让用户随时了解传播效果，明确营销重点，优化营销策略；还提供免费平台，使用户能够零门槛使用易企秀进行移动自营销，从而持续积累用户。

易企秀适用的场景包括：企业宣传、产品介绍、活动促销、预约报名、会议组织、收集反馈、微信增粉、网站导流、婚礼邀请、新年祝福等。

（2）MAKA。MAKA（见图2-8）是一款简单、强大的HTML5创作工具，是最富设计感的H5微场景交互利器。微海报、微信邀请函、H5页面场景应用、微杂志都能通过主题模板快速完成创作。

（3）iH5。作为一款H5制作工具，iH5（见图2-9）能够让用户像使用Photoshop一样来制作H5。H5动画、3D展示、邀请函、全景、VR/AR、弹幕、多屏互动、交互视频、数据表单等，都可以在iH5上完成。

图 2-8　H5 页面制作工具：MAKA

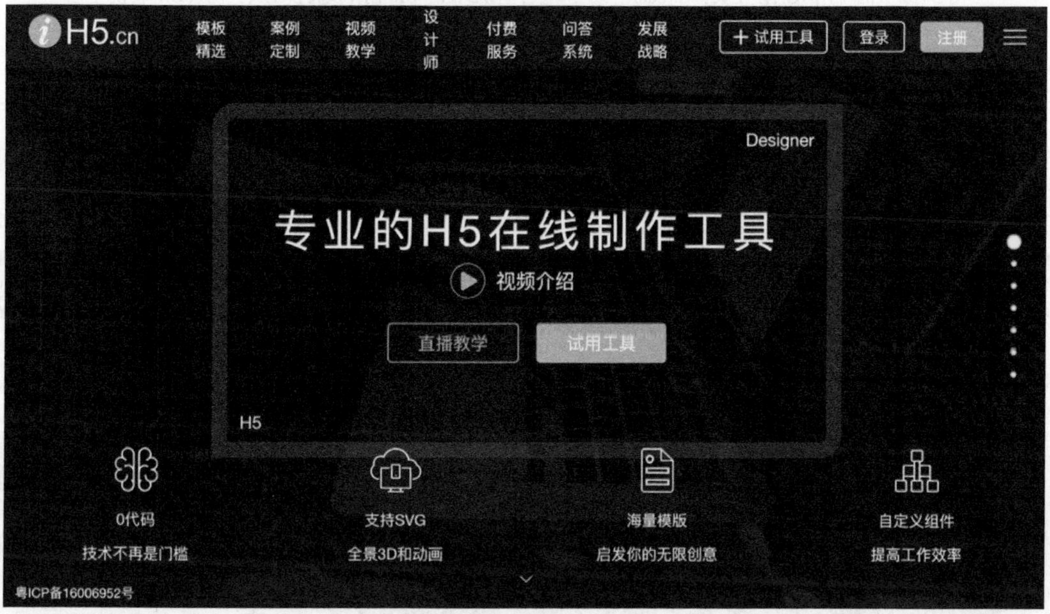

图 2-9　H5 页面制作工具：iH5

5. GIF 制作及转换工具

（1）GifCam。GifCam（见图 2-10）是一款集录制和剪辑于一体的 GIF 动画制作工具。使用方法非常简单，要将某一小段视频录制成 GIF 图片，只需将其窗口的“取景框”拖放到视频播放的区域，然后按下录制按钮即开始录制。它就像一个摄像机一样能将“取景框”拍摄下来并保存为 GIF 图。借助 GifCam，可以快速方便地制作演示教程或者将视频一些搞笑经典片段制作成动画图片。

（2）视频 GIF 转换。视频 GIF 转换（见图 2-11）是一款精致实用的视频转 GIF 工具，能将任意视频剪切并转换为 GIF 图，支持 AVI、MPEG、MP4、WMV、MKV、MOV、VOB 和 RMVB 等常用视频格式，同时可以设置 GIF 的播放速度和画面质量。

图 2-10　GIF 制作及转换工具：GifCam

图 2-11　GIF 制作及转换工具：视频 GIF 转换

6. 制图与修图工具

（1）Photoshop。Adobe Photoshop，简称“PS”（见图 2-12），是由 Adobe Systems 开发和发行的图像处理软件。Photoshop 主要处理以像素所构成的数字图像。使用其众多的编修与绘图工具，可以有效地进行图片编辑工作。PS 有很多功能，在图像、图形、文字、视频、出版等各方面都有涉及。

图 2-12　制图与修图工具：Photoshop

（2）创客贴。创客贴（见图 2-13）是一款多平台（Web、Mobile、Mac、Windows）极简图形编辑和平面设计工具。它有不同版本，包括创客贴网页版、iPhone 版、iPad 版、桌面版等。从功能使用上，创客贴分为个人版和团队协作版。创客贴提供图片素材和设计模板，通过简单的拖拽操作就可以设计出海报、PPT、名片、邀请函等各类设计图。

图 2-13　制图与修图工具：创客贴

（3）美图秀秀。美图秀秀（见图 2-14）是由厦门美图科技有限公司研发、推出的一款免费图片处理软件，有 iPhone 版、Android 版、PC 版、Windows Phone 版、iPad 版及网页版，致力于为全球用户提供专业智能的拍照、修图服务。

图 2-14　制图与修图工具：美图秀秀

美图秀秀具有图片特效、美容、拼图、场景、边框、饰品等功能，还可以将照片一键分享到新浪微博、微信朋友圈、QQ 空间等。

2018 年 4 月，美图公司推出美图社交圈，鼓励年轻人秀真我，让社交更好看，美图秀秀也从影像工具升级为社区平台。

7．视频制作工具

（1）剪映。剪映（见图 2-15）是一款轻便简易的视频编辑工具，简洁的操作界面和丰富的剪辑功能深受用户喜爱。主要功能包含视频剪切、特效添加、音频编辑以及文字和贴纸装饰等。适用于自媒体短视频制作、商业宣传和教学内容制作等场景。它的优势在于易用性强、费用负担小，且具备高效能的编辑能力，适合各类用户从新手到专业人士进行视频创作和编辑。

图 2-15　视频制作工具：剪映

（2）必剪。必剪（见图 2-16）是一款自媒体视频编辑软件。它的主要功能包括精准的视频剪切、实时预览的多轨编辑、丰富的过渡效果以及动态贴图等。使用场景广泛，个人 Vlog 制作、短片创作均可胜任。优点在于其高效的处理性能、高清渲染以及对细节的精细控制，使其成为视频编辑爱好者的理想选择。

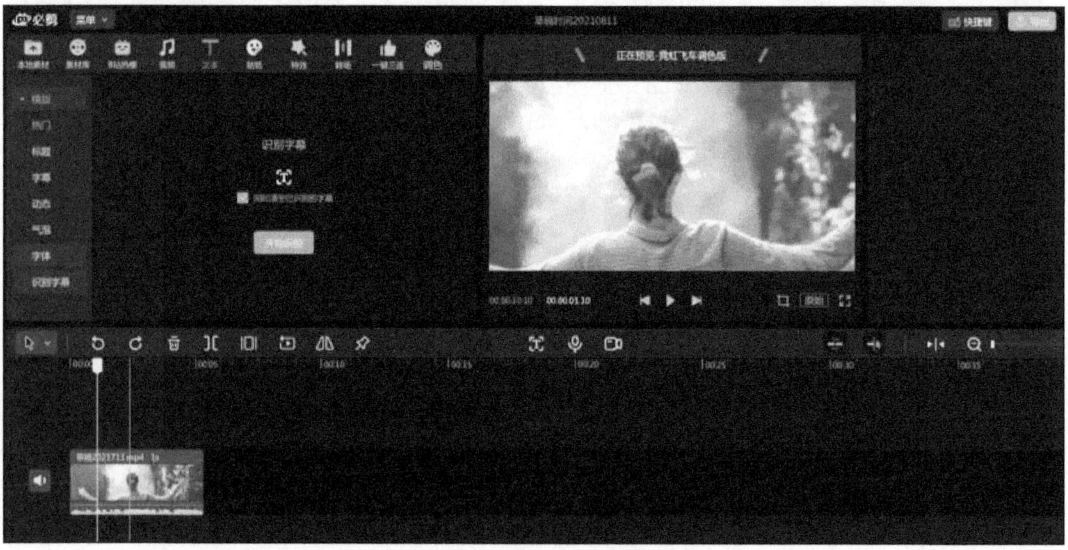

图 2-16　视频制作工具：必剪

（3）Adobe Premiere。Adobe Premiere（见图 2-17）是一款专业级视频编辑软件，提供强大的剪辑功能、动态图形、视觉效果和音频处理能力。使用场景涵盖影视制作、广告创作及社交媒体视频等。优点在于其出色的多轨编辑能力、广泛的格式支持，以及与其他 Adobe 产品的同步编辑，使得 Adobe Premiere 成为专业影视制作人员的首选工具。

图 2-17　视频制作工具：Adobe Premiere

8. 数据分析类工具

（1）新榜。新榜（见图 2-18）以榜单为切入口，向众多 500 强企业、政府机构提供线上、线下数据产品服务，“号内搜”“新榜认证”“分钟级监测”获得广泛应用。在协同内容创业者商业化方面，新榜依托数据挖掘分析能力，建立用户画像和效果监测系统，连接品牌广告主和品牌自媒体，用一年时间迅速成长为 KOL、自媒体原生广告的服务商之一，旗下电商导购服务团队也已成为连接自媒体和供应链的重要桥梁和平台。新榜还向图文、视频内容创业者提供版权经纪服务，并通过与新希望、罗辑思维、如涵等共同发起设立的新榜加速器实行内容创业投资孵化。

图 2-18　数据分析类工具：新榜

（2）清博智能。清博智能（见图 2-19）是全域覆盖的新媒体大数据平台，拥有清博指数、清博舆情、智能融媒体平台等多个核心产品。提供微信、微博、头条号等新媒体排行榜、舆情报告、数据咨询、融媒体等服务。

图 2-19　数据分析类工具：清博智能

9. 制作表单问卷调查类工具

（1）金数据。金数据是一款免费的表单设计和数据搜集工具，可用来设计表单、制作在线调查问卷、整理团队数据资料、获得产品反馈等。用金数据设计好表单后，会生成唯一的表单链接和表单二维码，可以把表单嵌入自己的网站，也可以直接发布到 QQ 群、微信和微博等平台。表单收集到的数据，会自动进入金数据后台，生成数据报表。

（2）问卷网。问卷网专注于为企业和个人提供免费的问卷创建、发布、管理、收集及分析服务。它拥有创新用户界面，问卷设置流程直观合理，编辑流畅易用，并且拥有海量模板库。调用问卷模板，简单修改即能制作一份专业问卷。支持十余种常见题型，专业逻辑跳转功能保证用户高效完成调研流程；多渠道、多方式推送发布，快速到达样本，获取调研数据便捷；可提供精美的图形分析界面，并支持导出为多格式文件；自定义主题，结合丰富配色让问卷更贴合需求。

（3）表单大师。表单大师是一款帮用户对数据进行收集、管理和分析的在线表单工具，可自定义设计表单，收集、管理用户的结构化数据，在后台对数据进行管理分析。

10. 二维码生成类工具

（1）草料二维码。网站取名为草料，一方面是和域名谐音，另一方面也取“草料喂马”的意思，意为为二维码提供食粮。草料二维码能实现电话、文本、短信、邮件、名片、Wi-Fi 的二维码生成，还通过云技术，实现了文件（如 PPT、.doc 等）、图片、视频、音频的二维码生成。

（2）二维工坊。二维工坊（www.2weima.com）是一个一站式的二维码生成和营销平台，用户可以使用它轻松生成各种二维码，同时能够对二维码进行美化。

11. 生成式 AI 工具

（1）文心一言。文心一言是百度推出的一款人工智能文本生成工具，旨在帮助用户高效创作文本内容。其主要功能包括文案生成、文档分析、图片绘制等，能够广泛应用于营销、教育、创作等领域。优点在于其强大的语言理解和生成能力，能够根据用户需求定制内容，是一款能够提升工作效率和创意质量的有力辅助工具。

（2）讯飞星火认知大模型。讯飞星火认知大模型（AI 大语言模型）是科大讯飞推出的一款高性能人工智能语言模型，它能够进行文本生成、智能编程、学习助手等多种任务，适用于内容创作、教育辅助和智能助手等多个场景。该模型以其高效、准确性、不断学习和适应新数据的能力推动了生成式 AI 技术在多个行业的广泛应用。

（3）文心一格。文心一格是百度推出的一款艺术创意辅助工具，旨在增强用户的图片类素材创造力。其主要功能包括图片创作、编辑、修复等，适用于设计师、自媒体、电商美工等从事创意工作的人群。这款工具以丰富的设计功能，在创意产业中发挥着重要作用。

模块小结

1. 新媒体营销的概念

新媒体营销是一种基于互联网技术的应用，是在满足客户需求的前提下，所进行的不断开拓市场、增加盈利的营销过程。

2. 新媒体营销的类型

微信营销、微博营销、短视频营销、自媒体营销、社群营销。

3. 新媒体营销方法

病毒营销、口碑营销、事件营销、互动营销、饥饿营销、会员营销、知识营销、情感营销。

4. 新媒体营销工具类型

文档协作工具、图文编辑和排版工具、图片素材网站、H5 页面制作工具、GIF 制作及转换工具、制图与修图工具、视频制作工具、数据分析类工具、制作表单问卷调查类工具、二维码生成类工具、生成式 AI 工具。

练习题

一、单项选择题

1. 下列哪一个内容不属于新媒体营销的基本类型？（　　）

A. 微信营销　　B. 抖音

C. 微博营销　　D. 自媒体营销

2. 小米公司的产品最初以（　　）营销方式为人们所熟知。

A. 知识营销　　B. 情感营销

C. 互动营销　　D. 饥饿营销

3. 下列哪一个不属于营销经理的工作职责？（　　）

A. 微信微博的日常运营　　B. 宣传推广文案

C. 掌握热门话题　　D. 挖掘客户需求

二、多项选择题

1. 常见的新媒体营销方法是（　　）。

A. 病毒营销　　B. 事件营销

C. 抖音营销　　D. 情感营销

2. 下面哪个属于新媒体营销工具中的图片素材网站？（　　）

A. 花瓣网　　B. 昵图网

C. 千图网　　D. 135 编辑器

三、问答题

登录智联招聘网站，以“新媒体”为关键词进行搜索：

（1）查询近一个月新媒体行业相关岗位，对数据进行统计分析，了解它们都集中在哪些岗位、地区、行业等，并找出其中的规律。

（2）收集这些招聘岗位的岗位需求，分析哪些要求是高度集中的，有哪些要求是不同的。

（3）任选一个与新媒体相关的岗位，结合岗位要求使用本章提到的新媒体营销相关工具制作一个介绍自己技能的 H5 网页。

（4）全班分组进行评选，票选出最佳创意、最佳符合岗位招聘需求等奖项。

四、案例分析题

2019 年农历年初，朋友圈被一则短片《啥是佩奇》刷屏。

啥是佩奇？这个疑问，对于生活在城市里的孩子都不陌生。它是一只粉红色的小猪。可这发问是来自一个生活在大山里的爷爷，只因为孙子电话里的一句话“过年，我就要佩奇”，老爷子就踏上了漫漫问询“啥是佩奇”的征程，最后终于用炉灶吹风筒，做出了史上最硬核的佩奇（见图 2-20）。

图 2-20 “啥是佩奇”广告

明明是一则广告，你却默默擦了泪，掐指算算，你回家的票买了吗？有多久没有好好陪父母坐下吃顿饭了，这是一则广告，却又不仅是广告，它触动的是中国人心中最柔软、最传统的亲情；它传递的是父亲对儿子过年回家的期盼，对孙子的想念，以及被“不回来啊”带来的打击。

这则短片的刷屏，看似意外，实则在情理之中，试问，天下谁不是儿女，谁又不曾做过父母？家庭是人们感情最泛化的寄托，也是最容易引起共鸣的主题，恰逢年关，推出这样的主题，是极易引起轰动效应的。

在一位留守山村的老年农民，以及一位以动漫为伴的城市孩童之间，通过佩奇为纽带，他们在情感世界里得以联结。这份朴素而浓烈的情感，也在祖孙三辈人之间得以传承。推而广之，这部短片令无数人热泪盈眶，激活了人们内心深处的记忆和情感。

问题：你看过这则短片吗？有怎样的情绪体会？获得怎么样的启发？请试从营销和传播的角度分析该案例。

Module 3

模块三
微 博 营 销

学习目标

知识目标

◎ 了解微博营销的概念

◎ 理解微博营销的特点

◎ 掌握微博营销的发展趋势

能力目标

◎ 能够界定微博营销的类型

◎ 能够区分微博营销与其他新媒体营销

◎ 能运用微博的特征完成相关营销活动

◎ 能够使用数据处理微博舆情监控

素质目标

◎ 通过对微博营销的学习，了解我国互联网事业的高速发展；激发文化创新创造活力，增强文化自信，推动中华文化更好走向世界

单元一 认识微博营销

【课堂讨论】

1. 你们平时有用过微博吗？为什么用？
2. 微博的用户人群，你觉得主要是哪些人群，有什么特点？
3. 针对这样的人群，你认为应该发布什么类型的内容？
4. 打开你手中的微博 App，你了解或者认知都有哪些玩法跟营销相关？

一、微博营销的概念

互联网为当代营销带来了翻天覆地的变化。从最初的（淘宝、京东等）电商平台到当下（微博、微信等）社交平台的火爆，加之智能手机的普及，几乎人人都有社交账号，可以随时随地发微博。

微博营销的概念

微博是微型博客（MicroBlog）的简称，或者叫“一句话博客”，是一个基于用户关系的信息分享、传播以及获取平台，用户可以通过 WEB、WAP 以及各种客户端组建个人社区，以 140 字左右的文字更新信息，并实现即时分享。它的玩法也越来越多样化，涵盖了文字、图片、视频、直播等各种形式，吸引众多粉丝的关注。每一个企业或个人都可以利用其最擅长的领域来运营微博账号，进而取得理想的营销效果。

截至 2023 年末，微博月活跃用户达到 5.98 亿，同比净增约 1100 万，日活跃用户达到 2.57 亿，同比净增约 500 万。

【小资料】

2023 年下半年，微博在保持热点、文娱、赛事 IP 生态核心竞争力的基础上，重点转向对垂直领域流量的扶持，加强垂直领域内容生态发展，提升微博整体生态的竞争力和健康度。

根据《微博垂直领域生态白皮书》数据显示，2023 年微博垂直领域内容规模占比达 41%，2023 年垂直创作者规模同比增长 14%。2023 年 Q4 日均垂直热搜流量同比增长 82%，金橙 V 账号规模同比增长 20%，Q4 金 V 收入同比增长 66%，橙 V 收入同比增长 173%，优质创作者变现效率进一步得到提升。

淘宝更多的是依靠技术来支撑，是流量思维，而微博是社交媒体，带有最初的媒体属性，又辅之当下的社交属性，所以，它在诸多社交平台中出类拔萃。此外，微博的转评赞功能是其他同类产品无法比拟的，一个简单的 @ 符号，就将人与人之间连接起来，将一条信息传播出去，并且扩散至无限远。因此玩微博最核心的一点就是“互动”，人与人之间沟通交流，无论是推广文章，还是推广产品，通过快速传播，触达人的视觉，产生共鸣，进而建立信任，产生购买等行为。

微博用户人群介绍如图 3-1 所示。

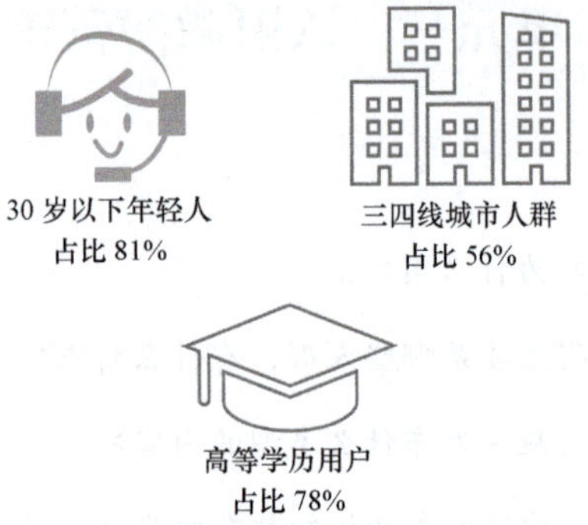

图 3-1 微博用户人群介绍（数据来源：微思敦）

微博营销，作为营销推广渠道之一，越来越被一些传统企业和诸多明星、名人、网红、草根卖家所看重。微博平台也非常重视电商，根据用户需求调整变化，从扶持微博电商等自媒体，到提出微电商战略，进行微电商认证，从而使得微博内容更加丰富而立体，满足不同用户的个性化需求。

微博平台一直紧随时代的变化，从市场、用户需求出发不断调整变化，其影响力不断扩大。从一二线城市向三四线城市甚至城镇、乡村不断延伸，很多原产地的农产品、水果生鲜在微博平台也做得风生水起，它在我国社会生活中发挥着越来越重要的作用。

微博营销规则

微博营销主要通过产品微博、粉丝团微博和客服中心微博实现。产品微博主要用来推荐企业的产品，通过产品本身所倡导的生活理念的持续输出，形成庞大的群体属性，增强品牌归属感，并定期组织各种福利活动，与粉丝之间保持互动。粉丝团微博主要用于企业与粉丝、粉丝与粉丝之间的互动，像小米手机的“小米社区”（小米手机官方对外交流的平台，为小米手机用户提供丰富的玩机选择）就是这样的账号，等企业品牌做出知名度了，可以给粉丝团取个名，就像明星粉丝团都有统一的名字一样，这样做粉丝黏度更强。客服中心微博可以专门解答各种产品售前、售中、售后的问题，主要针对一些高科技产品。微博内容便以此定位为准，主账号与子账号之间形成互动，互为补充，互相助力，聚集人气，逐步打造具有一定知名度的网络品牌。

微博矩阵示意图如图 3-2 所示。

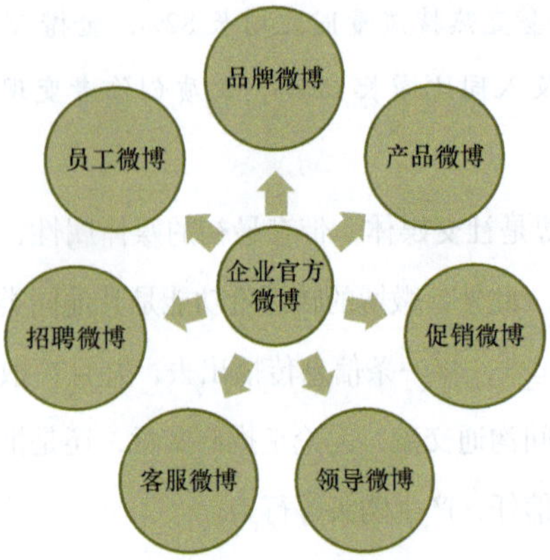

微博矩阵简介

微博矩阵是指**在一个大的企业品牌之下，开设多个不同功能定位的微博**，与各个层次的网友进行沟通，达到 360° 塑造企业品牌的目的。

亦可认为是通过微博建立相应的链式传播，将同一品牌下关注不同账号的用户流量通过矩阵式账号相互引流，**避免用户流失的一种方式及手段**。

PRAC 法则倡导“2+N 微博矩阵模式”，即以品牌微博、客服微博为主平台，补充添加运营领导微博、员工微博、粉丝团微博、产品微博及活动微博。

图 3-2 微博矩阵示意图

综上所述，微博营销是全网营销中最关键的一环。如何玩好微博营销？本模块将对此进行详细的阐述。从微博入门知识开始，到微博设计定位、微博营销的流量导入、微博营销入口策划、微博营销推广技巧、微博营销效果分析，从理论到实操，面面俱到。

二、微博营销的发展趋势

微博营销的发展趋势

（1）微博营销人员专业化。微博营销是一个持久的过程，对于其战略性的规划是十分重要的，单纯地依靠产品信息的发布和企业文化的宣传往往会适得其反，要在这一领域做得风生水起必须培养专业化的团队进行运作，输出高质量的原创内容，建立完善的危机公关机制，定时进行营销效果的评估，提高微博运营者的专业素养。

（2）微博营销深耕垂直领域。微博早在 2015 年就提出了垂直化运营策略，且已与上千家专业内容机构达成合作，完成了数十个垂直领域的覆盖。微博汽车运营的相关人士提到，最初微博资源主要集中在明星和名人手上，以至于平台上其余优质内容得不到足够的关注，随后微博提出垂直化的策略，由不同的业务实行精细化的对接和运营。

微博平台垂直化的策略更有助于企业深度了解消费者，通过数据手段分析垂直领域用户群体的特征，实施精准化的营销，可提升营销效率。微博营销模式也将伴随着微博平台的变化特征深耕垂直领域。

（3）微博营销与电子商务整合。微博平台虽未直接开通电子商务功能，但是其倾向性已十分明显，最初微博用户需向企业留言人工下单，现在已开通微博橱窗，这一功能主要与阿里巴巴旗下电商平台淘宝对接，用户可在微博橱窗直接查看所有相关的产品信息，并从该页面跳转到淘宝页面，完成购买过程。

在微博和电子商务结合的过程中，“网红经济”的效益也被不断放大，一批时尚红人通过微博分享日常，以自身为参照标准，穿插着商品选款和视觉推广，在聚集一定人气之后开设淘宝店铺，将微博粉丝引流到电商平台，赚取商业利益。微博营销与电子商务之间的整合使得互联网资源的效益最大化，将粉丝和流量之间的转化率提高，是今后发展的一大趋势。

三、微博营销的特点

微博营销的特点

微博营销具备以下特点：

1. 传播方式简单、便捷

用户间单向的“跟随”“被跟随”关系可以基于用户社会关系实现信息快速传播；通过移动端、PC 端即时发布博文的操作模式方便快捷；实时性和现场感极强。

2. 内容立体化

微博内容充分运用文字、图片、短视频、直播等多种形式对产品进行描述，从而使潜在消费者更形象、直接地接受信息。

3. 平台开放

微博平台提供开放的 API 接口，极大方便用户通过手机、计算机、IM（即时通信）客户端等方式发布微博、接入第三方应用等，有利于增加用户黏性。

4. 成本低廉、传播高效

微博营销优于传统的广告行业，发布信息的主体无须经过繁复的行政审批，从而节约了大量的时间和成本。通过粉丝关注的形式进行病毒式的传播，影响面非常广泛，同时，名人效应能够使事件的传播量呈几何级放大，从而提高微博营销效率。微博的迅速转发模式是迄今为止病毒传播最为便利的工具。基于用户喜欢的内容从而达到值得一看、值得一读，真正与用户达成情感上的共鸣。

5. 意见领袖具有很大的影响力

网络中，意见领袖在潮流、美食、体育和旅游等领域掌握着强大的话语权，时刻影响着数以万计的围观群众。如果想让品牌、产品出乎意料地快速传播，那么一定要锁定重要的意见领袖，并引导意见领袖去讨论、传播产品。

微博营销与其他网络营销特点对比如图 3-3 所示。

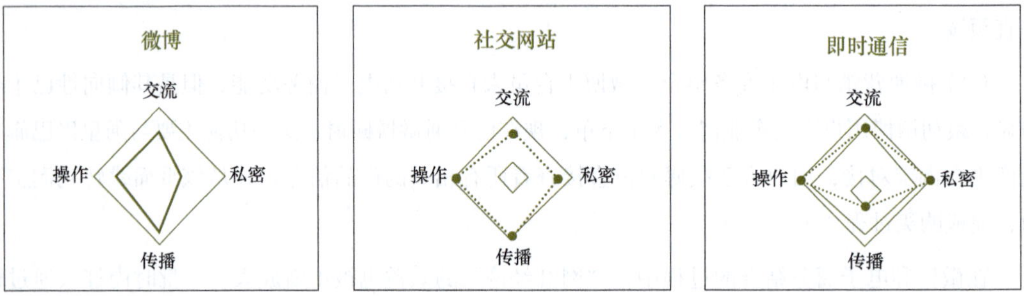

图 3-3 微博营销与其他网络营销特点对比示意图

四、微博营销的价值

微博营销的价值

微博是社会化媒体中用户极其活跃的社交平台之一，因内容短小、发送信息方便，彻底改变了媒体和信息传播的方式。不仅如此，微博的信息还可产生病毒式的传播，这些都使得微博具备极高的营销价值。企业以微博作为营销平台，通过更新自己微博，积极与网友的互动，或者发布大家感兴趣的话题、让网友主动关注等方式传播企业的产品信息，树立良好的企业形象。

微博营销的价值可分为以下四点：

1. 品牌传播价值

微博可以利用新媒体顺畅沟通的特性，通过互动塑造品牌形象、提升品牌价值。微博开放性强，沟通效率高，为消费者和企业搭建了直接交流的平台。企业可以通过官方微博将消费者汇聚起来，及时倾听消费者声音，接受消费者建议。此外，企业也要主动与消费者进行互动，就品牌或产品信息进行发布，主动向消费者传达品牌理念、产品信息等。

微博的品牌传播模型可以概括为：微博传播 = 人 + 情绪 + 行为。构建好微博品牌传播模型后，企业可利用微博展示企业品牌形象及产品独特之处、企业文化等；与目标消费者建立情感，听取消费者对产品的意见及建议；在客户服务上，提供企业前沿资讯、服务及新产品信息，便于与消费者进行一对一的沟通；及时发现消费者对企业及产品的不满，并快速应对。在这个三元平衡等式中，人是意见领袖和忠实粉丝，情绪是为用户制造一个帮企业传播的理由，行为是引导用户创造内容，最终实现整合营销传播。第一位的是人，也就是说，品牌传播首先是意见领袖招募粉丝的过程。例如，某钻石品牌在官方微博发布关于“爱”的话题，就比较贴近粉丝，具有亲和力，诱导消费者产生购买行为。上述案例中的公司还通过微博组织市场活动，打破地域及人数限制，实现互动营销。微博作为一个交流平台，使企业与消费者的沟通更加便利，用情感链条联结起品牌的影响力，产生了巨大的品牌价值。

2. 市场调研价值

市场调研是企业开展营销不可缺少的环节。通常情况下，企业可以通过问卷调查、人工调研、数据购买等方式调查消费者的需求，获取企业希望了解的分散化需求偏好信息，但这些调查方式耗费的财力和人力都较大。微博为企业提供了一个低成本、高效率的创新工具，企业可以选择微博这种轻松的互动方式，调动用户参与其中，深层次地走入用户的内心。

3. 公共关系价值

微博是危机公关的理想选择。微博既是品牌推手，也可能成为扼杀品牌的快刀和利剑。微博公关就是在网民中树立企业的良好形象和口碑，争取他们的主动传播。企业好的消息要在第一时间内传播出去，不好的消息也要在第一时间澄清，并予以解释。例如之前的“霸王致癌”事件、“海底捞勾兑门”事件等，企业通过微博即时公开详情，诚恳的态度争取了网民和媒体的理解，让大家能够及时了解事情的最新进展。

涉及知名企业产品质量或信用问题的公众事件都会迅速登上微博的热门排行榜，根据话题进行检索，企业可以迅速锁定危机公关的目标人群，并据此制定有针对性的应对策略，尽可能将危机对企业的影响降到最低，甚至将危机转化为重塑企业形象的一次机遇，实现化危为机。

4. 客户管理价值

企业可通过微博进行对客户的挖掘、维护以及服务。通过微博对目标客户进行一对一沟通、交流、反馈，使他们购买或追加购买商品，这也是很多商家推广的基本策略。在以客户为核心的商业模式中，客户关系管理强调时刻与用户保持和谐关系，不断地将企业的产品与服务信息及时传递给用户，同时全面、及时地收集顾客的反馈信息。基于这种“微”模式，企业在进行日常正式沟通活动的同时，可以将一些生活中的碎片化理念分享出来，这有助于企业摆脱冷冰冰的经济人形象，转而塑造成一个人性化的良师益友角色。

运用微博对客户进行科学管理，目的是提升客户的消费并实现二次购买。首先我们应该尝试从微博海量数据中获得以下信息：

（1）客户结构细分。调研客户所处的行业、收入、爱好、购物目的等，掌握客户结构，进一步确认目标消费群体。

（2）区分老客户、新客户、忠实客户、不定期消费客户等。针对不同客户进行购买行为分析和结构分析。

（3）分析客户的购买行为，制定营销策略。通过数据分析和统计，了解在一定的时间段内客户的消费情况，分析后进行向上营销或向下营销。向上营销就是让客户提升消费金额，逐渐将他的消费目标提升至更高级别。向下营销就是让客户购买配套商品。企业可通过以上行为提升客户的客单价、消费频次、客户忠诚度、满意度，实现口碑营销，真正做到以客户为中心。

微博客户关系管理方式降低了企业进行管理运作的成本，极低的门槛使得各种规模的企业都能够轻松地开展。企业可以通过微博这种天生带有年轻和活力特质的媒介，获得最具消费潜力的用户，迎合大众的心理，从而掌握产品开发的主动权。

【课堂活动】

请你推荐几个微博知名博主，并简要介绍其微博吸引人的主要内容。

五、企业微博营销方向

微博账号@博物杂志解读

1. 自建官方账号

通过建立官方账号聚集一定的粉丝和流量，通过有规律、高频率的内容发布，提高关注度。内容围绕品牌自身，提高品牌的认知度，同时可以通过一些活动（转发抽奖、同其他品牌联合）吸引新的粉丝（潜在消费者）。

2. 明星合作

新浪微博是娱乐明星的主要集结地，明星拥有庞大的粉丝基数和品牌号召力。通过与明星合作能够快速打响品牌，形成热点。

3. KOL 合作

除明星外，微博上的许多KOL也具有很强的“带货”能力。基于微博用户的多种兴趣，具有不同的兴趣偏好关注特定领域的KOL，这些KOL和用户有着相对密切的联系，能够建立信任感，并且具有一定的专业性。通过特定领域KOL的合作能够更好地触达潜在消费者，并且通过评论等自发安利形式形成长效传播效果。

4. 微博广告

企业可利用微博开屏广告、微博热点广告等板块，提高关注度。

新浪微博作为老牌社交媒体，拥有较大的用户基数和较完善的互动、传播机制，并且拥有较强的明星效应，能够帮助品牌进行长效的营销传播。同时需要注意，当下泛娱乐化的背景下，弱化娱乐效应的呼声越来越高，新浪微博作为社会热点新闻发布和讨论平台的作用一直被强调凸显，品牌在建立和传播过程中也应关注社会热点，凸显社会责任，从而建立良好的品牌认同度。

【小资料】

企业微博定位

（1）品牌推广型微博。推广企业品牌，发布重大新闻活动，传递品牌形象，提高企业知名度。例如，宝马新车发布微博如图 3-4 所示。

（2）美誉度内容互动型微博。维系企业与粉丝关系，传递对用户的关怀。例如，星巴克上新互动微博如图 3-5 所示。

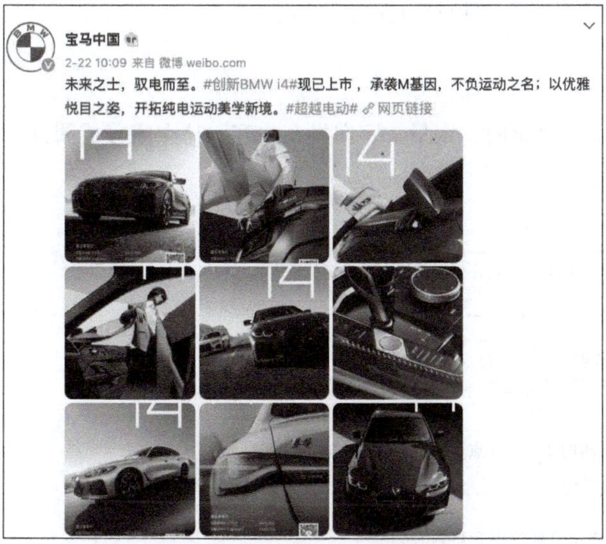

图 3-4 宝马新车发布微博

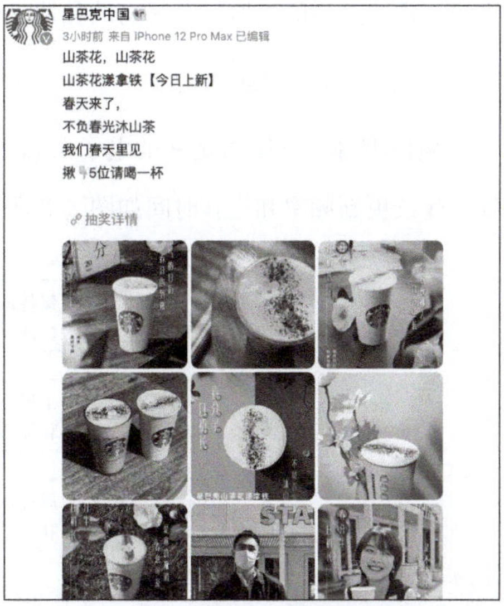

图 3-5 星巴克上新互动微博

（3）业务型微博。直接定位于产品销售或者服务购买，通过微博直接为企业带来经济收益。

奔驰、宝马、奥迪等非在线消费型产品，侧重品牌宣传，定位于品牌推广型微博。手机、净化器、护肤品等快消品，侧重实现销售转化，定位于业务型微博。腾讯，支付宝等企业官方微博，侧重发挥好企业宣传作用，定位于内容互动型微博。

企业微博账号运营规则

微博营销的设计定位

单元二 微博营销入口设计

一、微博的设计定位

微博定位的第一要务是标签，要根据不同时期设置不同的标签，永远让搜索结果处在第一页。微博定位的第二要务是互动，创造有意义的体验，促使粉丝进行交流，主动搜索。微博定位的第三要务是话题，主动利用大众热门话题。基本设计思想可以概括为一段话：我听见你的声音 + 我在听你说 + 我明白你说的 = 达成营销目的。为此，微博在设计上要时刻关注意见领袖、行业领袖、竞争对手和客户的微博。一般来说，白领上微博的时间为早晨上班后、午饭后和下班前。适合在微博上发布的内容有企业动态信息、行业信息、优惠信息、广告宣传、招聘信息、客户反馈等。以下是微博设计的六条法则。

1. 注重价值的传递

企业微博只有为浏览者创造价值，才可能达到期望的商业目的。

2. 注重微博个性化

微博的特点是“关系 + 互动”，要给人感觉像一个人，有感情特点与个性，和品牌与商品的定位一样。这样的微博具有很高的黏性，可以持续积累粉丝与提高专注度。

3. 注重发布的连续性

微博就像一本随时更新的电子杂志，要注重定时、定量、定向发布内容，让大家养成阅读习惯。建议更新频率和更新时间如图 3-6 所示。

建议更新频率	保持每日更新 1 ～ 2 条，但还需根据账号定位及内容权衡
日常更新时间	上班高峰期（9 点左右）、午饭前后（12 ～ 14 点）和临睡前（22 点左右）
最佳更新时间	周三、周四的 20 ～ 23 点；周六、周日的 13 ～ 14 点和 17 ～ 20 点

图 3-6　建议更新频率和更新时间

4. 注重互动性

互动性是使微博持续发展的关键，企业宣传信息不能超过微博总信息的 10%。更多的信息应该融入粉丝感兴趣的内容之中。

微博常规运营小贴士如图 3-7 所示。

文案字数 140 字内

字数控制在 140 字以内阅读体验最佳，避免点击“展开全文”

话题数两个以内

微博带话题，只计算前两个话题的数据增长，第 3 个及以后的话题不累计阅读量及讨论量；建议微博带话题不要超过两个，否则会降低微博自然权重

转发微博占比 10% 内

转发微博控制在 10% 以内，否则转发内容太多，第一给其他微博号做了广告，第二没有个人的原创，粉丝会觉得厌烦

非原创内容注明出处

如果有来自其他渠道的内容，注意要注明出处。这样既可避免不必要的版权纠纷，又可在用户面前树立正派高大的品牌形象

图 3-7　微博常规运营小贴士

5. 注重系统性布局

任何一个营销活动，都不能脱离系统性。企业想要微博发挥更大的作用，就要将其纳入整体营销规划中来，这样设计出来的微博才有机会发挥更大的作用。

微博常规运营之栏目化运营范例如图 3-8 所示。

图 3-8　微博常规运营之栏目化运营范例

6. 注重准确的定位

企业微博粉丝质量比数量更重要。微博营销不只考虑吸引眼球，而是吸引潜在消费群体。专业是一个企业微博重要的竞争力指标。

二、微博营销的流量导入

定位明确是基础，流量导入是关键。企业通过微博获取了一批目标受众粉丝后，可直接做引流销售，为企业带来直接的收益。使用以下这些技巧可以实现推广引流，吸引优质粉丝群体。

1. 利用微博热门话题

在微博的热门话题页，任意选择一个阅读量高的话题，利用热门话题的平台去发布相关内容。

2. 刷关键词

根据目标客户，指定关键词搜索。通过搜索关键词，找到所发微博提到关键词的所有人，搜索寻找到这部分人，加她 / 他为微博好友。

3. 评论

找一些热门微博，根据需求去进行有质量的评论。

4. 发布头条文章

发布热点文章或情感、时尚类的头条文章，这类文章一般阅读受众较多，可在文章的末尾加上联系方式。

5. 发布秒拍视频

视频更容易引起传播，可以在视频里添加微博号水印。

6. 打赏

对一些流量比较高的文章进行打赏。如果一篇文章的流量是 10 万，打赏 0.01 元，相当于用 0.01 元买了 10 万的流量。

7. 竞争主持

寻找一些阅读量高的热门话题，竞争成为话题主持，并在导语添加广告。

8. 活动转发

参与博主发起的话题，例如“总结一下最满意的五次消费”，点赞最多的参与者可以得到一件奖品。博主的其他粉丝看到也会相互交流，参与者的粉丝看到这个话题也有可能被话题吸引。

微博吸引粉丝途径分析如图 3-9 所示。

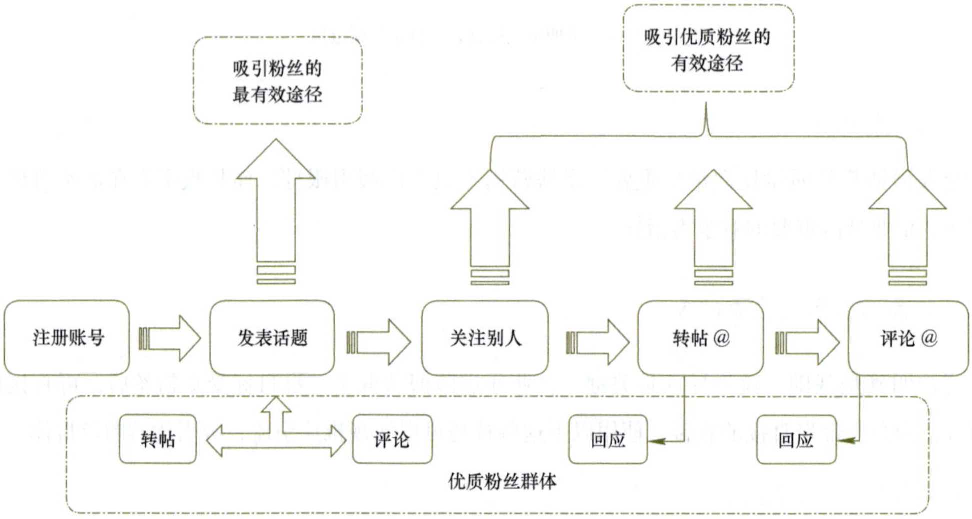

图 3-9　微博吸引粉丝途径分析图

三、微博营销入口策划

我们讨论微博常用营销策略，通常涉及内容营销、意见领袖、活动营销和情感营销，各自特点如图 3-10 所示。企业在设计微博入口时要结合自身产品特点使用不同的营销策略，以达到事半功倍的效果。企业微博在推送信息时也不能发布直接广告，微博文案要“软”，以用户接受的方式来推送故事化、趣味化的产品信息和促销信息。微博作为社会化自媒体，和传统媒体的一个重要区别就在于可以借助社会化媒体的能量传播覆盖更多人，因而做好微博创意策划是非常重要的。产品推荐、促销发布，文案应该故事化或拟人化或网络化或趣味化，禁忌平铺直叙。可以摘录用户（第三方）对产品或企业的评价作为文案，以第三方的口吻表述，更容易令粉丝接受和传播。主动搜索与企业产品或品牌相关的微博信息，进行转发、评论并加以引导。当具备忠实粉丝后，微博的入口才变得重要起来。

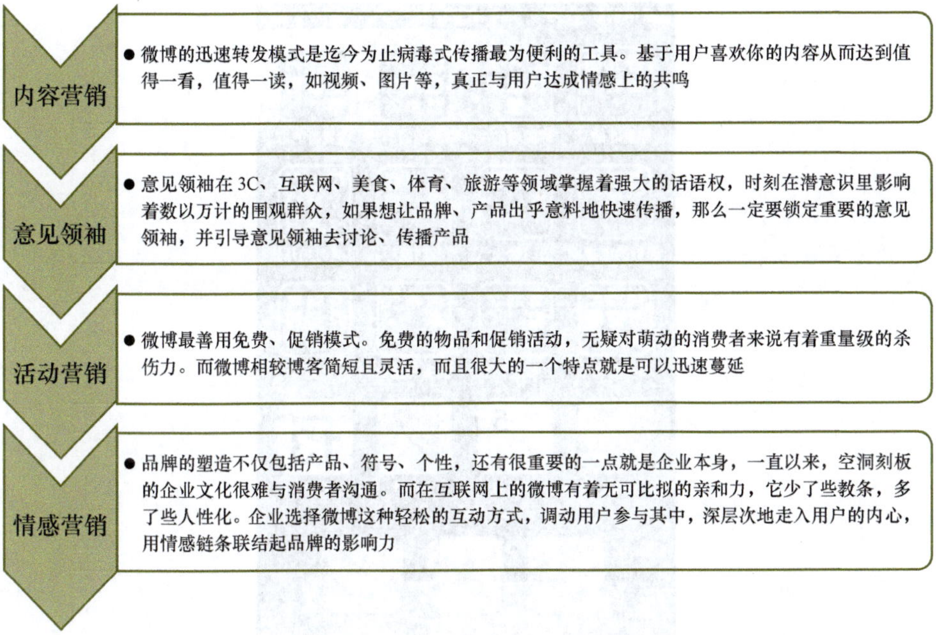

图 3-10 微博常用营销策略示意图

【课堂讨论】

下面哪些产品更依赖于微博营销？针对不同类型的产品，应该如何发布微博内容？

1. 非处方药品	2. 家用电器	3. 电影	4. 美发
5. 快餐	6. 生鲜食品	7. 邮轮	8. 休闲服

【案例分析】

51信用卡成立于2012年，是中国领先金融科技创新企业，2018年于我国香港主板上市，业务涵盖个人信用管理服务、信用卡科技服务、线上借贷撮合服务三大板块，旗下拥有“51信用卡管家”等多款App，激活用户超过1亿。其中，51账单App在短短50个小时之内，只花了150元，获得500万次曝光，App排名前40。

“看了闺蜜的手机，瞬间想嫁人了。这是她老公出差前帮她设置的……”（见图3-11）这条微博出自公司创始人孙海涛的同事，其转发量超过6万次，评论数超过6000次。孙海涛找到一名编辑，用一个小号将微博发布出去。几分钟后，转发量就达到200次。孙海涛立刻号召全公司同事一起来转发，并积极找朋友帮忙点评并转发。整个活动过程中，所有转发加起来估计超过两亿次。微博的长尾效应依旧发挥作用，账单解析服务器因并发量过多几近休克。这成为创业公司不烧钱、拼脑筋的一个典范。

这个案例给大家的第一个启示是，一定要能产生直抵人心的优秀创意。第二个启示是，微博运营者如果发现可以引爆流行的机会，应该立刻乘胜追击；从战役上的胜利转变成整个战争的胜利。这可以引爆更大的流行。

图 3-11　爆火的手机界面截图

问题：通过上述微博营销的成功案例，我们受到哪些启发？如果由你主导此类商品的营销，你会使用哪些营销手段？

单元三　微博营销推广技巧

一、发挥名人效应

名人效应，是指因为名人的出现所达成的引人注意、强化事物、扩大影响的效应，或人们模仿名人的心理现象的统称。名人效应已经在生活中的方方面面产生深远影响，比如名人代言能够刺激消费，名人出席慈善活动能够带动社会关怀弱者等。简单地说，名人效应相当于一种品牌效应，企业借助名人微博转发自己产品相关的信息博文，在内容中植入购买链接，目标受众看到微博后，如果喜欢企业的产品便可直接购买。配合微博的营销工具——微博粉丝通、微窗等功能进行精准投放，可为产品带来更多的曝光率，从而让更多的目标人群看到并产生购买行为。

例如，很多出版社建立了微博名人推荐名单，定期给有影响力的名人送书，名人收到并看完书自然会通过微博晒书，影响自然倍增。企业还可以选择名人担任官方微博的形象代言人，简单清晰地表达企业品牌内涵，从而缩小和粉丝的距离。另外就是借助名人自身微博蹭热度，将名人的微博粉丝巧妙导引到企业的营销活动中。企业可与微博的营销名人或网络知名博主合作推广自己的产品。近年来，网络红人越发火爆，他们搭乘微直播的东风，成为营销推广的重要推手和意见领袖。微博时代的“意见领袖”既继承了网络“名人”的特征，又具有自身的特点。处于信息源上端的网红微博主，通过发布最快捷、最权威的信息，可以迅速获取关注度。这点在突发事件发生时表现得尤为突出。网络红人所有的动态通过微博让其粉丝熟知并与之互动，一定程度上影响其粉丝的购买行为。网红直播带货正在成为一种独立的营销方式，将传统电商货、场、人的关系重构，变成了以人为导向。在消费决策中，货物本身的价值正在降低，用户对商品背后的心理满足越来越重视。而网红直播则能跨越冷冰冰的商品，极大地满足用户的心理需求。于是，品牌方、渠道商、网红、直播平台、微博等，共同开启了一个属于网红的带货时代，并倒逼供应链不断升级。

二、草根圈子推广

微博中除了名人及粉丝圈子之外，最活跃的当属电商草根圈子。文采好、思维佳的博主在微博中分享内容，这些原创的优质内容受官方扶持。博主之间可以联合互推，互助增加粉丝，扩大影响力。草根圈子的博主们会建微话题，大家发布微博时都带上这个微话题，增加微话题的阅读量，提高微话题在微博分类“微话题”中的排名。排名越靠前，微话题中的帖子的曝光率就越大。由于微博具有“@”功能，企业利用微博提升营销效果时，草根微博也可以吸引意见领袖的注意，他们都可以利用微博的“@”功能发挥更广泛的口碑传播作用。

三、病毒式传播

病毒式传播是利用人际网络和口碑，让微博营销信息像病毒一样传播向海量受众的微博营销推广技巧。这种模式最大限度发挥微博人际传播的力量。在微博上形成热议的潮流，形成口碑效应，企业品牌和形象就会迅速传播到受众中。

微博之所以能够广泛流传，是因为它的公益性、娱乐性，而没有私利的诉求。要利用微博强大的传播功能进行病毒式营销，就必须去商业化，赋予营销信息以公益性、娱乐性。经营者则要根据微博的特点来设计“病毒”营销的传播方案。大多数病毒式营销战略以提供免费产品或服务来引起注意。实用资料是常见的病毒式传播体，例如在 PPT、Word 使用技巧的讲解过程中进行植入，使其自然地成为传播体的一分子。

病毒式传播分为三个阶段——病毒制造、病毒传播和病毒更新。病毒制造是营销起步阶段。首先要做好市场调查，然后根据微博的特点，设计易引起感染的病原体，对病原体进行包装。好的病原体应该具有时尚性、可交流性、利益关联或情感关联性，把营销信息伪装到其中，通过微博广泛传播。比如中粮“美好生活 @ 中粮”的微博病毒式营销，通过话题设置的方式，在不影响微博用户体验的同时，在新浪微博上将中粮对“美好生活”的主张细化为与消费者息息相关的多个“美好”话题，引发了消费者的广泛共鸣。

病毒传播阶段首先找到“微博达人”。普通微博用户被这些“微博达人”影响，接受或关注某些东西。为了吸引消费者继续参与传播就要及时更新微博，不断注入新的病毒元素，不断植入新的“病毒按钮”。只有不断出新，才能摆脱消费者由于对病毒太过了解而产生的麻木状况。创新是微博病毒式营销的生命线，真实是病毒信息传播的前提。随着 Web3.0 的到来，病毒式营销作为网络时代产生的一种营销方式，将继续保持活力。

四、建立微博矩阵

某科技公司建立了完善的微博矩阵（组织有序的微博群），以 @×× 科技、@×× 科技营销号、@（创始人）、@×× 手机为主阵地，各账号的头像、页面装修、内部建设都保持统一，共同展现了该企业的互联网品牌内涵。建立矩阵要清楚微博的定位。没有明确的功能定位，不仅无法形成微博矩阵，连主微博的运营都会成问题。

目前有三种微博矩阵格式，第一种是蒲公英式，适合于拥有多个子品牌的集团。第二种是放射式，由一个核心账号统领各分属账号，分属账号之间是平等的关系，信息由核心账号放射向分属账号，分属账号之间信息并不进行交互，这种适合地方分公司比较多并且为当地服务的业务模式。第三种是双子星模式，如图 3-12 所示，创始人账号很有影响力，公司官方账号也有影响力，它们形成互动。企业真正要建立的体系，除了官方账号、子账号外，还可以建设一批小号。小号是一批跟自己企业相关的账号。例如，@ 天猫作为企业主账号，还要建 @ 天猫服装馆、@ 天猫电器城、@ 天猫美妆等一批企业相关的微博账号，通过这些账户跟粉丝分享不同细分领域的产品，增加粉丝留存度。

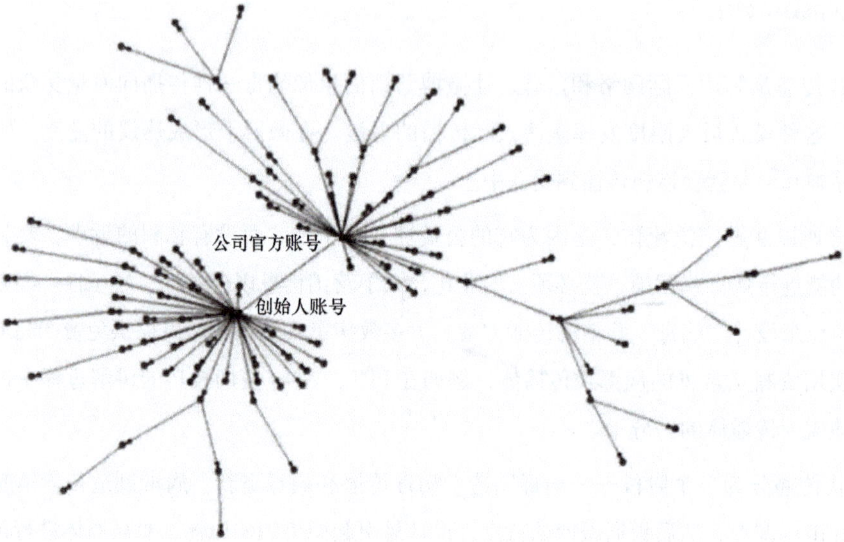

图 3-12 双子星模式微博矩阵示意图

五、活动推广

营销活动是微博营销推广中很重要的一环，它能够在短时间内聚集到大量的关注和人气，还能够增强博主和粉丝之间的互动。活动的类型多样，不同的活动目的也不同，目前微博上最常见的活动目的就是推广产品和增加微博的活跃粉丝，企业可以自己组织策划活动，也可以联合其他一些博主共同组织，而且企业和个人可以根据实际情况来选择策划哪一种类型的活动。

微博活动看似简单，其实不然。有效果的微博活动在活动前、活动中、活动后都有很多细节要注意，一张图都会冲击人的眼球，每一个奖品设置都要具有感召力，每一次活动数据的分析都会为下一次活动提供依据，每一次红包发放都是信任的建立，每一次招募粉丝都会形成二次传播。

每次做微博营销活动，都要设定一个清晰的目标，初期都是为了涨粉，当累积了一定的原始粉丝后，就要考虑到粉丝转化。所以，从初期的有奖刺激粉丝转发，到后期产品的推广，最后引流到店铺拍单；或到微信进行管理、维护，再从微信进行转化；又或者引流到其他渠道都是可以的。活动的核心就是挖掘产品的潜在消费者。阅读量、转发量、评论量增长会促进传播效果。

某品牌手机就运用了微博直播方式开展新品发布活动。线上、线下活动相结合，把线下聚会的一些场景再发布到线上，形成线上、线下同时互动，让没有走到线下的朋友们也可以看到实况，而且积极参与到话题讨论中来。这样参与的人多了，微话题的阅读量就高，就会增加被官方推荐的可能性。

六、LBS 推广

LBS推广

微博产品结合 LBS（即 Location Based Services，基于位置的服务，是通过无线电通信网络或外部定位方式获取微博用户的位置信息，为用户提供相应服务的一种增值业务），可将线上与线下结合在一起。将线上与线下活动结合，可在提升品牌影响力的同时，有效提高品牌销售渠道的购买量，为品牌带来更多收益。LBS 的应用场景已经涉及位置社交、用户出行、酒店住宿以及生活服务等方面。比如，查看周边地点，进行签到，当符合一定条件可获得勋章，成为此地点领主；可对地点进行评论并查看附近的所有地点评论，还有可能获得举行微博营销活动品牌方提供的优惠券。

单元四 微博营销效果分析

一、微博营销提高消费者体验感

微博营销团队通过对微博信息的分析，及时将对微博的洞察力转化为行动，进而转化为销售收入的提高。企业可以通过消费者的反馈，来反思产品，反思企业的品牌形象，进而重新设计品牌的宣传方式，使之符合企业战略发展的趋势。

微博营销创造关联性强的内容。关联性指每一个营销的方式都是与品牌战略联系在一起的。微博无疑是最好的关联性营销工具，因为微博的每个热点话题都会被网友追踪，通过这种追踪可以形成群体效应。微博营销强调与消费者互动，增强消费者体验。消费者已经由过去的被动接受，变成了主动体验和参与。微博营销突破了原有的受众群体，吸纳和融合受众观点，使得这种营销具有了其他方式所没有的生命力与持续力。

二、微博营销 SWOT 分析

以 SWOT 分析方法为指导，分析微博营销的优势、劣势、机遇和挑战，并提出相关营销策略建议，即互动营销策略、代言营销策略、情感营销策略、个性化营销策略，为改善微博营销效果提供参考。

1. 优势分析

微博与网站相比，内容题材和发布方式更为灵活。微博用户数量大，更容易迅速获得大量用户的关注，从而在推广效率方面要高过一般的企业网站。微博应用的方便灵活性的特点使其可作为企业网站内容的一种有效补充，合理利用微博工具有利于弥补企业网站宣传功能的不足。另外，企业微博可以作为电子商务的一部分，向顾客和合作伙伴发布产品信息、供求信息及合作信息，开展网上销售和采购。微博将本企业与其他的竞争对手区隔开来，形成稳定的受众群，提供更细致、更人性化的服务。微博营销可节省营销费用，以更低的成本对消费者行为进行研究，节约广告投入，节省保持用户的费用，减小了被竞争者超越的潜在损失。

2. 劣势分析

虽然微博营销看似没有成本，但需要投入巨大的人力资源进行策略思考，并根据企业以及业内的最新动态及时调整营销重点，还必须随时应对网络社区中的负面评论报道和竞争对手的攻击。

3. 机遇分析

移动互联网的发展是微博营销发展的基础。智能手机微博客户端下载简便，微博网民规模呈现快速发展的趋势。微博用户数量的增加吸引实体企业和风险投资纷纷加入，推动了微博技术更新、服务拓展，并且对企业的网络营销环境产生日益深远的影响，微博营销的应用价值也逐渐表现出来。微博粉丝的忠诚度较高，形成稳定的“关注”关系。微博营销的目标市场潜力巨大，具有高学历、高收入、高消费和年轻化的特点，是最有营销价值的人群。

4. 挑战分析

消费者利用微博向企业讨说法的例子已经屡见不鲜，甚至有人别有用心地利用微博来抨击知名企业，水军泛滥会误导企业的营销策略。网络平台有安全隐患，易受到竞争对手攻击，营销模式还不成熟，易造成公关危机压力。

SWOT分析结果给予如下启示：微博营销的优势大于劣势，而来自外部的挑战和机遇不容忽视。为了更好地利用微博营销，将其效用最大化，要把握发布时机，努力争取更大的信息接收率，配备专业人员监控和反馈，妥善处理公共关系。

三、微博舆情监控

微博舆情监测

伴随着微博用户爆炸式增加，一些商业微博已经出现了泥沙俱下的乱象，一个合格的微博监测系统必须能第一时间发现相关微博内容，对突发事件及敏感信息进行及时预警，并能随时掌握舆论动向及趋势强弱变化。

（一）微博营销考核指标

微博运营数据可以用来衡量微博运营效果。微博营销涉及的数据大致有微博信息数、粉丝数、关注数、转发数、回复数、平均转发数、平均评论数，涉及的指标有粉丝活跃度、粉丝质量、微博活跃度。

微博信息数：每日发布的微博数量（条/天）。

平均转发数（评论数）：每条信息的转发数（评论数）之和/信息总数量，一般计算日平均转发数（评论数）或月平均转发数（评论数）（次/条）。平均转发数（评论数）与粉丝总数和微博内容质量相关，粉丝总数越高，微博内容越符合用户需求，转发数和评论数就会越高。所以这个数据可以反映粉丝总数、内容和粉丝质量的好坏。

粉丝活跃度：这是一个综合数据，一般可以通过平均转发数或回复数来衡量。

微博活跃度：一般用于竞品微博或其他微博之间的比较。

（二）通过数据考核营销效果

以A公司品牌微博数据（见表3-1）为例，4月和5月两个月的粉丝增量近似，微博数量5月增加36%，但是转发总数增长近1倍，评论增长了57%。该企业分析4月的微博内容之后，在5月份做了一些调整，更加注重用户需求，所以在总量增加的同时，微博的平均转发数和评论数都上升了，可以说明该微博5月份比4月份是有进步的。

表3-1　A公司4、5月份粉丝及微博数量变化

时间	粉丝增长		微博数量	转发		评论	
	数量（条）	增长率		转发总数（次）	平均转发数（次）	评论总数（条）	平均评论数（条）
4月	5545	37%	208	2196	10.6	909	4.4
5月	5461	27%	284	4093	14.4	1429	5

总结：平均转发数和评论数可以衡量自身微博运营状态好坏。

除此之外，我们还要与同类微博进行内容及粉丝质量的比较。平均转发数和粉丝数可用作对竞品微博进行分析时的参考。例如，我们看看A、B、C三家企业之间的几项指标（见表3-2），按照粉丝数的倍数来说，B和C的平均转发数应该分别是A的10倍和4倍。对于企业微博真正有价值的，不是那些粉丝数很少的博主或粉丝上千万的红人，毕竟大部分人是普通人，所以根据调查，普通人在微博上的正常粉丝数应该在50～500，这些用户才是大部分企业的中坚力量。我们习惯称之为有效粉丝。由此来看，A公司微博的质量似乎最高。

表3-2　A、B、C三家企业微博营销的指标分析

企业名称	粉丝数（万）	发布数量（条/天）	平均转发数（次/条）	平均回复数（次/条）	内容形式	活动话题数量（次/月）
A	2.6	10～12	15	5	图片、文字	2～3
B	30	15～20	20～45	10～15	图片、文字	5～10
C	10	20	10～20	5	图片、文字	5

总结：通过粉丝数、平均转发数、平均回复数来看，衡量微博运营得好坏不可仅以一个数据来衡量，而应该多维度来考量。平均转发率可以衡量一个微博的活跃度或粉丝活跃度。平均转发率 = 平均转发数 / 粉丝总数，研究人员后来对于 A 公司微博做了一次问卷调查，旨在了解有多少粉丝是 A 企业的用户，调查结果显示，60% 的粉丝有 3 次以上消费，80% 有过消费。之后，A 企业在微博上发放面值 10 元的礼券，在没有任何预告的情况下，一个小时内有超过 1200 人来领，同时平均每 3 秒钟增加一个新粉丝。这些小型活动似乎从某些侧面也说明了 A 企业粉丝的质量和活跃度。企业应更理性地看待微博营销的数据，要能够从数据中获得更多的信息，进而反思和指导自己的微博营销。

（三）微博舆情监控方法

微博凭借其简单、互动性强、传播迅速等特点，突破了时间、空间的限制。对于微博的舆情监控，涵盖七个不同的角度。

（1）危机信息预警。涉及企业的负面消息形成舆论话题时，若无法及时有效地进行监测、挖掘和分析，舆论的发展将造成不可挽回的口碑损失，甚至会造成大量客户的流失。舆情监测可以帮助企业及时进行危机公关。

（2）网络口碑监测。企业可以了解媒体及客户对于行业以及某个企业的好感度。倾听消费者心声，在海量信息中，帮助企业了解其中的建设性意见。

（3）社会热点追踪。企业可以掌握时下营销热点，帮助企业在热点内容及话题下，获得更高的曝光量。

（4）竞争情报分析。观察竞品的一系列动作。

（5）行业资讯采集。了解在社交媒体中行业关心和讨论的内容。

（6）实施效果评估。分析企业公关后的舆论势头。

（7）营销效果反馈。跟踪企业营销通过微博发挥作用的效果表现。

监测微博舆情需要采用技术性方式，一方面能够确保信息监测的全面性，另一方面能够提升舆情信息监测搜索的效率。目前，已经有针对微博舆情的监测分析产品，能够对舆情起到一定的监测、分析和预警作用，提供有效的技术和决策支持。

微博舆情监控的实现过程是，每日定时、周期性地对微博进行网页抓取，对其内容实行解析后存入数据库，再通过用户设定的关键词库对采集的数据进行关键词集过滤，由此获得敏感舆情信息文本返回给用户界面。系统还应对收集的信息进行自然语言处理，从而识别热点话题和热门事件。

常用微博舆情监控工具

（四）常用微博舆情监控工具

1. 新浪舆情通官网

基于海量媒体数据，专注帮助政府、企业、媒体以及自媒体从业者，发现正在发生或潜在发生的全网热点，致力于打造“热点发现—热点分析—传播效果评估—热点事件案例库”的媒体传播大数据应用平台。其主要功能包含政务舆情报告，全方位分析舆情信息，了解民意；品牌企业洞察报告，洞察品牌传播趋势，量化营销效果；热点事件传播分析报告，追踪前沿热点，洞察传播走势；各行业市场洞察报告，聚焦行业动态，以客户为中心迭代产品。

2. 微博数据助手

微博数据助手是智能数据管家，可帮助用户记录新浪微博的多方位数据。打开手机微博，点击“我”，找到“粉丝服务”，点击“粉丝服务”——“粉丝趋势”，即可找到“数据助手”。在“数据助手”中可以观测到昨日微博变化情况，例如粉丝变化、互动情况、博文阅读总数、文章阅读总数、文章总发布数等。关于粉丝分析，这里可以查到粉丝数量、粉丝来源、粉丝地区分布、粉丝增加数、粉丝减少数等。“博文”分析可以查看发博总数、评论总数。“互动”分析可以看到近七天内粉丝排行榜。“文章”分析可以查看到文章阅读总数、文章总发布数、转发总数、评论总数、赞总数。

3. 微指数

微指数是通过关键词的热议度，以及行业/类别的平均影响力，来反映微博舆情或账号的发展走势。微指数分为热词指数和影响力指数两大模块，此外，还可以查看热议人群及各类账号的地域分布情况。例如，鲜花和巧克力均在 2 月 14 日那天热议指数达到顶峰，但是巧克力的提及度要明显高于鲜花，这说明巧克力在情人节比鲜花更受情侣们的钟爱。

4. 西瓜微数

粉丝画像功能优化：西瓜微数通过算法过滤僵尸粉，提供去水粉丝数、活跃粉丝数和近 7 天铁粉数，帮助广告主了解博主的真实粉丝影响力。

粉丝变化趋势图：新增功能展示博主近 30 天、90 天、180 天的粉丝变化趋势图，以分析博主是否有“买粉”行为。

粉丝人群标签：利用雷达图展示粉丝中最多的 5 个标签，帮助筛选与广告匹配的博主。

地区排行榜：提供中国大陆及中国台湾地区的博主数据，按西瓜指数排序，并支持不同时间维度和地区筛选。

品牌舆情分析：分析品牌、产品或社会热点在微博上的舆情情况，包括微博数据变化趋势、内容分析和 KOL 发声等。

微博监控功能：允许用户监控已发布的微博，输入微博链接和监控时长即可开始监控。

营销案例分享：西瓜微数还提供微博品牌、节日营销等案例报告，帮助用户了解微博行业生态和品牌数据。

【课堂讨论】

请判断下面哪种产品最适合用微博开展营销，和同学们交流一下看法，如果你是这个产品的品牌总监，你会借助哪些名人的微博来吸引潜在顾客？

1. 火锅店	2. 银行	3. 游乐场	4. 旅馆
5. 剧院	6. 保险公司	7. 出版社	8. 药品

【案例分析】

微博营销经典案例

传统企业和新兴企业都很重视运用微博缔造品牌。谁先抓住机遇，谁就能抓住用户，有了品牌和销量，也就有了利润。下面分享微博营销中的两个经典案例。

1. 野兽派花店

成功模式：故事营销

“野兽派花店”没有实体店，甚至没有淘宝店，仅凭微博上几张花卉礼盒的照片和140个字的文字介绍，吸引了超过100万粉丝，甚至连许多演艺界的明星都是它的常客。与其他花店不同的是，野兽派花店倾听客人的故事，然后将故事转化成花束，每束花因为被赋予了丰满的故事而耐人寻味。这其中，有祝自己结婚周年快乐的，也有求婚的、祝父母健康的，还有纠结于暗恋自己的男同事的……在日复一日的寻常生活中，阅读一段简小的离奇情节，也成为粉丝们的一种调节剂。进口花卉品种经过精心雕饰之后，再针对不同的人群、送花与收花人的心境，取个颇有文艺范儿的名字，就会受到粉丝追捧。花店的粉丝在微博上通过私信下订单，客服通过私信回答顾客的问题并最终达成交易。

案例点评：对于许多花店粉丝来说，成为故事的男女主角，围观寻常生活中有趣的细节，已经成了买花之外的一种附加值。利用微博病毒式的故事传播，可免费获得大量的潜在客户，而动辄几百上千元的礼盒又保证了毛利。“私信＋支付宝”就能搞定一切。

2. 海底捞

成功模式：口碑传播

“昨天在海底捞，无意中跟朋友抱怨在京东抢购的奈良美智大画册还没到货，结果服务员结账的时候问了我京东会员账户，今天一早三本大画册都送来了！”这条微博转发了3万多次。可能是一个无心之举，也有可能是推手为之。不过很明显的是，海底捞抓住了这个机遇，在一定程度的传播后，迅速让更专业的公司介入了传播。海底捞甚至打造了“人类已经无法阻挡海底捞”的广告语，还出现了“海底捞体”。其基本模板是：某天我在某海底捞吃火锅，席间我无意间说了一句……（包括但不限于愿望、情绪、抱怨、看法），在我结账时……（愿望成真、安抚情绪，例如送玉米饼、送贺卡、送礼物、免单等）。网民自发参与制造段子，广泛传播了海底捞的品牌。海底捞微博（见图3-13）一直用心呵护自身形象，通过发放优惠券培养粉丝，并且通过微博聊天进行客户管理，取得了很好的效果。

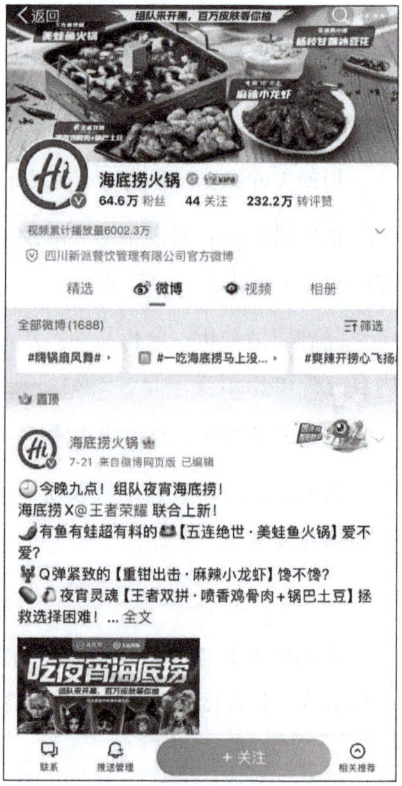

图3-13 海底捞火锅官方微博

案例点评：口碑式营销是一种有效的适合微博传播的网络营销模式，亲密性能够拉近商家和用户的距离。在“海底捞体”盛行的背景之下，海底捞的品牌知名度不胫而走。

优秀的产品是基础，口碑不过是一股东风，二者配合默契才能直挂云帆济沧海。总体来说，海底捞的服务依旧是超出绝大部分同行的水准。从这点上来讲，海底捞的微博口碑传播是非常成功的。

问题：这两个案例给了我们什么启示？如果你是一家火锅店的销售经理，你将如何用微博营销实现销售量的快速增长？

模块小结

1. 微博营销的发展趋势

微博作为移动网络社交平台日益成熟，为营销提供了新思路，发挥良好的互动性、及时性和广泛性。微博营销的发展趋势包括：①微博营销人员专业化；②微博营销深耕垂直领域；③微博营销与电子商务整合。

2. 微博营销的价值

微博的信息可以产生病毒式的传播，具备极高的营销价值。企业以微博作为营销平台。微博的营销价值可分为以下四点：品牌传播价值、市场调研价值、公共关系价值、客户管理价值。

3. 微博营销推广技巧

①发挥名人效应；②草根圈子推广；③病毒式传播；④建立微博矩阵；⑤活动推广；⑥ LBS 推广。

练习题

一、填空题

1. 微博营销的价值包括__________、__________、__________、__________。

2. 微博营销里招募粉丝的方式有__________、__________、__________、__________、__________、__________、__________。

二、不定项选择题（选项可能是单选或多选）

1. 加 V 用户的 V 代表什么意思？（　　）

A. VIP，表示该用户是重要人物　　B. Victory，表示这个人胜利了

C. Vegetables，表示他是新手　　D. Verification，表示这个人是实名用户

2. 微博表示某个人很无辜的时候，会说这个人（　　）。

A. 站着也中枪　　B. 躺着也中枪

C. 蹲着也中枪　　D. 趴着也中枪

3. 微博 @ 使用方法为“@+ 空格或者标点符号”，@ 的作用是（　　）。

A. 一旦点击 @ 链接，网页则会访问该用户在微博上的主页，让用户即时和微博主互动

B. 帮助微博主发现和自己关系密切的微博

C. 如果有人在评论中通过 @ 提到了微博主，微博主将被系统告知有人评论了他，从而帮助微博主即时发现自己的微博评论，便于建立与粉丝之间的互动，可以认为是一种被动搜索

D. 以上三个都是

4. 下面说法正确的是（　　）。

A. 在任意微博信息右下角均有“评论”“转发”按钮，直接点击进入完成即可

B. “转发”主要指通过点击该按钮传播该博文信息，转发时可以加入转发的理由

C. “评论”主要指对其他人的微博进行评论，发表自己的看法

D. 私信主要用于一些不便于公开讨论的问题，作用等同于悄悄话，只有双方才能看到

5. 微博 # 的使用方法是（　　）。

A. “#+ 活动名称或话题名称 +#”表示微博上专门的话题活动标签

B. 在微博平台使用“#+ 内容 +#”可以看到相关内容的讨论分类归总

C. 点击“#+ 活动名称或话题名称 +#”即可搜索出所有参与该话题的微博信息和微博主

D. 关注该话题的微博主其实也是企业的潜在客户

6. 添加关注有很多方式，最常见的几种方式是（　　）。

A. 可以通过搜索找到自己的目标微博，添加关注

B. 在自己微博界面上发掘带 @ 的用户，点击进入添加关注

C. 通过微群里面的成员添加关注

D. 通过粉丝可以添加关注

7. 下面说法正确的是（　　）。

A. 国内最早的微博平台是新浪微博

B. 你在微博上的分组，别人是看不到的

C. “毫无 PS 痕迹”的意思是没有经过 PS 处理

D. 以上三个都正确

三、问答题

1. 你认为微博营销的前景如何？

2. 微博营销推广技巧有哪些？

3. 假设你正在经营一家女装专卖店，“双十一”就要到了，你要举办一次优惠活动，请设置你的优惠方式来吸引顾客光临，并用 200 字以内的微博来宣传你的活动（言之有理即可）。

四、案例分析题

炒饼店利用微博进行客户管理

公司行政部李主管的爱人在我们公司所在的写字楼附近开了家小店，专门卖炒饼、炒饭、炒粉和盖饭。主要客户群就是附近写字楼里的白领。店家薄利多销，承租了60平方米的店面，摆放了6张方桌，雇用了一名厨师。在二线城市，这是最标准不过的“苍蝇馆子”。苍蝇馆子已经开业两年多了，因为同事的关系，我们经常过去吃饭。馆子的价格很实惠，21元一份的肉丝炒饼套餐，包含一份炒饼、一例汤、一份青菜和一个卤蛋。在我们的怂恿下，同事决定帮苍蝇馆子“洋气”一把：开始炒饼店的微博营销。

第一波：增粉热潮

店铺门口的易拉宝和方桌上的塑料贴纸，就在这两个最显眼的地方，店主开启了微博营销的增粉行动——“关注店家微博送海带汤”。一个小小的举措，却很好地迎合了年轻白领的好奇心和新鲜感，短短一个星期，这个苍蝇馆子就已成功增粉100多人。

第二波：微博运营

粉丝来了，微博的服务运营自然也要跟上节奏。店主为此专门设置了客户微博服务专员，负责整合线上线下的活动，处理客户的意见和建议。经过这么一通操作，小店的粉丝已增长至2 000人。

在这一波的微博营销及店铺线上线下联动中，店主深有体会。作为具有明显地域特色的餐饮业，如果使用微博进行社会化营销，一定不能因为过多地关注线上而忽视了线下，而应将二者融为一体，将品牌与用户之间的弱关系做成强关系。

不仅如此，用户行为和店铺本身也因为这场营销悄然发生着一些变化：

（1）大部分顾客从原先的电话订购外卖改为微博订外卖，固定时间（上午10点30分）订餐，固定时间（中午12点10分）送餐，极大地方便店铺进行统一安排和配送。

（2）利润翻了3倍，为社会增加了两个就业岗位。

（3）顾客明显增多，甚至出现了排队等位现象。

（4）线上营销和线下服务有机结合，很多新顾客成为老顾客，也有很多老顾客成为老朋友。

在微博运营过程中，店主在推送信息时刻意与粉丝营造互动的机会。例如，新上架的三鲜炒面可以享受八五折，结果次日为新品准备的材料全部售罄；还有新年到店可凭优惠券享受一杯免费豆浆。无论是线上的形象，还是线下的饼店老板，都有血有肉，而不单单只是一个概念。

问题：这家饭馆在微博营销方面有哪些成功经验？如果请你出任饭馆经理，你将如何实施基于写字楼附近食客的餐饮营销？

Module 4

模块四
微 信 营 销

学习目标

知识目标

◎ 了解微信营销的概念

◎ 理解微信营销的价值

◎ 掌握微信营销的模式

能力目标

◎ 能够清晰地界定微信营销的类型，区分微信营销与其他新媒体营销

◎ 能合理地运用个人微信、微信群、微信公众号的合理定位完成相关营销活动

素质目标

◎ 2020 年美国《财富》杂志公布的 100 个“现代最伟大的设计”排行榜中，微信位列 31 名，是全球排名最高的社交软件。通过本模块的学习，增强学生的民族自豪感，激发文化创新创造活力

单元一 认识微信营销

一、微信概述

微信（WeChat）是腾讯公司于 2011 年 1 月 21 日推出的一个为智能终端提供即时通信服务的免费社交程序，微信支持跨通信运营商、跨操作系统平台通过网络快速发送免费（需消耗少量网络流量）语音短信、视频、图片和文字，同时，也可以共享流媒体内容，可以使用基于位置的社交插件，如“朋友圈”“视频号”“听一听”“看一看”“搜一搜”等。

微信提供公众平台、朋友圈、消息推送等功能，用户可以通过“搜一搜”“附近的人”“扫一扫”方式添加好友和关注公众平台。同时用户通过微信可将内容分享给好友，并将看到的精彩内容分享到微信朋友圈。

传播学家麦克卢汉认为，媒介作为社会发展的基本动力，能够区分不同社会形态，当大众选择并接受微信，意味着新时代的到来。随着微信用户群体规模的扩大和社会影响力的全面提升，微信能够促进信息传播与人际互动，企业在实践中合理利用微信功能规划布局，探寻微信营销在整合营销传播中的传播特点，挖掘微信平台的营销价值，能为企业的微信营销提供参考依据和盈利条件。

微信是网络时代改变人们生活、交流、娱乐方式的典型代表，涉及人们生活的各个领域，微信的这一广泛性范围也是其营销功能的根本基础。这个主流的社交 App，已经发展成为一个平台、一种现象，甚至成为一种生活方式。对于企业而言，可以用微信进行企业品牌和产品的营销，实现企业的目标。既然是社交的工具，必定与对方有关联，使对方感兴趣，只有提供价值和展现价值，才能实现价值。微信营销中的“选择性”社交，分为“圈子”营销下的“弱联系”社交和口碑营销中的“强联系”社交。

二、微信营销及其价值

1. 微信营销的定义

微信营销，广义上是指微信用户使用微信媒介进行的营销；狭义上是指用户注册微信后，与附近同样产生注册行为的好友产生某种关联，通过使用微信获取大众信息，商家分析信息后营销自己的产品，进而产生点对点的营销效果。微信营销机遇与挑战并存，在广袤的互联网世界中，隐藏着巨大的潜力，大众对微信的前途满怀期待。科技推动下的微信营销，要审视崛起的手机媒体、二维码的“广泛式”传播和微信公众号的“快餐式”推送。它拥有区别于微博等社交媒体的独特性，逐渐升级为企业、个人用来营销传播的工具。

2. 微信营销的价值

微信营销拉近了商家与用户的心理距离，微信营销的概念和内涵不仅体现微信的平台价值，也包含其人脉关系网络的优势，微信功能的不断改进、提升也深刻影响着微信营销的概念和内涵。

微信营销给企业和个人营销打开了新的视野，随着移动客户端用户规模的扩张，微信用户的数量上行趋势明显，微信营销的商机凸显出来，在营销过程中，微信营销形成区别于其他媒介的天然优势包括：①多元化；②即时性；③精确性；④低成本；⑤互动性。

微信营销的模式

三、微信营销操作中所遵循的原则

原则一：建立微信营销矩阵

很多人认为，微信营销就是利用个人账号或者注册一个公众账号，抑或是注册一个企业账号，不厌其烦地发广告即可。其实不然，试想，如果可以不断地用个人账号发广告，如有很多人在微信朋友圈卖面膜、招代理，就会打扰朋友圈或者订阅用户。对微信服务号和订阅号实行数量限制（服务号每月不超过 4 条，订阅号每天 1 条），目的就是不让过多的信息对用户造成干扰。但这并不代表没有办法进行微信营销了。如企业可以申请一个公众平台服务号，派专人进行维护。围绕这个平台要配置 4 个左右的订阅号；订阅号的周围还应再配置 8 个左右的个人微信号，也就是说，每个订阅号对应两个个人微信号。从信息发布，提供服务和有价值的信息，到增强用户黏性，都离不开微信营销矩阵。布局合理的微信营销矩阵可使客户的黏性进一步增强。

原则二：内容为王

一方面，商家需要提供高质量的品牌和产品，包括包装、形象等，这是基础。另一方面，宣传文案内容要跟企业的产品紧密相连，同时要有趣、好玩。

原则三：建立连接

有了内容之后，还需要与顾客建立连接。微信的目标是连接一切，即要实现人与人、人与物和物与物之间的连接。与用户建立连接的方式主要有以下几种：方式一：借助公众号进行推广，公众号推送可在短时间内扩大知名度和影响力。方式二：微信小号带大号和个性化签名方式。微信签名个性化，利用 LBS 功能很容易就会被别人找到，也有针对性。方式三：活动推广。如微信红包的方式，关注、转发就可以获得一定数额的红包，将链接转发给朋友，朋友打开参与后，红包会增加一定的额度，最后设置一个提取红包的额度。方式四：加强互动。让用户和企业的产品能够形成交流和沟通，不再是冰冷的产品和广告的推送。方式五：线上线下活动推广微信号。方式六：购买产品扫码入群成为私域流量。

微信小程序营销

四、微信营销操作中的创新模式

1. 微信小程序营销

微信小程序一直以“轻应用、多场景”著称，当下腾讯倍加重视小程序的开发，对于微商城而言，微信小程序不仅是新微信营销以及引流的渠道，更是日后的主流渠道。微信小程序常用的营销模式包括制作企业微官网、在推文中添加小程序二维码、利用小程序进行长期的营销活动，例如签到打卡、新品预售、免费试用、商城好评、晒图及分享奖励、积分兑换等。

2. 拼团营销

微信营销通过阶梯团、大团、小团、抽奖团等形式，让已成交的用户自主自愿地转发活动链接凑单拼团，以获得不同程度低价购买商品的资格。老客户带新客户参团购买，在促进老客户二次消费的同时，迅速获得更多新客户成功下单，可以说是聚合流量微信营销，促进变现。

3. 微秒杀

微秒杀是当下商家常用和流行的微信营销模式，在微商城中通过低价短时间营造用户紧迫感，促使用户快速下单。这种微信营销方式不仅能提高店铺人气、打造单品爆款、促进销售和打造后续口碑，还可第一时间了解买家需求及对产品的反馈，为店铺优化提供参考。

4. 直播营销

在微商城中接入直播功能，通过视频、语音等直播卖货，实现商家和客户不同空间的面对面沟通交流。微商家提供一个新的卖货渠道，同时也能从视觉、听觉等感官上使客户更真实、全面地了解产品和服务信息。此外，通过微信直播营销，从此一对一变成一对多，可减轻售前咨询负担，提升售前咨询效率。

5. 微信视频号营销

微信视频号营销

（1）内容创作的新媒体链条：公众号（图文）+ 视频号（视频）+ 个人营销号 + 社群。

（2）产品平台式链条：App+ 小程序 + 公众号引流 + 视频号导流公众号 + 社群。

（3）电商链条：视频号种草 + 公众号留存（触达）+ 小商店 / 直播转化变现 + 个人营销号。

6. 微信信息流营销

（1）品效合一的多种推广方式。

（2）支持多种广告展现方式，充分曝光产品。

（3）打造社交闭环生态，实现二次传播。

信息流广告的优势如图 4-1 所示。

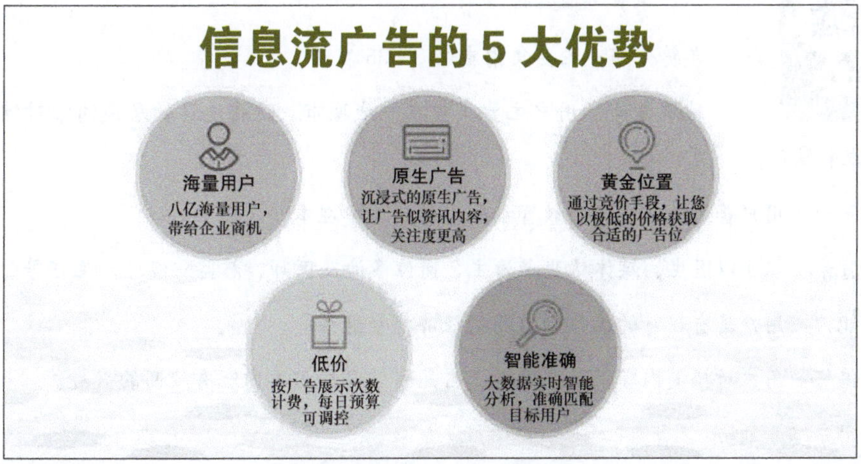

图 4-1 信息流广告的优势

【课堂活动】

什么是微信信息流广告？你都见过什么样的信息流广告模式？

微信营销基本模式流程如图 4-2 所示。

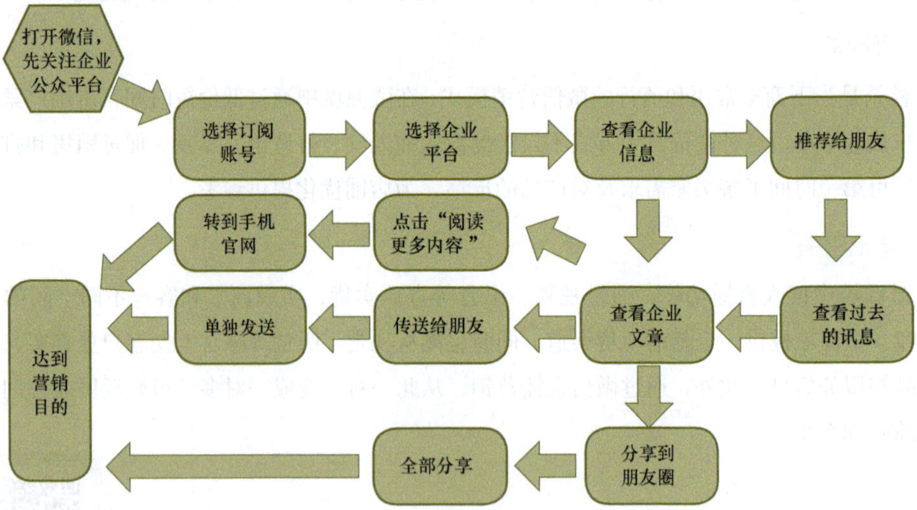

图 4-2 微信营销基本模式流程图

【课堂活动】

1. 请你推荐几个微信公众号，并简要介绍其吸引人的主要原因。
2. 简要说明微信给你的生活带来哪些方面的改变。

【案例分析】

“辨真伪，筑健康”——丁香医生百万粉丝矩阵是如何炼成的

丁香医生微信营销案例

丁香医生公众号是杭州联科美讯生物医药技术有限公司运营的医学科普平台，其内容以科学性、实用性和可信赖性为核心，深受广大用户的喜爱和信赖。

一、用户群体特征

年龄分布：主要集中在 25 ～ 35 岁。

地域分布：用户主要集中在一线城市，这些地区的居民通常对健康信息有更高的需求和认识。

教育背景：用户普遍具有较高的教育水平，学历集中在本科及以上。

职业背景：职业以医生、媒体从业者为主，岗位多涉及医师、总监、经理、主任等管理层级。

经济能力：用户具有较好的工作和较高的经济消费能力。

兴趣偏好：用户对搞笑内容、医疗医学、自然科学等知识类内容有较高的兴趣。

二、用户细分策略

健康群体：关注日常养生和父母健康，年龄在 20 ～ 40 岁。

妈妈群体：包括备孕、怀孕、育儿等不同阶段，以0～3岁孩子的新手妈妈为主，教育层次较高。

中老年群体：关注慢性病管理和保健知识，需求更为专业和精准。

医务工作者群体：包括医院各科室的医务工作人员和医药类在校大学生，年龄在18～34岁。

医院及相关药企群体：涉及医院科研、企业管理以及招聘人员。

三、矩阵运营

微信订阅号&服务号：共68个，覆盖不同的医学领域和用户群体，提供多元化的内容和服务。

大众科普：如丁香医生、来问丁香医生等，普及健康知识。

特定人群：如丁香妈妈、丁香好孕等，针对特定人群提供定制化内容。

电商购物：如丁香生活研究所，提供健康产品推荐。

合作沟通：如丁香通，促进行业内外的交流合作。

医疗行业从业者：如丁香园、丁香医学生考研，提供专业发展支持。

专科细分：如儿科时间、心血管时间等，深入特定医学领域。

微信小程序：共12个，提供在线咨询、购药、疾病库查询等服务。

主要业务模块：包括在线医生咨询、在线购药、医疗疾病库、医师讲堂、科普文章等。

四、运营策略详解

内容+服务：通过小程序构建疾病知识图谱，解答用户疑问，提升服务质量。

产品+社群：利用社群效应，通过小助手推送小程序答疑，增强用户黏性。

留存+场景：提供呼起服务，在用户遇到突发医疗需求时能快速响应。

自推+联盟：通过医生推荐吸引新用户，形成联盟，扩大平台影响力。

五、运营成效

用户增长：通过上述策略，丁香医生公众号成功吸引了大量用户，形成了稳定的用户基础。

品牌影响力：在健康类公众号中处于领导地位。

用户满意度：提供的科普内容和服务得到了用户的广泛认可，增强了用户对品牌的信任。

通过这些策略，丁香医生公众号不仅为用户提供了高质量的医学科普内容，还建立了一个互动性强、服务全面的医疗健康平台，满足了不同用户群体的个性化需求。

单元二　微信个人账号及朋友圈营销

微信个人号营销

一、个人微信营销定位

个人微信号同微信公众号一样，需要明确的定位。个人微信营销定位需要结合行业的属性、品牌的定位、产品的特性来确定。

信息推送、粉丝互动、客户服务、在线交易，任何一种单一的模式都不能够让个人微信号具有持久的生命力。因为频繁的信息推送和粉丝互动会干扰用户，而基于微信的客户服务作为传统服务的延伸，并不唯一，很容易被其他技术手段替代。微信作为移动端最重要的入口和平台，是最好的品牌社区载体。品牌与消费者在其中充分互动，提供有价值的服务，构建和消费者之间强有力的关系，并最终通过交易支付实现粉丝经济。

微信账号一般包括账号名称、昵称、微信号、头像、个性签名和微信朋友圈封面。微信账号申请前需要先进行定位，思考内容方向以及受众对象，思考他们的生活场景和工作场景，了解他们有哪些精神需求和物质需求，从而去确定账号名字。

1. 微信昵称设计原则

微信昵称设计必须遵循以下四大原则：简单化、具体化、个性化、人性化。这四条原则要求微信昵称与品牌一致，名字简单好记、便于搜索、形成标签。好名称能让人印象深刻，勾起好奇心，让用户一眼就知道账号的传播内容，从而降低用户的教育成本；好名称应该容易传播，读起来朗朗上口，方便口口相传。

微信要避免任何增加传播成本的意义不明的用语或者字词，晦涩难懂的名字在传播效果上也会大打折扣。常见的创意取名方式主要有谐音式和内涵式。有时候，名字中带有一些数字，包括阿拉伯数字和时间数字，能起到强调的效果。微信可通过热词组合命名。

昵称最多可设置16个汉字，可设置含有中文、英文、数字、符号组合的昵称，但不建议设置特殊字符。如果想突出身份，简明扼要地突出核心即可，比如插画师×××、旅行爱好者××、飞行员×××……。使用真实姓名可提升信任感，例如微商社创始人陈××、知名微商自媒体人褚×、微博明星龚××。

真实姓名/昵称+品牌名/代理级别也是一个取名的黄金法则，这样既可以突出品牌或公司，又可以让人记住名字，一举两得。选好名字之后最好保持不变，避免一些老顾客没有备注姓名。

2. 微信头像设计原则

微信头像设置具体要求如下：高辨识度、真人头像、突出特点。图片要内涵丰富，创意出色，构图新颖，色彩明快，具有高水平的艺术感染力和视觉冲击力。微信头像本来就很小，图片加文字就显得非常凌乱。好的头像必须清晰、有主题、有美感、有关联。把头像、职业和爱好结合起来，别人一看，就会引发联想。尤其是职场人士，形象照再和职业结合起来，会更有力度。

3. 微信签名设计原则

微信签名可以加深互动印象，一个好的签名短短几十字，要精准、吸引人。签名的语句必须温婉不生硬，不能做硬广。

二、微信营销的作用及朋友圈服务定位

通常认为微信营销具有以下作用：

（1）获得海量用户关注。

（2）推送实用信息及广告。

（3）锁定精准目标用户。

（4）在线完成产品销售。

（5）维护老客户。

（6）塑造企业良好品牌及口碑。

（7）有效的危机公关。

微信朋友圈是传播和营销的渠道。朋友圈品牌广告（vivo、宝马、可口可乐、英菲尼迪等）推送就是传播的一种，但是这种方式适合大企业、大品牌，中小企业和创业企业通过朋友圈发展代理建立营销渠道的模式是比较可取的。在朋友圈营销，首先要做到不让人反感，取得朋友圈粉丝的认可和信任以后，再慢慢导入营销。要做好朋友圈营销，要把自己打造成你所经营产品的某一领域专家，树立专家形象，打造专家营销。

【课堂讨论】

假如你是一名房地产经纪人，你将会如何通过微信朋友圈进行营销呢？

提示：朋友圈分享可从几个角度展开内容，你所推介的产品、你自己的人格魅力、利用多种手段与用户进行互动、产品相关的知识内容。力图做到分享内容新闻化（简洁明了）、叙述故事化（令人产生兴趣）、利他化（给用户展示肉眼可及的利益和价值）。

三、微信朋友圈设计

社会化媒体中的微信朋友圈信息流广告发展出现新的趋势：一是“转化率”问题，即对于微信广告来说，极高的广告投放成本如何转化为产品的销售额或者 App 的下载量，有待考量；二是“差异化整合营销”问题，即制定符合个性的创意，精准营销，考虑用户体验、用户隐私。

1. 个人定位清晰

个人定位一定要与自身的优势、爱好、个性相关。通过真实的内在，加上适当的包装，彰显个性、展现优点，并贴近生活，让别人产生认同感。比如颜值高、会写作、懂护肤等，总之有优势要发挥出来，要让别人知道。在微信朋友圈打造个人品牌，就是要展现最真实的一面，而且还要进行适当的包装。定位越清晰，就越容易建立自己的品牌。微信名字、头像、个性签名等都是跟个性相关的。同时，进行个人定位的时候一定不要忘记自己的爱好。

2. 坚持原创

不管是产品广告，还是生活分享，都要坚持原创。对于原创的文案，其互动情况和销售效果一般都会好一点。销售产品时，不同的场景需要不同的表达方式，要有针对性，不能千篇一律。要清晰了解自己的粉丝、受众人群。例如，你的客户是 90 后，他们更喜欢一些好玩的东西；如果客户是 70 后，就需要用一些更严谨的产品去打动他们。要想真正做好微商，驾驭文字和图片的能力很重要，能说会写的人做微信营销会更有优势。如果朋友圈的内容都是原创的，并且个性鲜明，这样的内容自然很有受众。每发一条朋友圈的时候，都应该思考为什么要这么发，为什么这么写，要深思熟虑，要有目的性地去做这件事情。

3. 掌握互动技巧

没有互动的朋友圈是缺乏吸引力的。如果朋友圈有很强的互动性，点赞数、评论数就会很多，营销就会水到渠成。例如，初学者可以在朋友圈发一些自己编的段子，这就是娱乐性的一个技巧。你的情商有多高，决定你的微商做得有多好。可以自黑，把你不好的一面发出来。自黑需要勇气，同时也是自信的一种表现。

4. 配图有讲究

配图要注意文字和图片要相匹配。图片要有个性，要有吸引力。文字尽量不要超过 140 字，一眼就能看完全部内容是最好的。

5. 学会借力

好的微商情商高，懂得借力，借助大咖，利用大咖做背书，与大咖建立关系，从而促进商圈的拓展。

6. 提供价值分享

多一些生活分享，少一些广告。多一点正能量，少一点抱怨、牢骚。朋友圈每天分享一条就可以。

7. 把握广告时间段

每个时间段发的广告内容不一样，取得的效果也不一样。早晨 7 点至 9 点适合传播正能量的信息内容；中午 12 点至 1 点午饭休闲时间插播广告，效果会好一些；傍晚 6 点至晚 9 点下班回家的路上适合发布广告；深夜 11 点至凌晨适合情感类内容的分享，不适宜发广告。

微信朋友圈营销

四、微信朋友圈营销内容的发布规则

企业应将微信作为品牌的根据地，吸引更多人成为关注你的粉丝，再通过内容和沟通将普通粉丝转化为忠实粉丝。当粉丝认可品牌，建立信任，自然会成为你的顾客。以下是结合实践经验总结出的发布微信朋友圈内容的四条规则。

1. 内容定位——内容为王

微信朋友圈内容定位应结合企业的特点，同时站在用户角度，而不是一味地推送企业自己的内容。只有当用户能从你的微信朋友圈获取想要的东西时，才会更加忠实于你，和你成为朋友，接下来的销售才会理所当然。关于微信的内容，有一个“1+X”的模型，“1”是最能体现账号核心价值的内容；“X”则代表了内容的多样性，迎合并满足用户的需求，增强内容的吸引力。

2. 内容推送——拒绝骚扰

微信朋友圈内容推送一周不要超过三次，太频繁了会打扰到用户，最坏的后果可能是用户取消关注；当然，太少了效果也不好。内容不一定都是图文专题式的，也可以是一些短文本，文本字数一般一两百字，关键在于内容能引发读者思考，产生思想火花，形成良好的互动效果。

3. 人工互动——沟通是魂

微信的本质是沟通平台，沟通需要有来有往，所以人工互动必不可少。从沟通的效果而言，见面显然是效果最好的方法，也更容易拉近感情。线上线下活动结合的意义在于，面对面的交流更容易培养忠实的粉丝，产生更鲜活、更接地气的内容，这样的微信公众号才会显得更加真实，更有亲和力。另外，微信光靠自然增长用户会很有限，线下活动也是增加微信用户的重要手段。

4. 他山之石——对手是最好的老师

如果你关注了 100 个竞争对手的微信，就会有 100 个账号在教你怎样做好微信营销。微信内容不能靠一招鲜，拼的是投入和执行力，长期坚持下去，在实践中不断积累经验，培养和用户的感情，目标才有可能实现。

在信息分享阶段，大脑对朋友圈其他人分享的信息有一个处理过程，这个过程是“接触信息——过滤 / 筛选信息——感知到信息并留存 / 未感知到信息并抛弃”。如果经过信息筛选和过滤，感知到了某些朋友发布的信息并将其留存在大脑中，这时我们便对这个信息有了理解甚至认可，紧接着可能会有意愿跟这个人进行朋友圈互动和交流，此时“共鸣区”就产生了。如果这种“共鸣”时常发生，那么双方关系便会因为信息的分享而变得更加熟悉或紧密。相反，人们常常会不自觉地忽视那些未达到“共鸣区”的信息和“朋友”，因此跟这些人在朋友圈信息分享阶段的互动会越来越少。一旦处于这种状况，“舞台中央孤独的表演者”便会频频出现，朋友圈“自说自话”的情况会越来越多，双方的社交关系便可能向僵尸关系发展。因此，在信息分享的过程中，经营者会不断练习提炼信息内容的技能，每次转发分享信息都在训练评论能力，也是在提升自己的“推销策略”。从这个角度来说，在微信上发布内容其实是潜意识地“练习”成为出色的信息推销员。

【课堂讨论】

你在使用下面哪些产品或服务时更依赖于微信朋友圈的社交口碑？和同学们交流一下看法，为什么有的产品在朋友圈容易销售顺畅？针对不同类型的产品，应该如何发布微信朋友圈的内容？

1. 驾驶员培训　　2. 手机　　3. 商品房　　4. 运动鞋
5. 专升本培训班　　6. 水果店　　7. 钢材　　8. 化妆品

【案例分析】

一套完整的微信朋友圈营销推广是建立在用户调查的基础上的。首先，经营者必须明确目标用户是谁。先形成一个清晰的用户画像，然后再开始制作内容。根据用户调查，得出用户的核心需求，以需求为卖点制作内容。一定要直击用户的痛点。内容制作完成需要选择投放的渠道。

例如，一家食品店主要经营的美食品种包括：姜辣鸡爪、咸蛋糯米、牙签牛肉、玉米饼、大明虾、韭菜馅饼、鱿鱼须、油泼黄瓜、猪蹄、尖叫萝卜、招牌什锦砂锅。用户画像定位年龄：20～40岁。性别：男和女。月收入：3000元以上。购买力：较强。分布地域：某三线城市。经常出现的网络平台：微信、微信朋友圈。商家目前有两个微信，通过裂变的引流方法，用微信实行一对一精准销售。商家在微信朋友圈发布自己打磨的攻心文案，文案的内容适合固定年龄、固定性别、有购买能力的消费者阅读通过朋友圈推送广告，最后实现成交。经营者观察同行竞争对手，然后将每个对手的优点、缺点整理成表格，打造自身最有影响力的赚钱卖点。分析了竞争对手以后，商家就把自身的优点激发出来，咸蛋糯米是他家的网红美食，并且这个优点对手没有。他家的原材料最新鲜，每一件食材都是经营者自己去挑选的，质量过硬。同样的美食里，他家的美食性价比最高。而当性价比一样高的时候，他家的服务最好，跟粉丝走得最近，这就是这家店赚钱的卖点。该网红食品店菜单如图4-3所示。

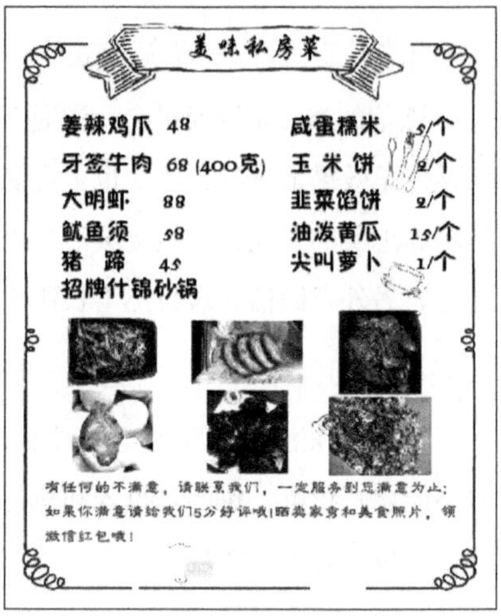

图4-3　某网红食品店菜单

问题：通过这个网红美食成功案例，我们在朋友圈营销方面受到哪些启发？你有没有在朋友圈参加过点赞活动？有没有在朋友圈转发过商品信息？你是如何知道这个活动的？为什么参与这样的活动？参与以后有什么奖励或感受？一套完整的朋友圈营销推广需要经过哪几个核心步骤？

单元三　微信群营销

【课堂讨论】

1. 日常生活中，你建过哪些群或者加入过哪些微信群？
2. 分享你的经验和想法，微信群应该如何运营？
3. 如何可以更好地增加粉丝以及实现转化？

一、微信群营销类型

社群是互联网产品中起源相对比较早的，它在门户网站和论坛后产生。社群起源于聊天室，慢慢发展成QQ群、微博群、微信群、陌陌群等各类基于社交软件的群组，而社群营销的本质也是希望通过线上工具，借助人与人之间沟通的力量来完成品牌的推广。

没有群能通过无意义的寒暄、灌水等行为来维持每日的群活跃，商务群需要认真经营才能更好地运转并实现转化。微信群营销为品牌推广开通了更贴心的服务，通过微信LBS、语音功能、实时对话以及发红包等方式，可以将品牌更好地植入人们的脑海中。微信群通常可作为线上的召集或沟通工具，即社群的交流平台。微信群营销要注重仪式感、参与感、组织感、归属感。比如，通过线上线下的互助、活动等，以此保证社群凝聚力。生态圈微信群是有生命力的，而单纯的采购群、销售群往往难以为继。

微信群营销不外乎两种方式：一种是自建群，吸引用户加群后完成自身营销目的；另一种是加别人建设的、有一定自身目标客户的群。前一种可控性好，后一种容易上手，门槛低。自建群营销的难点在于：找到足够好的内容生产者（可以是企业的人，也可以是用户），提出问题，引导讨论；产品、品牌以及与产品和品牌相关的话题要经得起用户的讨论；企业要有敢于面对自身问题、坦诚对待客户的勇气和态度，正如现在一些互联网企业愿意建群让用户不断参与讨论，改进产品。

二、微信群增粉技巧

微信群增粉技巧

群裂变是目前成本最低的一种裂变方法，也是个人号增粉最重要的方法，在电商、培训、知识分享、美容、情感咨询等行业应用最广。以下举例知识分享型裂变增加粉丝的具体方式：

（1）设计裂变海报，包含二维码、活动信息、福利信息。

（2）将裂变海报通过朋友圈、公众号、微信群传到第一批种子用户。

（3）种子用户感兴趣，扫码进群。群内发送福利，继续进行引导，分享传播领取福利案例。

（4）种子用户的传播继续引入第二波参与用户，持续分享朋友圈，引导第三波用户参与活动。

（5）用户完成任务回群交任务（客服审核发福利），完成任务加个人号。

（6）不断循环。

除了微商，淘宝店等商家也都在微信上进行宣传，进而收获大量微信粉丝以增加活跃度，带来利益。

三、微信群粉丝转化技巧

做微信营销普遍会遇到这样的困惑：微信粉丝量达标，但是精准粉丝少；门店优惠活动无法精准推送给粉丝；粉丝变现销量低，不知道该如何重点培养成单粉丝。微信营销的粉丝经营，最终都是靠“转化”来实现营销的目的。不少自媒体人追求的微信营销粉丝高转化率的办法，简单来说，就是将引流到的粉丝“量”中取“质”。精准定位每一个粉丝身份，建立粉丝和产品之间的营销信任，实现百分之百的个性化互动，是提高微信粉丝营销转化率的关键。

微信粉丝营销操作，要形成粉丝流量池的思维，而不是粉丝流量的思维。如果微信的粉丝流量总是在用的时候才去引流，那么，无论是成本还是时间都要消耗很多。而自建微信粉丝流量池就不一样了，沉淀、积累好粉丝流量，在产品或项目推出后，就可迅速低成本开展营销活动。微信粉丝流量池的储备，最好、最快速的方式就是微信群的裂变。企业的微信群是否能够实现粉丝转化营销，取决于其微信里有多少个高质量的微信群。假设公司有5个市场营销人员，每个人的微信里有100

个高质量的微信群，每个微信群的粉丝数在 300 人左右，那么微信群的粉丝流量池就有 150 000 人（5×100×300）。如果微信群粉丝营销带来的购买转化率为 10%，那么这些微信群粉丝流量池的转化数量也能达到 15 000 人。这仅仅是 5 个微信的微信群粉丝流量池的转化效果。如果是 50 个微信呢？毋庸置疑，微信粉丝高转化率是建立在微信粉丝大流量池基础上的，微信粉丝流量的积累，是微信粉丝流量高效转化的前提。

建好微信粉丝流量池，需要持续进行产品宣传及粉丝维护。以下是高效转化粉丝的三个技巧：

1. 利用数据

微信的粉丝数据为粉丝画像提供一切精准信息。微信粉丝高转化率的基础，就是明确粉丝身份。以数据记载与分析作为基础，将粉丝分群，各用户群的画像一目了然。不管是微信个人号粉丝还是微信公众号粉丝，都需要利用好微信数据进行粉丝分类。这样，后期的产品宣传可根据不同粉丝群体的属性推送合适的软广，采取恰当的互动方式。

2. 建立信任

虚拟网络营销都是围绕“信任”展开的。如果粉丝认为你非常专业，能解决他的问题，并且值得信任，转化成付费客户只是时间的问题。从粉丝变成消费客户，取决于“信任”——对产品的信任，更是对企业、对营销人员的信任。在信任基础上建立的交流，让微信粉丝不仅想要购买你的产品，还会主动分享、转发你的产品信息，这种信任带来的营销价值是无法估量的。微信社交营销就是建立在这种“信任”上的有偿裂变。

3. 持续互动

微信社交营销中的社交，就在于互动。用户体验式消费逐渐成为互联网营销的一种主流趋势，越来越多的企业将市场营销的重点都倾向于“用户体验反馈”。让产品参与到用户体验中，从用户反馈里不断优化产品和服务，以此达到圈粉的效果。

四、微信群互动营销活动

微信群营销在互动上更是独占优势。应从产品或服务去分析其准客户的人群结构，并从中找出这些产品或服务的受众群体。以客户为中心，邀请具有相同特点的客户进群，从而设定对应的营销活动和互动内容。

微信群运营首先通过营销活动创造娱乐性，形成弱关系；其次创造一致性，形成强关系。微信群要有仪式感，加入微信群要通过申请，入群要接受群规，行为要接受奖惩，保证遵守微信群的规范；微信群要有组织感，通过对某主题事务的分工、协助、执行，以此来保证战斗力；微信群要有归属感，通过线上线下的互助、活动，保障凝聚力；微信群要有参与感，通过有组织的讨论、分享等，保障成员有话说、有事做、有收获。

群名设定要简明扼要，群主以“企业名 • 姓名”（例如：首汽 • 张 ××）的形式标明群名，由企业成员来带动群内气氛。群主设置群公告与群规则，定期发起话题讨论，在微信使用高频时段进行群内推送，每日三次，以文字、图片、语音、视频等多种方式与粉丝互动，增强粉丝黏性，提升粉丝对产品的兴趣度和认可感。

对于目标群体，可不断地筛选调整，将顾客精准分类。例如，可根据购买频率、购买能力、年龄层次、喜好分类；通过微信群能够向会员精准推送资讯与活动信息，从而大幅度提升营销效能，最大化增加营业绩效；通过微信群组的不断扩张，能够最大化地整合客户资源，方便、顺利地进行市场调研，精准调整方针策略，更好地为顾客服务，并从根本上增加业绩。

微信群营销霸蛮案例

单元四 微信公众号营销

一、微信公众号营销定位

微信公众号营销是伴随着微信的火热而兴起的一种网络营销方式。与微信个人号相比，微信公众号更具备营销工具的特点，因此一经发布很快就成为企业及个人应用最为广泛的移动营销工具。微信不存在距离的限制，用户注册微信后，可与周围同样注册的“朋友”形成一种联系，订阅自己所需的信息，商家通过提供用户需要的信息，推广自己的产品，从而实现点对点的营销。目前，微信公众号营销有如下定位特点：

1. 营销方式人性化

微信营销应该亲民而不扰民，用户可以自愿选择和接受。微信公众号既可以主动推送内容，也可以把接收信息的权利交给用户，让用户选择自己感兴趣的内容。比如回复关键词就可以看到相关的内容，这样使得营销的过程更加人性化。

2. 微信成本低廉

传统的营销推广成本高，而使用微信本身是免费的，使用过程中只会收取低廉的流量费用。

3. 营销信息到达率高

微信公众平台以推送通知的形式发送信息，所以你所发布的每一条信息都会送达用户，到达率可以说是百分之百。

4. 营销方式多元化

相对较为单一的传统营销方式，微信则更加多样化、多元化，支持文字、语音以及混合文本编辑，普通的公众号可以推送文字、图片、语音三类。而认证的账号有更高的权限，能推送更加漂亮的图文信息，尤其是语音和视频，可以拉近和用户的距离，让营销活动变得更加生动有趣，更有利于营销活动的开展。

5. 微信定位营销精准

微信公众号让粉丝的分类更加多样化和多元化，可以通过后台的用户分组和地域控制实现精准的消息推送，在信息发送的时候可以针对用户的特点实现精准的消息推送。微信一对一的互动交流方式具有良好的互动性，精准推送信息的同时更能形成一种朋友关系。基于微信的种种优势，借助微信平台开展客户服务营销也成为继微博之后的又一新兴营销渠道。

根据定位，公众号名称设计如图 4-4 所示。

图 4-4　公众号名称设计

二、微信公众号营销内容设计

1. 内容设计原则

微信公众号营销内容设计原则如下：

（1）美观的封面。微信公众号文章要想获得更多的阅读量，首先要有美观的封面，给读者留下好的第一印象，这对阅读量有着直接作用。

（2）吸引人的文章标题。每一篇文章都要有醒目的标题，一个标题是对整篇文章的总结，是文章重要信息所在。并且，文章的标题对文章还起着推广作用。所以，对于每一篇文章的标题，都应该进行合理谨慎的设计。

（3）突出重点内容。微信公众号应将自身的功能和服务的核心特点展现出来，用简单通俗的语言来概括最有价值的内容，突出独有的特点。

（4）巧妙的推广方式。除发布个人信息之外，还可以添加一些推广信息。此处的推广有两方面的内涵：第一，可以在文章开头或者结尾添加一些二维码或者相关文字提示，提醒用户关注我们想让他们关注的内容。第二，可以在文章内容中添加原文链接，对于用户来说可起到引导作用。相对于其他平台来说，微信公众号内容的编辑规范要求可能较高，但是这样可以让用户关注核心内容，不受其他无用信息的干扰。

2. 内容技巧

（1）常用标题写法。标题是文章的吸引力第一要素，起一个有吸引力的标题很重要。以下推荐三种常用的标题公式（见表 4-1）：

表 4-1 常用标题公式及使用方式

标题形式	标题公式	参考标题
好处型	什么人 + 怎么做 + 得到哪些好处	《小个子这样穿可增高 5-10cm！》 《抖音小白用了这个工具，月入 3000+》
数字型	数字 + 商品或知识技巧 + 好处	《网店最好看的 8 件女性小饰品，最便宜的只要 2 块！》 《4 大顶级运营思维，学会效率翻倍！》
问句型	如何、为什么？也可以跟前两种标题形式结合，增强效果	《如何加强时间管理，5 个工具让你成为时间的主人》 《为什么蜂蜜不能用开水冲泡？老人这样喝更健康》

（2）微信公众号写作框架。微信公众号以长文案为主，需要清晰明确的逻辑框架，才能吸引读者保持阅读。以下推荐树状图写作框架，可针对长文案构思使用（见图 4-5）。写作选题确定后，可延伸核心观点，一般建议至少 3 ～ 5 个核心观点，阅读体验更佳。核心观点确认后，继续往下延伸能够支撑观点的论点，建议 3 个左右。这样即可形成一份长文案的写作框架，接下来根据框架扩写即可。

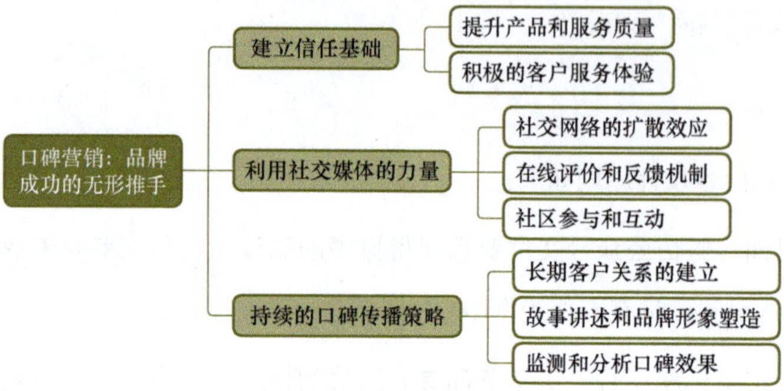

图 4-5　树状图写作框架

3. 内容排版技巧

内容设计完成后，需要进行排版，以增强视觉效果。以下将通过 135 编辑器进行排版，重点需要排版的部分有：

（1）文字设置。文字排版时，需要考虑内容的可读性。如手机打开一篇文章，大字号重点突出，但会减少信息量，可读性会降低；小字号信息量大，但阅读费力，可读性也会降低。目前一般建议正文字号为 14 ～ 15px（见图 4-6），字体以 Arial 为主，单篇文章不建议超过三种字体。

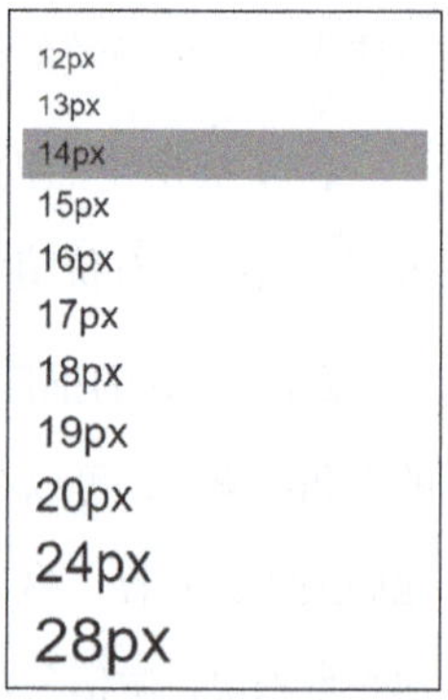

图 4-6　编辑器字号参考

（2）段落排版。段落排版目的是优化推送的阅读体验。对于长文案，适当宽松的文字间距能提升读者阅读效率。段落排版时，建议调整以下参数：

1）行间距：默认的行间距是 1 倍，视觉上相对拥挤（见图 4-7）。建议扩展到 1.5 ～ 1.75 倍较适合在手机阅读（见图 4-8）。文案内容较短时候，可以适当扩展到 2 倍。

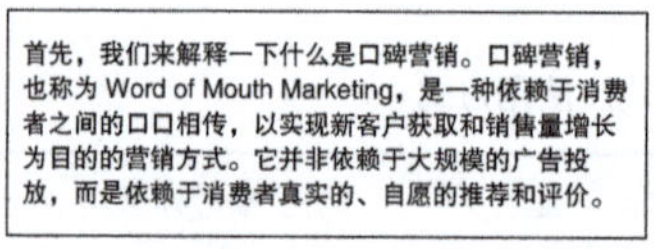
首先，我们来解释一下什么是口碑营销。口碑营销，也称为 Word of Mouth Marketing，是一种依赖于消费者之间的口口相传，以实现新客户获取和销售量增长为目的的营销方式。它并非依赖于大规模的广告投放，而是依赖于消费者真实的、自愿的推荐和评价。

图 4-7　1 倍行距

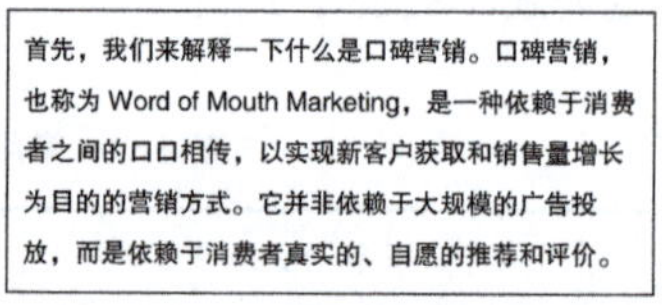
首先，我们来解释一下什么是口碑营销。口碑营销，也称为 Word of Mouth Marketing，是一种依赖于消费者之间的口口相传，以实现新客户获取和销售量增长为目的的营销方式。它并非依赖于大规模的广告投放，而是依赖于消费者真实的、自愿的推荐和评价。

图 4-8　1.5 倍行距

2）两侧边距：两侧边距能拉开文案和屏幕两端的距离，让读者视线集中到手机屏幕中部。建议边距值在 15 ～ 25，阅读体验最佳（见图 4-9、图 4-10）。

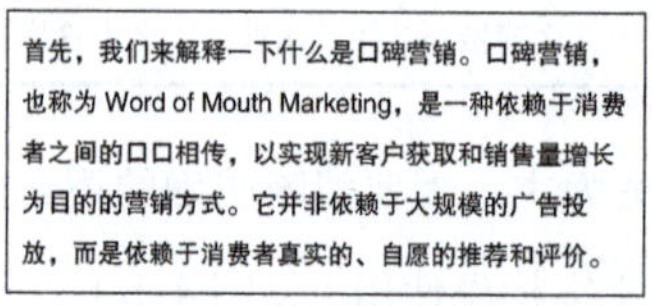
首先，我们来解释一下什么是口碑营销。口碑营销，也称为 Word of Mouth Marketing，是一种依赖于消费者之间的口口相传，以实现新客户获取和销售量增长为目的的营销方式。它并非依赖于大规模的广告投放，而是依赖于消费者真实的、自愿的推荐和评价。

图 4-9　未添加两侧边距

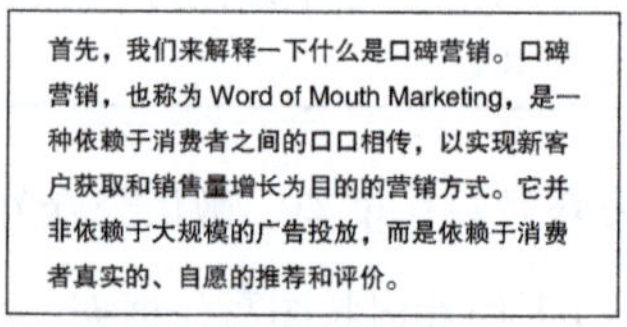
首先，我们来解释一下什么是口碑营销。口碑营销，也称为 Word of Mouth Marketing，是一种依赖于消费者之间的口口相传，以实现新客户获取和销售量增长为目的的营销方式。它并非依赖于大规模的广告投放，而是依赖于消费者真实的、自愿的推荐和评价。

图 4-10　添加两侧边距后

3）两端对齐：该功能可将文字左右两端同时对齐，减少段落因为数字、字母、标点等符号造成的参差不齐（见图 4-11、图 4-12）。

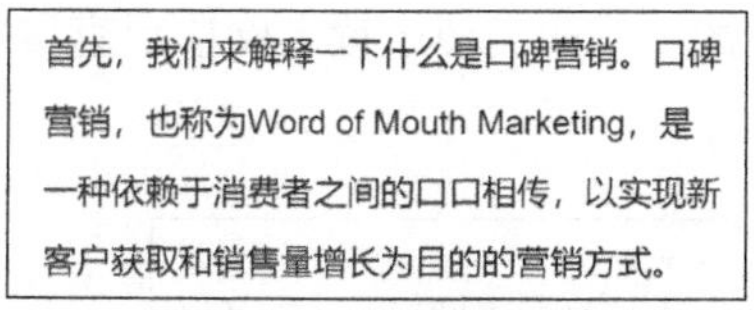
首先，我们来解释一下什么是口碑营销。口碑营销，也称为Word of Mouth Marketing，是一种依赖于消费者之间的口口相传，以实现新客户获取和销售量增长为目的的营销方式。

图 4-11　未设置两端对齐

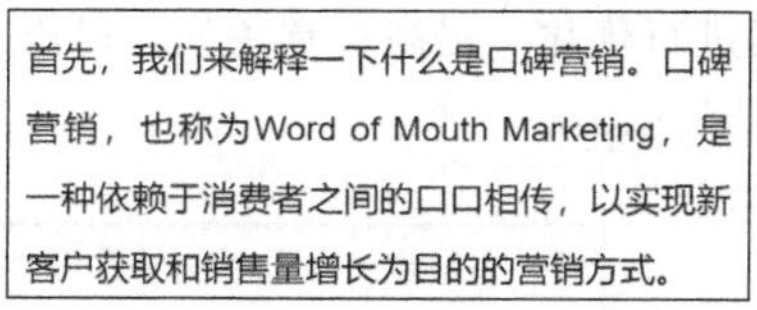
首先，我们来解释一下什么是口碑营销。口碑营销，也称为Word of Mouth Marketing，是一种依赖于消费者之间的口口相传，以实现新客户获取和销售量增长为目的的营销方式。

图 4-12　设置两端对齐后

（3）视觉包装。

1）头部设计：头部指的是打开文章后首先看到的范围，除了标题、作者等信息，我们可以通过编辑器对文章开头做简单的优化。例如添加引导读者关注的文字，文章前言部分可使用编辑器提供的样式（见图 4-13），突出强调以吸引读者注意（见图 4-14）。

图 4-13　编辑器的正文样式

图 4-14　头部优化后效果

2）标题美化：文章内会出现小标题的情况，可利用编辑器选择适合的标题样式进行优化（见图 4-15）。为便于读者识别内容，同一级别的标题尽量选用统一模板（见图 4-16）。

图 4-15　编辑器的标题样式

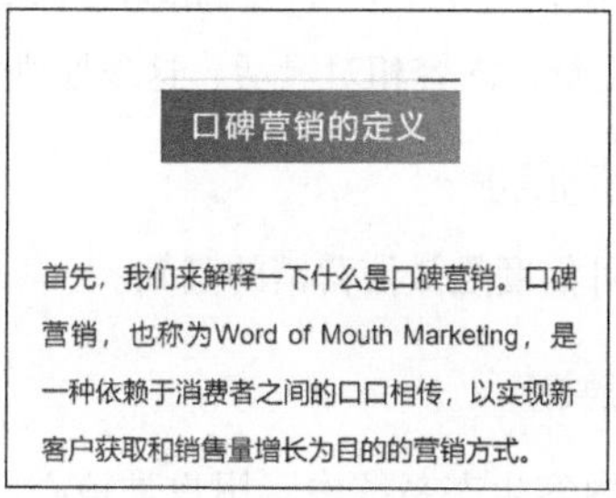

图 4-16　标题优化后效果

3）底部设计：底部指文章结尾部分，与头部设计类似，底部使用编辑器提供的样式对结尾总结文案进行优化，提高视觉关注。可添加引导关注的二维码，便于读者阅读后直接关注（见图 4-17、图 4-18）。

图 4-17 编辑器的二维码样式

图 4-18 底部优化后效果

【课堂活动】

请以“身边的国货好物”为主题，设计选题及写作框架，完成一篇公众号文案并排版。

三、微信公众号营销原则

1. 注重用户价值

为用户提供价值是一切营销的基础，这一点在微信公众号营销中体现得更为明显，因为每一位阅读者都有可能是你的顾客。微信内容的创作需要让阅读者觉得这些都是与他们息息相关的内容，从而可以增加阅读量。

2. 内容简单

现在的大多数读者，无论在哪一个平台上阅读，体现的都是一种碎片化阅读，他们对于长篇大论的文章可能就取其中的一小段进行阅读，所以在手机阅读模式下，要尽量简单化，为用户提供更关键的信息。

3. 注重灵活性

微信公众号的内容不应只是企业的信息或者企业的营销软文，它可以是涉及时尚、旅游、饮食等方面的文章，内容相对灵活，这条原则与上一条原则相结合，更能满足用户的阅读需求。

4. 具有可信度

内容的可信度是微信营销的基础。

5. 资源共享

在微信内容生态系统中，用户是核心，有了用户，价值才能最大化；因为用户分享，内容才得以被传播与关注；因为互动交流，微信内容才可以被更多用户所了解。一个好的微信内容体系，应该具有生态化的思想和策略，这样才能不断发展壮大。

四、微信公众号营销设计

每一个微信公众号都是一个小的社群。社群出现早期，用户集聚的原因更多是精神层面，用户对于广告营销之类的内容是抵触的。而微信公众号也在不断摸索中逐渐培育了自己的营销优势。在自媒体时代，微信公众号要真正实现高效营销，做好“服务”是第一位的。微信传播靠的是内容取胜，微信公众号是一个相对闭合的空间，利用公众号进行营销不是瞬时就可以完成的，而是一个持续性的过程。

1. 做优质干货内容

根据微信营销学理论，当某一微信公众号的关注用户少于1000人时，是没有办法产生营销效果的，但这并不意味着微信公众号的经营只是一味地追求用户数量。虽说群体规模也很重要，但群体价值观的一致与群体成员间的凝聚力才是维系平衡的纽带和稳定剂，且有益于社群的持续性发展与运营。持续经营公众号内容，长期与用户保持互动，维持用户数量并培养忠实用户，是进行微信公众号营销的前提。毕竟优质的内容始终是赢取市场的关键。

公众号“黎贝卡的异想世界”（见图4-19）的创始人便是将自身打造为优质“干货”供应者的典型代表。她从《南都娱乐周刊》的一线记者转型为自媒体人，每篇文章都有不低的阅读量。虽然她的成功与以前在传统媒体积攒的人脉有些许关联，但那只是一夜爆红的助燃器，真正推动公众号长久红火的关键还是在于她始终保持着对一切事物的好奇心，爱买、会买的她总能在别人认为的寻常世界中敏锐地捕捉和感知时尚圈的新鲜事物并及时反馈给大家，被粉丝称为“买神”。曾在网上看到过一个粉丝的反馈，她说“黎贝卡”不只是单纯地教人们穿衣搭配，还传达出女性应该积极向上、学会爱自己的人生态度。这种群体的共鸣力度是极大的，其实人们真正需要的不是“花钱明灯”，而是一位心灵导师，这种忠诚度软实力到实际购买力的转化不容小觑。

图4-19 “黎贝卡的异想世界”公众号首页

2. 依靠价值积淀用户

如今，微信公众号呈现前所未有的泛滥之态，要在生存与质量这个十字路口做出正确抉择，就要学会自我造血，即依托群体认同的心理机制，保持粉丝黏性，靠内容吸引用户，靠深度细水长流，凭社群积淀粉丝，充分发挥社群优势。

曾经有一次“黎贝卡的异想世界”在公众号上做一款围巾的推广，在推送后短短一分钟的时间，该品牌网站系统被挤到崩溃。她将“干货”和广告分得很清楚，广告的推送会在标题中明显标注，不会让大家产生一篇文章看到最后才发现是广告的受骗感。她曾说过，“推荐”是推荐，“推广”是推广，是否有商业利益，还是提前说明较好，这种相互的信任感也是公众号维持持久运营所必不可少的。用户需要的是可以带来实际感受的东西，而不是空中楼阁似的文字。真实意义上的粉丝沉淀，离不开社群的建立、专业性知识的牵引以及充满魅力的品牌影响力。

比如“罗辑思维”首创的付费式会员制度，积淀了忠实的用户群，也更加深化了品牌形象。在这个各类知识盈余的年代，对于用户来说，他们更愿意为好东西而不是为低价买单，拥有同样知识诉求的用户会选择付费入会，以满足自己的精神需求。

3. 线上线下相结合

微信公众号营销的优势在于，用户有着更加强大的凝聚力，在线上线下相结合的密集群体活动的影响下，个体会更易于将喜爱转化为实际的购买力，即与用户线下的互动交流。这也是深度挖掘粉丝与激活粉丝活跃度的有效方式。某品牌曾联合自媒体团队在北京三里屯举行了一场“救色主 500 支口红试色”的线下活动。现场布置精致，足足 500 个颜色，超过 3000 支口红，让所有爱口红的粉丝找到了现实中的精神领地。团队又将试过色的唇印贴在墙上，形成一道亮丽的“彩虹吻”墙，寄存活动参与者的美好回忆。圆了口红梦的粉丝们纷纷感叹，有种脱离现实而又超越现实的美妙感。在活动造势之时，线上游戏“猜试色”同时开启，重磅连击。这次精心策划的线下活动又使得品牌团队拢获了大批的“少女心”，进一步稳固了品牌形象。500 支口红试色活动宣传内容如图 4-20 所示。

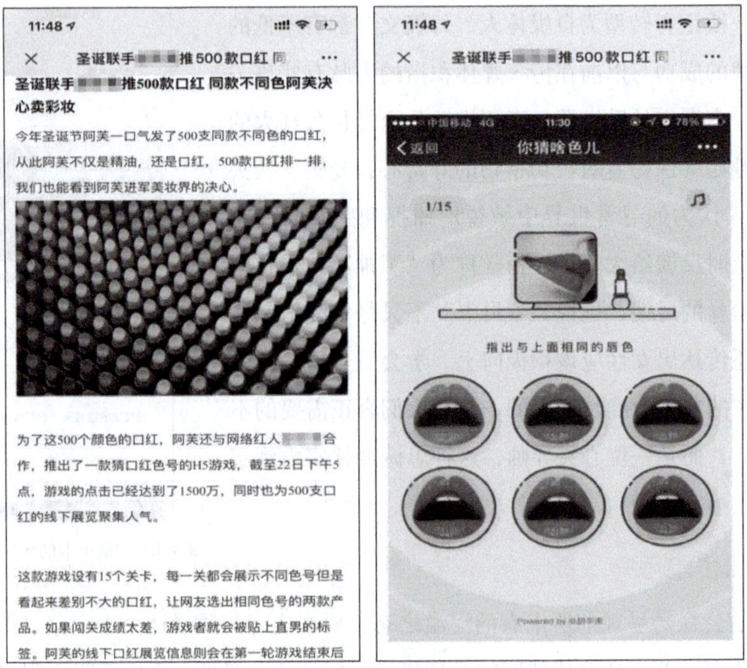

图 4-20　救色主 500 支口红试色活动宣传内容

4. 吸引关注者策略

微信公众号吸引粉丝关注是一个长期过程，公众号的内容应包含推广意识，推广则必须有内容支持，两者相互促进。做好用户关注前的准备工作是微信营销的重点和基础，包括微信公众号介绍、内容介绍和用户的关注点等。只有把握好这几点，才能充分吸引读者，提高文章的访问量和转载量。就像商品有售后服务一样，微信公众号的营销也应该注重与读者的互动交流和沟通。比如，问候语与提示的设置以及关键字的回复等。除了一对一的咨询交流之外，还应该设置一些线上的活动，如有奖游戏和其他优惠活动。

微信公众号与个人号的主要区别见表 4-2。

表 4-2 微信公众号与个人号的主要区别

比较项目	公众号	个人号
粉丝数量	无限	5000 上限
发送消息	订阅号每天 1 次，一次 8 篇 服务号每月 4 次，一次 8 篇	私聊无限朋友圈无限
增加粉丝方式	被动等待粉丝订阅	可主动加人也可被人添加

综上所述，微信公众号是通过情感因素维系的社交群体，会让人们产生认同感，并更愿意积极主动地展现自己的观点与想法，满足了人们渴望被理解与被尊重的需求。微信公众号的营销模式应该是始于兴趣，忠于内容，久于用心。公众号的运营是一场经营者和粉丝的持久心理战，是否用心在做，读者可以感受得到。厚重的原创功底和超常的体验力、感受力是微信公众号营销成功的秘诀。正是这种精确的触达率和真实的交流互动，保证了微信用户一定是更真实、更有价值的。简言之，微信公众号运营者一定要明确的使命感、价值观，做好实际性的“服务”去沉淀用户，最终才能以内容创造无限的激情与可持续的发展空间。

【课堂讨论】

1. 假设你是某健身俱乐部的员工，你会从哪些渠道来获取目标客户的微信信息，并使他们愿意添加你为好友，最终使其成为你的微信群成员？

2. 你加入了哪些微信群？在这些微信群中，一般都会开展怎样的互动和活动？

3. 你觉得公众号建立起来后应如何为其增加粉丝？

4. 请判断下面哪种产品最适合用微信公众号迅速增加粉丝？和同学们交流一下看法，如果你是这个产品的运营总监，如何将微信公众号的粉丝转化为积极的购买者？

1. 英语培训　　2. 洗衣机　　3. 别墅　　4. 汽车

5. 相声社　　6. 包子铺　　7. 家居　　8. 保健品

【案例分析】

广东省东莞市一家红酒公司的销售经理郑某打算转变传统的营销模式——创建一个自己的微信公众号。在微信公众号的建设时期，他就想到微信公众平台的粉丝是关键。郑某根据淘宝返现的活动，策划了一个好评返现金的活动。仅仅三个月，郑某的微信平台粉丝数就达到了两万多。郑某每天做的工作就是发一些软文，都是关于美容、生活、旅游等方面的。但是不能只有粉丝，还要能给客户提供产品，郑某只要看到客户下单，就会利用现有的物流条件，直接给顾客快递过去，有点类似淘宝。就这样，郑某的微信公众平台日收入维持在 5000 元以上。

问题：这个案例给了我们什么启示？如果你是一家白酒公司的销售经理，你将如何用微信营销实现销售量的快速增长？

模块小结

1. 微信营销的基本概念

微信营销是网络经济时代企业或个人营销模式的一种，是伴随着微信的火热而兴起的一种网络营销方式。微信不存在距离的限制，用户注册微信后，可与周围同样注册的“朋友”形成一种联系，用户订阅自己所需的信息，商家通过提供用户需要的信息，推广自己的产品，从而实现点对点的营销。

2. 微信营销的价值

微信营销拉近了商家与用户的心理距离，微信营销的概念和内涵不仅体现微信的平台价值，也包含其人脉关系网络的优势，微信功能的不断改进、提升也深刻影响着微信营销的概念和内涵。微信营销给企业和个人营销打开了新的视野，随着移动客户端用户规模的扩张，微信用户的数量上行趋势明显，微信营销的商机凸显出来，在营销过程中，微信营销形成区别于其他媒介的天然优势包括：①多元化；②即时性；③精确性；④低成本；⑤互动性。

3. 微信营销模式

微信个人账号及朋友圈营销；微信群营销；微信公众号营销；微信小程序营销；微信视频号营销。

练习题

一、多项选择题

1. 微信公众号营销的原则是（　　）。

A. 注重用户价值　　B. 内容简单

C. 注重灵活性　　D. 资源共享

2. 微信公众号营销内容设计原则是（　　）。

A. 美观的封面　　B. 吸引人的文章标题

C. 突出重点内容　　D. 冗长的内容

二、问答题

1. 你印象最深的微信公众号是什么？对你的购买决策起到了什么影响？

2. 微信朋友圈推广的核心技巧有哪些？

3. 微信加好友有哪些技巧？

三、案例分析题

1. 王老板是经营蜂蜜专卖店的，正准备通过微信个人号去推广他的蜂蜜。他认为每个人都会选择蜂蜜养生，以为所有人都是自己的精准客户。当在大脑中呈现这种错误的认知时，他就会漫无目的地加人，做广告宣传，王婆卖瓜式地告诉别人自己的蜂蜜有多好……可惜，这种做法起不到明显的效果，可能还会被拉黑。

问题：王老板在微信营销方面犯了哪些错误？如果请你帮他修改营销方案，你将如何基于微信进行蜂蜜的精准营销？

2. 一个年轻人用10万元和三个同学创立了伏牛堂这个品牌。下粉、上汤、浇汤料，一碗热气腾腾、油香扑鼻的牛肉米粉上桌的时间是30秒，售价23元。米粉店不需要大面积的厨房或者经营场地，用人少，投资少，效益高，档口、开店均可经营。

米粉店走红还是沾了微信社群营销的光，创始人首先培养种子用户，想办法找到粉丝数量大于1000的微信用户，组建了多个微信群，发产品的试吃信息，做深度的互动，在特定的人群里做口碑传播，这样就能把人流导引到位置相对偏僻的店面。

然后，他们把群体特质非常鲜明的人聚集到了一起，创建了“霸蛮社”，成员分为若干个兴趣小组——卖粉小组、篮球兴趣小组、登山兴趣小组，这些人每周会以自组织的形式来组织各种活动。他们举办“世界最辣牛肉粉挑战赛”活动，推出“霸蛮衫”（霸蛮是湖南方言，意指吃得苦、耐得烦、霸得蛮）。

微信提供了连接商户与用户的机会，使得“社群品牌”成为可能，用社群做品牌，用品牌整合供应链，用供应链来获取成本优势，持续地把湖南米粉这样一个小生意做深、做扎实。董事长张天一被评为“中国90后十大影响力人物”，依托近百万的用户社群，搭建了“互联网电商 + 实体门店”一体化经营模式，销售超过1000万份牛肉粉，市场估值5亿元。

问题：餐饮业在微信营销方面可以采用哪些方法？你觉得公众号建立起来后如何为其增加粉丝？如何进行文案和活动运营？

Module 5

模块五
短视频营销

学习目标

知识目标

◎ 了解短视频营销的基本概念

◎ 理解短视频营销的模式

◎ 掌握短视频营销的未来发展趋势

能力目标

◎ 能够清晰地界定短视频营销、直播营销的类型

◎ 能合理运用素材进行短视频营销创作

素质目标

◎ 短视频的定位和内容要健康文明，符合社会主义核心价值观的要求，在制作及传播短视频时，要养成尊重知识产权的良好素养。

单元一　认识短视频营销

一、短视频营销的概念

短视频营销的概念

短视频是一种数字媒体形式，通常指的是时长在几秒到几分钟之间的视频内容。它们通常通过社交媒体平台、移动应用程序或其他在线视频分享服务进行分享和观看。社交媒体和数字营销内容与招聘平台 SocialBeta 将其定义为“一种视频长度以秒计数，主要依托于移动智能终端实现快速拍摄与美化编辑，可在社交媒体平台上实时分享和无缝对接的一种新型视频形式”。还有的观点认为，短视频不应有严格的时间限制，只要在 15 分钟以内，轻量化、社交化、碎片化、原生化和人格化的视频就能称为“短视频”。

根据艾瑞咨询发布的短视频营销市场研究报告，短视频营销概念范畴包括广义和狭义两个方面。从广义上讲，短视频营销指以短视频媒体作为载体的所有营销活动的总称，根据玩法的探索和创新呈现出越来越多的模式和特征，就目前而言主要包括硬广投放、内容植入、内容定制、网红活动、账号运营和整合营销等营销形式。从狭义上讲，主要指短视频媒体平台上进行的所有广告活动，包括硬广和软广，具体可以分为品牌图形广告、视频贴片广告、信息流广告和内容原生广告几个大类。

短视频营销主要覆盖类别如图 5-1 所示。

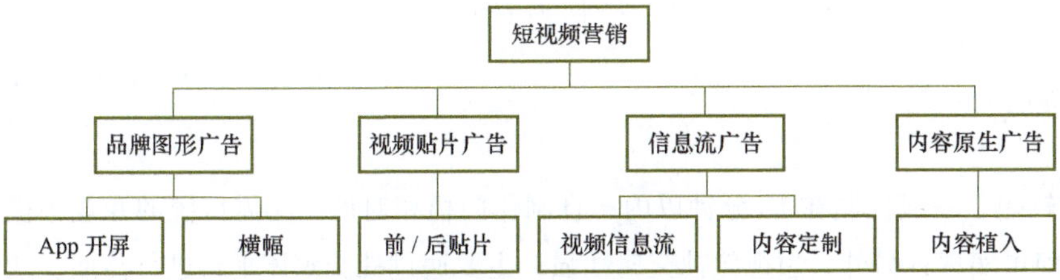

讲好中国故事

图 5-1　短视频营销主要覆盖类别

短视频营销主要覆盖类别示例如图 5-2 所示。

a）　b）　c）

图 5-2　短视频营销主要覆盖类别示例

a）App 开屏　b）横幅（Banner）　c）前 / 后贴片

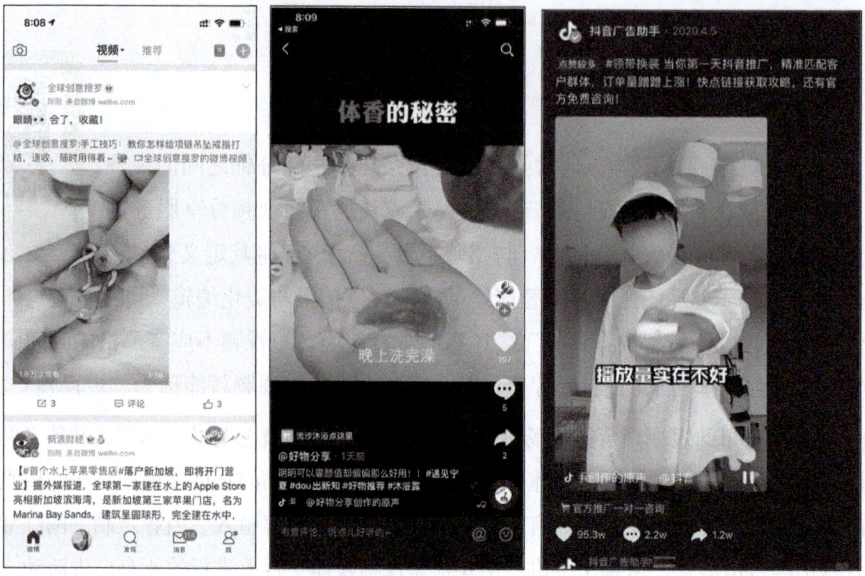

d）　　　　　　e）　　　　　　f）

图 5-2　短视频营销主要覆盖类别示例（续）

d）视频信息流　e）内容定制　f）内容植入

二、短视频的特征

短视频的长度较短，一般控制在 15 分钟以内；且制作门槛相对低，无需传统的专业拍摄设备，依托智能终端即可实现；另外，短视频社交属性强，主要通过社交媒体平台进行传播。通常来说，短视频具有如下特征：

1. 制作特征——灵活、适用范围广

短视频内容制作周期短，成本低，因此在营销形式上也更为灵活多变，能够适应不同类型广告主的营销需求。

2. 内容特征——承载量大、互动丰富

据研究数据表明，大脑处理可视化内容的速度要比处理纯文字快 60 000 倍，相比于文字以及图片内容，短视频内容信息承载量丰富且集中，可以将大量且形式多元的营销信息集中在一个短视频中呈现，同时兼具社交媒体的互动属性，可与用户建立深度沟通关系。

当前生活节奏快，短视频更适合大环境下碎片场景的娱乐需求，当品牌使用短视频进行营销，与用户进行交流时，更容易使得产品的品牌特性和效果被接收。

内容营销时代已然来临，品牌营销已和以往形式不同，相比于单一讲述品牌故事，更致力于用情感和角色来打动用户，从而让他们与品牌的产品或服务建立情感纽带。当讲述情怀、引发共鸣的营销成为趋势，相较于传统手段，短视频的优势就凸显了出来。比起图文，视频内容更具三维立体性，结合声音、动作、表情等于一体，可以让用户更真切地感受到品牌传递的情绪共鸣，是更具备表达力的内容业态。

3. 传播特征——肥尾效应

通常短视频的播放量会远远大于其粉丝量，头部优质内容甚至可以实现病毒式传播，在营销价值的潜力和爆发力上都有优质的表现。

例如，抖音上的博主“小方圆 mm”（见图 5-3）只有不到 50 万的粉丝，但因为一条可爱的理发视频播放超过 5000 万次，点赞超过 200 万次，单条内容实现了显著的爆发和病毒式传播，具有极佳的营销价值。

图 5-3 短视频博主“小方圆 mm”的抖音

4. 社交特征——用户年轻化

90 后、00 后是互联网时代的原住民，依靠纸媒、电梯楼宇广告等传统媒介渠道已不足以引起他们的关注，快速兴起的社交网络成为品牌垂直触达年轻受众的最有效途径。数据显示，短视频是当下年轻化受众最潮流的社交方式，并且已成为新人类的社交名片。

【小资料】

相较于长视频，短视频消耗的流量较少，阅读成本更低，更适合现在移动化、碎片化的消费场景，无论是生活、工作、娱乐还是学习，都能通过短视频获得信息。图 5-4 为用户使用短视频获取不同信息的比例图。

在调查中，询问到用户使用短视频的场景和感受时，有部分受访者给出如下回答：

放松身心：工作上有很多压力，看完短视频后，可以解压，心情不好的时候看看抖音也会心情好一些。

——杨先生 35 岁 北京 地铁司机

发现美好的人和事：在短视频上比较关注时尚搭配，现在你不会穿衣服，出去挺丢人的。

——郭先生 30 岁 重庆 区域经理

生活小助手：在短视频上学到了一些生活小窍门，比如怎样系鞋带好看、怎样做菜。

——薛先生 23 岁 西安 部门经理

每天都有新内容：短视频特别像有知识的朋友，可以让我在短时间内长见识，每天都有新鲜的内容。

——郭女士 38 岁 北京 部门经理

除了以上之外，你认为还能从短视频中获得哪些体验？请讨论。

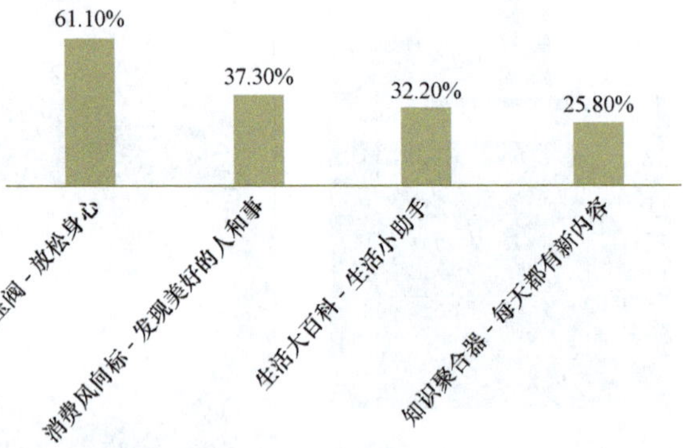

图 5-4　用户从短视频中获取信息比例

（资料来源：知萌《2019 年短视频营销白皮书》）

三、短视频营销发展趋势

与普通营销相比，由于短视频营销更为专业、灵活，与消费者互动更多，且渠道更广，所以备受商家青睐。根据调查，在广告主移动端广告投放媒体意向中，社交平台和移动视频是意向最大的两个平台，短视频兼具两者特性，自然备受广告主青睐。

多频道网络播放平台（Mutli-Channel Network，MCN）兴起于 2009 年，主要是为数量庞大的短视频内容创作者提供专业的培训机会，使得创作者有更多的精力和能力专注于内容创意和生产执行，有利于吸引更多人才进入市场，从个体创作者变成职业创作者，从而构建更细化、更稳定的内容生产环境。

短视频营销的发展趋势如下：

1. 短视频平台成为互联网第三大流量入口

短视频规模不断扩大，成为新的流量入口，随着流量和带宽问题的解决，不限流量通信套餐逐步普及，短视频以其短小精悍的特点，符合用户全场景化的阅读需求，正成为移动互联网主流的消费内容生态。

2. 用户观看短视频的方式更加集中，并且向头部平台聚集

随着平台内容的不断完善，用户体验升级，用户观看短视频的方式也更加集中于头部平台，其中以抖音、快手、西瓜视频、火山小视频、好看视频为代表，80% 的用户都集中在这些头部平台。

3. UGC+PGC 构建完整的短视频内容生态

行业、平台的发展也为内容生产者带来了新的契机，短视频内容的创作不论是数量还是质量都得到了明显提升，相比于 UGC（User Generated Content，用户原创内容）生产内容的随意与零散，PGC（Professional Generated Content，专业生产内容）内容的专业性质，更能满足用户多样化需求。

自媒体生产内容方式（UGC、PGC、PUGC）

【案例分析】

乡村振兴的新媒体力量：9 妹与她的电商扶贫梦

精准扶贫是国家大力实施的一项政策措施，在这样的大背景下，许多来自偏远山区的民间巧手、能手争相在各大新媒体平台上走红，“巧妇 9 妹”就是这样一个从今日头条走出的网红。

“巧妇 9 妹”是广西灵山县人，本名甘有琴，在家排行老 9，所以叫 9 妹。“巧妇 9 妹”的走红，离不开她对自己头条号的认真经营。在互联网上走红之前，9 妹只是一名普通的农村青年，初中没毕业就到城市里打工，2014 年，她从城里回到了广西老家，干农活、照顾家里人成为她生活的主旋律，但与其他人不同的是，9 妹的厨艺十分了得，除了农家菜，她总会鼓捣些别人没听过的新菜品。幸运的是，这一特殊技艺并没有被埋没。9 妹的侄子张阳城是广播电视专业出身，他觉得 9 妹是个极好的素材，于是，2017 年 5 月 19 日，“巧妇 9 妹”在今日头条投放了自己的第一期视频。9 妹凭借富有亲和力和感染力的笑容，以及接地气的居家常识，在短短一年时间内就俘获了 200 万粉丝。

成为今日头条上的头部大号后，9 妹并没有停止努力，她总想着利用自己在网络平台上的知名度为乡亲们做些什么。想到自己在视频里发布做饭、干农活的视频时，总有人留言关注画面里出现的新鲜水果，于是，9 妹便开始利用平台售卖自己家里和同村人种植的水果。自此开始，一发不可收拾，“巧妇 9 妹”每月电商销售额能达到 150 万元，最高时突破了 200 万元。

在平台的扶持下，人们可以从今日头条点进“巧妇 9 妹”的主页，进入“店铺”栏后购买 9 妹家优质的水果。9 妹曾发布一条售卖沃柑的微头条，一天便从头条小店里卖出去 7000 多斤。在 9 妹的帮助下，村民们的收入提高了不少。

“巧妇 9 妹”甘有琴的故事是精准扶贫政策背景下的一个生动案例。她利用新媒体平台，通过展示自己的厨艺和农产品，不仅提高了自己的知名度，还带动了当地农产品的销售，帮助村民增加了收入。这种模式有效地将互联网经济与农业产业相结合，为贫困地区的农民开辟了新的收入来源，是精准扶贫政策在实践中的一个成功应用。

问题：“巧妇 9 妹”属于以上所提到的 UGC 还是 PGC 内容模式？从一个普通农妇到年入千万的短视频博主，这一过程中，“巧妇 9 妹”成功的关键点有哪些是可以推而广之的，有哪些是无法效仿的？

乡村振兴，科技助农

4. 人工智能赋能短视频

内容生态的丰富和完善，使得用户在面对海量的短视频信息流时，难以找到符合自己兴趣和爱好的内容，无法看到自己想要的内容，因此短视频需要通过技术上的创新，提升用户体验。

随着人工智能等技术在短视频中的应用不断深化，通过算法向用户匹配、推荐内容，使短视频迅速占据用户时间，这也是让品牌方青睐的营销方式——让品牌“智能化匹配用户”，高效定位目标人群，进而避免了广告资源浪费。

字节跳动旗下抖音的智能相册、AR 贴纸（见图 5-5）等一系列特效功能实现了用户体验升级；火山小视频里的连麦互动（见图 5-6）和主播 PK 为用户提供了创新的互动模式，增强了平台的社交属性。

图 5-5　抖音的智能相册和 AR 贴纸特效功能

图 5-6　火山小视频的连麦互动

5. 短视频成为政务公开新窗口

政务新媒体

政务信息和新闻宣传作为政府部门展示工作成效和自身形象的重要渠道，可以为政府决策做参谋，也反映基层动态。各地政府都在不断与时俱进，受众在哪里，政务的宣传阵地就在哪里，随着西安、重庆等政府通过抖音打造城市名片，取得显著效果，各地政府对短视频的需求量也不断增大。

包括人民网、央视新闻、平安北京等一系列政府媒体入驻抖音（见图 5-7），抖音成为自微信、微博之后政府部门入驻的第三大新媒体阵地。

图 5-7　人民网、央视新闻、平安北京政府媒体抖音平台

单元二　短视频营销模式及创作

一、短视频营销模式

随着移动时代短视频内容的数量及品质进一步提升，关于短视频营销的玩法和模式也不断被探索和创新，从广告主尝试短视频营销的卷入程度来看，短视频营销可以分为六种模式：硬广投放、内容植入、内容定制、网红活动、账号运营和整合营销。

1. 硬广投放

在短视频媒体平台上，投放传统硬广，如短视频信息流等。

2. 内容植入

内容植入是短视频最早出现的营销形式，也是目前最常用的短视频营销形式之一，包括节目冠名、品牌/产品露出、口播、植入等，表现形式丰富。相比影视、综艺等长视频沉浸式的内容消费习惯，短视频内容时长更短，内容浓度更高，更加关注在瞬间抓住用户注意力，并且迅速完成内容传达。因此，与传统内容植入追求显著度和契合度的平衡不同，短视频在内容植入上具有天然的优势，用户对短视频内容中广告的感知就更显著，同时由于短视频符合轻量级的消费习惯，对广告的包容度和接受度也更大，所以短视频是内容植入非常好的载体，品牌方一方面可以更加大胆地通过多频次等方式进一步强化广告显著度，另一方面可以通过趣味化、段子化的方式扩大消费者对品牌和产品的好感度和长效记忆。

3. 内容定制

短视频内容定制不同于传统广告片制作。传统广告片通常作为硬广投放于各类视频媒体，属于单向传播，重点在于传达品牌信息和广告诉求。而短视频内容定制通常作为内容原生广告于全网分发，包括短视频平台、社交媒体等，属于互动传播，更加注重内容的完整性和品牌信息的原生性。因此，广告主在选择内容定制的方式进行短视频营销时，需重点考虑三个要素，即内容情节和故事性、话题热度、渠道兼容性，如图 5-8 所示。

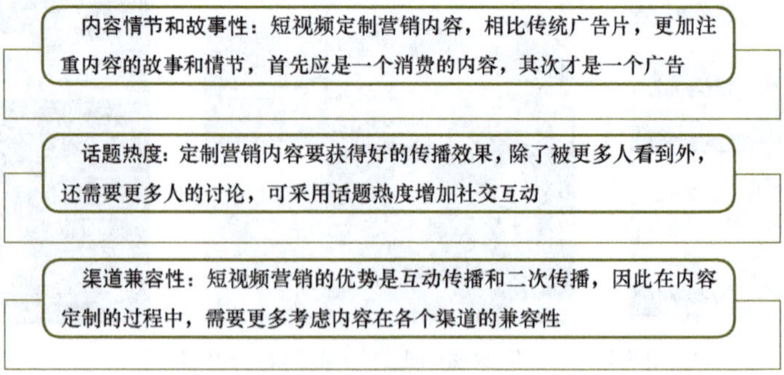

图 5-8 内容定制需要考虑的三个要素

【小资料】

长安第二代逸动极致创意呈现优质内容与品牌的无缝融合

在品牌与内容联动方面，长安逸动极致的新车发布可谓是博得了用户好感。值新品发布之时，品牌以提升知名度为目标，特邀请自带百万粉丝流量的知名博主——专注于艺术科普的漫画家一起参与品牌造势，借助节目《你好，艺术！》，通过另一艺术的角度解读长安逸动的设计创作理念。

品牌宣传策略：

（1）与头部 IP 的深度定制合作，选取自带高品质流量的艺术科普类网红漫画家。

（2）结合产品定位卖点，找寻用户引爆点，两者完美结合，进而影响用户决策。

（3）运用程序化广告投放，精准定位目标用户，实时优化，力求实现最佳传播效果。

4. 网红活动

网红活动适用于 U 系短视频平台，其营销价值主要体现在网红或 KOL（全称为 Key Opinion Leader，即关键意见领袖，是营销学上的概念，意为拥有更多、更准确的产品信息，且为相关群体所接受或信任，并对该群体的购买行为有较大影响力的人）的影响力和 UGC 内容的互动性上，一方面通过 KOL 或网红触达其背后的粉丝群体，另一方面通过互动元素的加入激发用户的深度参与。短视频网红活动的营销模式流程通常分为四个步骤：①确认营销目标；②选择合作网红；③策划活动方案；④推广活动信息，激励用户参与。具体如图 5-9 所示。

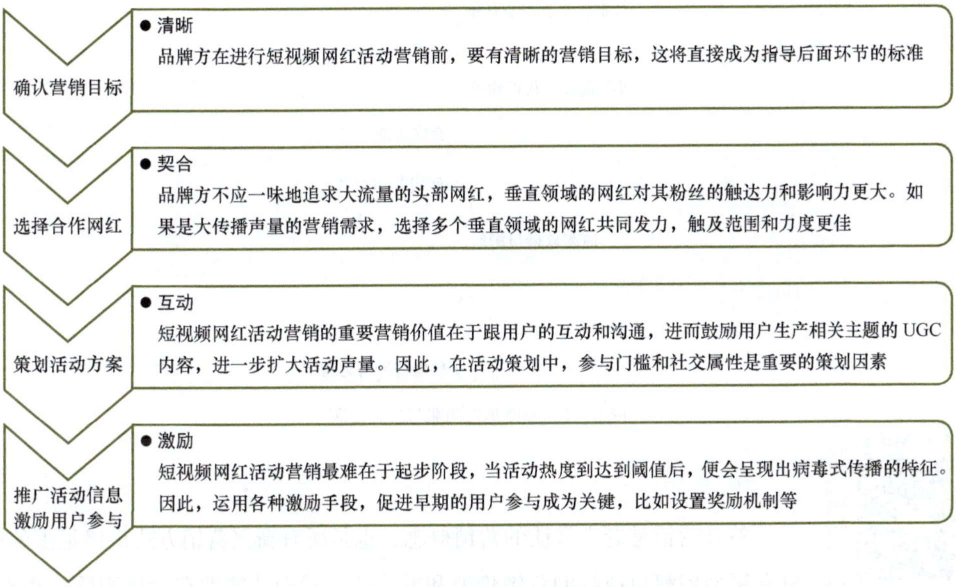

图 5-9　网红活动营销模式流程示意图

其中，选择合作网红环节对整个营销活动的影响最大，因此，选择合适的网红合作尤为重要，除了网红自身的粉丝数量和影响力外，网红领域和品牌调性的一致性、网红风格与活动内容的契合度、网红主要入驻的平台等都是需要重点考量的因素。

5. 账号运营

在社交媒体上建立官方账号，进行持续性的社会化传播已经成为品牌方日常与消费者保持长效沟通的普遍营销方式，而随着短视频日益成为主流的用户内容消费习惯，短视频媒体平台也成为品牌方青睐的社交媒体阵地，业界更是有了“双微一抖”的说法。相比于微博、微信而言，短视频媒体平台的内容属性和运营模式也略有不同。一方面，微博、微信等社交媒体可实现文字、图片、视频多种内容属性的结合，而短视频媒体平台更加强调如何用短视频的形式把品牌信息展示到极致；另一方面，短视频媒体平台在互动方式上也存在不同，用户除了单方面接受品牌信息并通过点赞、评论、转发等方式表达偏好之外，还可以自己制作相关内容与品牌方保持互动。短视频账号运营营销模式策略如图 5-10 所示。

1. 视频化语言
在短视频平台上进行账号运营，应该以视频语言的视角去策划整个账号的系列内容，考虑哪些品牌信息适合用视频形式展现，如何展现

2. 建立人设
所有发布的日常内容都应该保持统一的调性，把账号当作一个人设来运营。过于繁杂的内容会影响受众对品牌印象的感知，如果有多个内容维度的传播需求，可通过建立多个账号同时联动运营

3. 诉求对话感
短视频平台的重要亮点在于互动形式从评价到内容生产的升级，因此品牌方在传播日常内容时应加入更多的对话感，引导用户生产内容并给予反馈

图 5-10　短视频账号运营营销模式策略

短视频营销账号运营流程如图 5-11 所示。

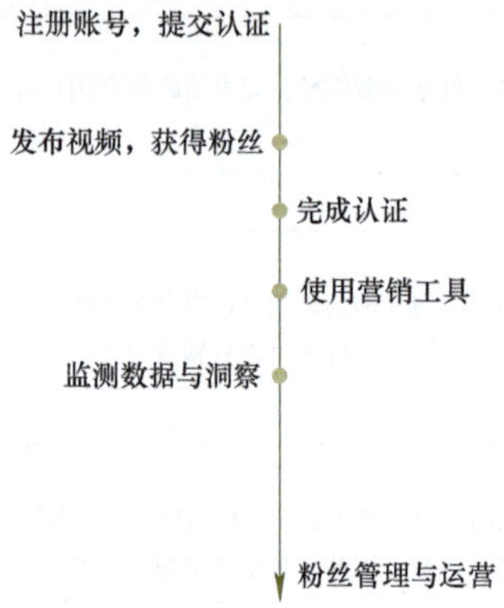

图 5-11　短视频营销账号运营流程

AISAS模型

6. 整合营销

整合营销是老生常谈的营销概念，也是所有新兴营销方式最终汇聚的领域。只有深刻理解短视频的营销价值和方法论，我们才能够在营销矩阵中更有效地发挥短视频营销的作用和价值。

目前，营销方式正从传统的 AIDMA 模型（Attention 关注、Interest 兴趣、Desire 欲望、Memory 记忆、Action 行动）逐渐向含有网络特质的 AISAS（Attention 关注、Interest 兴趣、Search 搜索、Action 行动、Share 分享）模型转变。

AISAS 模型是由电通公司针对互联网与无线应用时代消费者生活形态的变化，而提出的一种全新的消费者行为分析模型。它强调各个环节的切入，紧扣用户体验。基于网络时代市场特征而重构 AISAS 模型，将消费者在注意商品并产生兴趣之后的信息搜集（Search）以及产生购买行动之后的信息分享（Share）作为两个重要环节来考量，这两个环节都离不开消费者对互联网（包括无线互联网）的应用。该模型指出了互联网时代下搜索和分享的重要性，而不是一味地向用户进行单向的理念灌输，充分体现了互联网对于人们生活方式和消费行为的影响与改变。

结合 AISAS 营销模型，品牌方在构建营销矩阵中需要触及关注、兴趣、搜索、行动和分享各个环节，而短视频营销在每个环节均有优势凸显，其中鉴于短视频兼具内容传播的覆盖度和社交爆发力两个维度的优势，因此放在关注和分享环节可以最大限度发挥短视频营销的价值。整合营销 AISAS 在短视频营销中的应用见表 5-1。

表 5-1　整合营销 AISAS 在短视频营销中的应用

AISAS 模型的各个环节	短视频营销价值
关注（Attention）	短视频易于传播、分发，覆盖范围广
兴趣（Interest）	短视频媒体平台互动形式丰富有趣，但相比线下活动等仍有差距
搜索（Search）	用户检索和识别难度大
行动（Action）	短视频可以承接电商商品入口链接
分享（Share）	短视频媒体平台具有较强的社交属性，以及用户自发生产相关内容的特征

二、短视频营销创作

1. 短视频账号搭建

如何搭建个性化的短视频账号，以下从四个方面着手：

（1）确定领域。在短视频账号搭建的过程中，选择正确的方向是重要的第一步。这不仅关乎未来的创作方向，更直接影响账号能否吸引目标人群。因此，首先要明确自己擅长的领域，无论是美食、旅行、科技还是教育等，确保你在这个领域有一定的专业性和热情。同时，了解目标人群的兴趣偏好也是必不可少的。通过市场调研、竞品分析等方式，深入了解你的目标观众喜欢什么样的内容。

（2）建立人设。一个鲜明且独特的人设，不仅有助于形成账号的独特风格，产生差异化，更能通过人格化的设计拉近目标人群的距离，使观众更容易记住。通过明确人设，我们可以为账号设定一个独特的视角和表达方式，无论是幽默风趣、严肃专业还是亲切温暖，都能使观众在第一时间感受到账号的独特魅力。

我们可以通过形象和个性设计快速建立账号人设。形象设计是外在的标签，设计出镜主角的身份、着装风格、标志动作等，形成视觉上的第一印象。而个性设计决定了视频的感染力，可以设计主角独特的个性、爱好、话术（口音、口头禅等）。筹备时建议制作人设信息卡（见表 5-2），并在视频创作中遵照设定。信息卡的优点是可以随时调整并查看，确保账号定位不会偏离。

表 5-2　人设信息卡

角色卡（角色名称）		
形象设计	身份	职业、社会身份、家庭身份等
	着装	固定服装、饰品；固定穿搭风格
	标志动作	表情、手势、仪态等
个性设计	性格	性格特征
	爱好	兴趣、特长等喜欢做的事情
	话术	说话方式、口音、口头禅等

（3）完善资料。账号注册后，先完善账号背景资料。资料填写越完善，初期账号权重越高，能为新手期带来可观的基础流量。

1）头像名称：头像尽量用真人或 logo，名称可以突出或品牌、领域。

2）背景图：和账号领域相关的图片，或者个人的照片或品牌图。

3）个人签名：写明内容定位，更新时间等，方便观众了解。

4）个人资料：性别、年龄、学校等个人信息，尽量填写完整。

（4）视觉标准。短视频账号的视觉标准，主要体现在视频封面图。统一明确的封面图设计，利于观众识别，也方便进入主页寻找内容（见图 5-12）。另外，对于一些口播类、干货类、情景剧等短视频账号，也要设计固定的拍摄场景，以提高识别度。

图 5-12　统一的视频封面

【课堂活动】

假如你想当一位旅游博主，请尝试设计一份人设信息卡。

2. 短视频制作流程

短视频制作流程如图 5-13 所示。

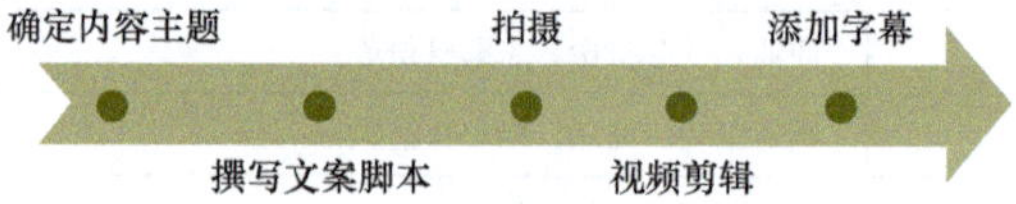

图 5-13　短视频制作流程

【课堂讨论】

一支受大家喜爱的短视频应该包含什么内容？

甲：有趣、有用、有品位、有情怀。

乙：短小精悍的故事内容，独特的创作风格和表现手法。

丙：贴近生活、激起共鸣。

你觉得还有什么需要补充呢？

（1）确定内容主题。首先，在开始拍摄之前，要选好短视频定位和话题。必须仔细分析用户画像，从性别、年龄、学历、地域、手机类型等多维度去准确定位。另外，也要分析和用户的关系，不同的用户类型决定了用什么样的表达方式。其次，分析“做什么”，根据自身情况对实用、娱乐、知识、社交等领域进行选择。最后，考虑“怎么做”，要从批量生产、优质内容、差异化特性、人设、风格、节奏、音乐、场景等诸多方面的细节着手。用产品思维将以上三点融入短视频的打造中。最忌讳随手拍摄，要注意尽量让视频内容风格统一，要让观众和平台看到专业度。

（2）撰写文案脚本。在电影和广告、视频制作中，脚本是众所周知的工具，是学会讲故事的重要媒介。一般来讲，影视脚本主要分为拍摄提纲、分镜头脚本和文学脚本。因为短视频是用最短的时间将所要表达的内容用画面展示出来，并且视频的制作需要团队配合，所以，采用分镜头脚本，提前把台词和所需拍摄的特写镜头写好可以帮助编剧更好地表达思想，加快拍摄的效率，避免忘词、遗漏等问题。

（3）拍摄。短视频拍摄所需的器材包括手机、照相机、摄影机、稳定器材、三脚架、LED 灯光等。使用手机摄像时，尽量在相机的设置里面选择 1080P 的超清格式，三脚架的作用是固定手机，防止画面抖动。

画面色彩：画面中尽量避免纯黑、纯白色，如果是黑色，应采用压到非常暗的红色、蓝色等来代替，这样将会使整体的色彩更协调。

除了严肃、权威、力量等表现场景以外，应尽量采用不对称构图；尽量从视频制作、剪辑、衔接的角度考虑构图。

（4）视频剪辑。画面中各要素要有规律地变化，突兀的转折、生硬的切换会影响用户体验；通过不同的镜头运动组接产生不同的节奏，比如，展现人物走动可以拉近拉远，表现人物所处环境可以采用环绕镜头；同时，背景音乐、音效、人物独白、解说也要选择恰当。

在剪辑时，选用合理的转场方式，场景切换要考虑两段内容之间的关系，巧妙的画面切换会使观众眼前一亮，对情绪的引导也起着很大的作用。剪辑软件往往会自带各种转场控件，选择合理的转场控件能加快剪辑进度，也能保证视频的质量。

专业的后期剪辑软件包括特效软件 Adobe After Effects（Ae），剪辑、特效结合的 Adobe Premiere Pro（Pr）、EDIUS、会声会影等；手机剪辑软件包括剪映、快剪辑、爱剪辑、快影等，安卓系统可以使用巧影，IOS 系统可以选择 Videoleap。

3. 利用 AI 工具制作短视频

（1）脚本编写。利用生成式 AI 应用“文心一言”进行脚本编写，该应用可直接生成表格形式的拍摄脚本。AI 提示词公式如下：

> 你是一位短视频导演，请构思一份短视频脚本。
>
> 主题：{ 主题名 }
>
> 目的：{ 视频的使用目的（宣传、推广）}
>
> 要求：
>
> 1. 脚本以表格呈现
>
> 2. 视频时长为 { 时间长度 }
>
> 3. 表格项目包含序号、景别、画面描述、时长、旁白
>
> （可根据具体需求添加要求）
>
> 参考资料：{ 背景信息、产品参数等 }

操作时可根据实际情况编辑提示词，图 5-14 是一份宣传片的提示词及生成的脚本效果。

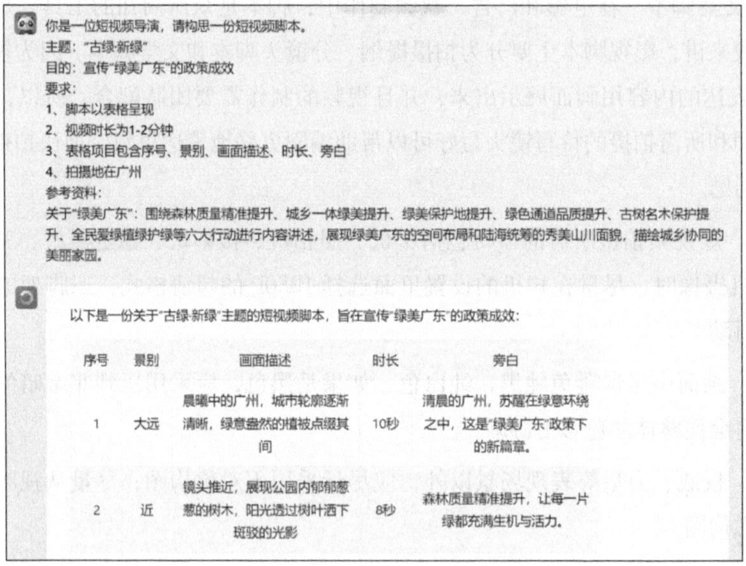
你是一位短视频导演，请构思一份短视频脚本。
主题："古绿新绿"
目的：宣传"绿美广东"的政策成效
要求：
1、脚本以表格呈现
2、视频时长为1-2分钟
3、表格项目包含序号、景别、画面描述、时长、旁白
4、拍摄地在广州
参考资料：
关于"绿美广东"：围绕森林质量精准提升、城乡一体绿美提升、绿美保护地提升、绿色通道品质提升、古树名木保护提升、全民爱绿植绿护绿等六大行动进行内容讲述，展现绿美广东的空间布局和陆海统筹的秀美山川面貌，描绘城乡协同的美丽家园。

以下是一份关于"古绿新绿"主题的短视频脚本，旨在宣传"绿美广东"的政策成效：

序号	景别	画面描述	时长	旁白
1	大远	晨曦中的广州，城市轮廓逐渐清晰，绿意盎然的植被点缀其间	10秒	清晨的广州，苏醒在绿意环绕之中，这是"绿美广东"政策下的新篇章。
2	近	镜头推近，展现公园内郁郁葱葱的树木，阳光透过树叶洒下斑驳的光影	8秒	森林质量精准提升，让每一片绿都充满生机与活力。

图 5-14　文心一言生成的脚本

接下来对生成的脚本进行优化，即可根据脚本内容开展拍摄工作。

（2）视频生成。脚本确定后，可摘出其中的旁白内容，利用剪映 App 的“图文成片”功能生成短视频。以下是操作步骤：

首先打开剪映 App，在首页打开“图文成片”功能（见图 5-15）。

点击“自由编辑文案”选项（见图 5-16），进入编辑界面。

图 5-15　剪映首页

图 5-16　剪映图文成片

复制脚本中的旁白文案，粘贴到编辑界面即可。然后点击“应用”，选择所需要的成片方式

（见图 5-17）。如果前期仅有文案，没有拍摄素材，可选择“智能匹配素材”，App 会根据文案内容匹配图文素材；如果有准备好的拍摄素材，可选择“使用本地素材”，App 会生成空白的剪辑模板，直接导入素材即可。本案例选择“智能匹配素材”。

然后会进入快速剪辑界面，App 已经生成视频素材、字幕、朗读和背景音乐，可直接进行简单的编辑（见图 5-18）。也可以点击“导入剪辑”，进行精细化的剪辑。

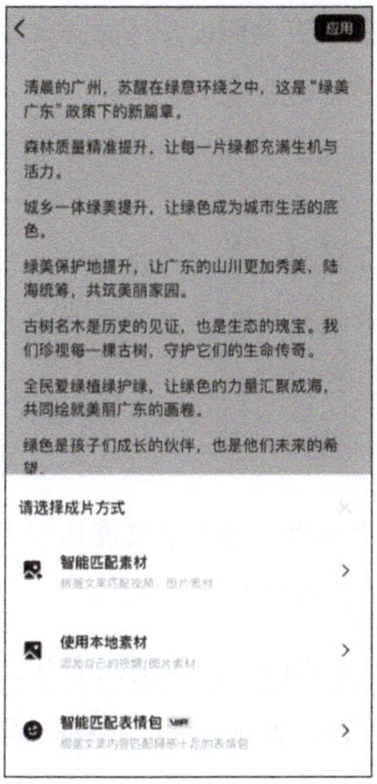

图 5-17 成片方式

图 5-18 生成后的快速编辑界面

【课堂活动】

请按照课本的 AI 制作视频方式，制作一段关于特产 / 文化介绍的短视频。可以是你所在的家乡，可以是你的居住地，也可以是你感兴趣的某个地区。

4. 短视频引流

短视频的引流转化形式包括硬转化、活动转化、内容延伸转化和内容软植入转化。①硬转化，即二维码、口播转化，例如在短视频中间穿插二维码或者主播口头介绍；②活动转化，例如“关注公众号送 ×××”；③内容延伸转化，利用用户的渴望心理，引发其好奇心，例如“想知道 ××× 吗？那就关注 ××× 公众号”；④内容软植入转化，即利用好片尾关注引导用户关注。

单元三 直 播 营 销

一、直播营销概述

1. 直播营销的概念

伴随着互联网的普及和网络通信技术的发展，国内直播行业呈现出多元化的业态模式，从最初单一的游戏直播、体育直播，发展到如今涉足影视、真人秀等各个垂直领域。商家们也纷纷进入直播领域，力图在直播营销中开辟创新的道路。

直播营销

直播营销是指在现场随着事件的发生、发展，同时制作和播出节目的营销方式。该营销活动以直播平台为载体，以获得品牌的提升或是销量的增长为目的。直播营销的方式给企业带来了一种更为立体化的营销方式，相比于传统的文字、图片的宣传方式，直播营销能够更全面地塑造品牌文化、传播品牌形象，这也是各大商家争相涌入直播营销战场的重要原因。

【课堂讨论】

请回忆你所观看过的印象最深刻的直播是什么，你是通过什么途径得知这一直播信息的？直播的过程中有什么样的环节和内容设置？你觉得做得好的地方有哪些？哪些地方还有不足？如果让你设计一个直播内容，你觉得有哪些点是最重要的？

直播营销的优势及发展

2. 直播营销的优势

直播营销是一种营销形式上的重要创新，也是非常能体现出互联网视频特色的板块。对于广告主而言，直播营销有着极大的优势：

（1）更低的营销成本。相比于传统营销广告动辄几十万、上百万的户外广告、渠道流量的投入，直播营销对物料、场地、环境的要求都较低。

（2）更精准的用户营销覆盖。在观看直播视频时，用户需要在一个特定的时间共同进入播放页面，这其实与互联网视频所倡扬的“随时随地性”背道而驰。但是，这种播出时间上的限制，也能够真正识别并抓住这批具有忠诚度的精准目标人群。

（3）更实时互动的营销场景。相较于传统电视，互联网视频的一大优势就是能够满足用户更为多元的需求。不仅仅是单向的观看，还能一起发弹幕吐槽，喜欢谁就直接献花打赏，甚至还能动用民意的力量改变节目进程。这种互动的真实性和立体性，也只有在直播的时候才能够完全展现。

（4）更有效的销售效果反馈。直播，这种带有仪式感的内容播出形式，能让一批具有相同志趣的人聚集在一起，聚焦在共同的爱好上，情绪相互感染，达成情感气氛上的高位时刻。如果品牌能在这种氛围下恰到好处地推波助澜，其营销效果一定也是四两拨千斤的。

3. 直播营销的发展基础

（1）移动网络提速和智能设备的普及。诞生在移动互联网时代的视频直播 App 不断涌现，并受到资本市场的关注。这其实得益于移动网络速度的提升，以及流量资费的降低。视频直播能够比以往更加流畅，更为重要的是智能手机的普及，让人们逐渐摆脱无线网络和电脑，而可以直接通过智能手机进行视频拍摄上传，这就使得视频直播能够有更多的场景，从而让企业有了全新的营销机会，可以随时随地更加立体地展示企业的文化，发出企业的声音，而不再仅仅依靠微博和微信。

（2）企业需要更立体的营销平台。在过去几年，很多企业、政府机构已经在微博、微信开通账号，将其作为企业品牌营销和文化传播的标配。不过，这些传播主要还是以图文为主，在微信上，传播方式还要更多，比如一些 H5 游戏或展示页面。但图文毕竟不够立体，用户看到的都是静止的，在如今这个信息泛滥的时代，单纯的文字传播很容易被忽略。而视频直播的兴起正好弥补了以前企业进行营销传播时的缺憾，在微博、微信之外，多了一个更为立体生动的营销阵地。

（3）网友看视频、玩视频的习惯养成。无论是移动互联网时代的机遇也好，还是企业营销的需求驱动也罢，这一切最重要的根基是用户愿意在这个平台上进行“玩耍”。越来越多的人愿意在视频平台上花费时间创造内容和浏览内容，这都得益于用户习惯的培养完成。

4. 主流直播平台分类

直播平台分类

直播行业发展已近十年，直播平台内容多样化，各种类型直播平台之间的界限逐渐模糊。直播内容整体向强互动、专业化方向迁徙，受过专业训练的普通人主导的 PUGC（Professional User Generated Content，专业用户生产内容）成为内容生产的中流砥柱。

根据直播平台的内容划分，目前主流的直播平台可以分为游戏类、秀场类、商务类、教育类和综合类。如图 5-19 所示。

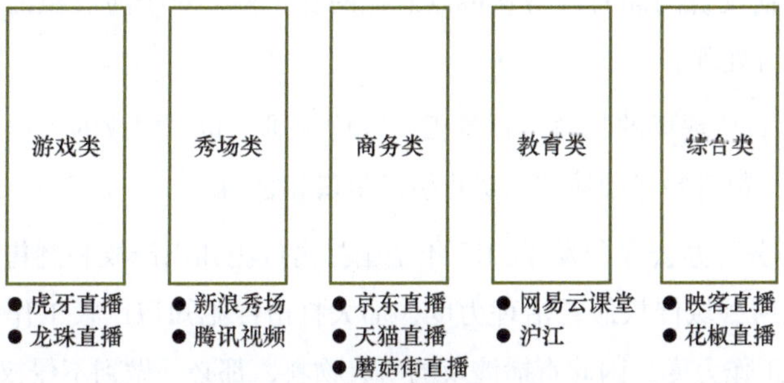

图 5-19　直播平台的分类

二、直播营销的整体思路

1. 直播风险防范

直播营销风险防范及分析技巧

与传统营销方式相比，直播的整个过程是实时呈现在受众面前的，不经过后期处理与剪辑加工，因此，作为企业直播策划方，需要在直播开始前，对直播过程中可能发生的风险进行全方位的预判和防范，以避免可能对企业形象造成的影响和伤害。直播风险防范需要注意以下几方面：

（1）环节设置。在直播开始前，主办方应对直播的所有流程进行彩排、模拟和推演，对每个环节内容的设置进行公平性的考量，防止因考虑不周、奖项设置不合理引发观众抗议。

例如，在网络直播过程中，如果有类似于“转发抽奖”的病毒式传播，或者“扫码领红包”的环节，一定要对规则的设置和系统的漏洞进行排查，防止因有人恶意领取或者作弊而引发他人不满。

（2）设备测试。直播的过程中涉及拍摄、灯光、音乐、布景等硬件设备，以及直播软件、后台服务器、网站等软件，商家需要在直播开始前对设备进行调试，尤其要预防短时间内大量用户涌入有可能造成的系统瘫痪，影响直播效果。

（3）主持词审核。直播平台体量不断扩大，各类新奇、多样化的直播类型层出不穷，为了加强对直播内容的监管，国家主管部门相继出台了一系列规定。2007 年 12 月，广电总局发布《互联网视听节目服务管理规定》；2010 年 3 月，广电总局发布《互联网视听节目服务业务分类目录（试行）》；2016 年 6 月，网信办发布《移动互联网应用程序信息服务管理规定》；2017 年 4 月，国家新闻出版广电总局发布《关于调整〈互联网视听节目服务业务分类目录（试行）〉的通告》。2016 年 4 月，百度、新浪、搜狐等 20 余家直播平台共同发布《北京网络直播行业自律公约》，承诺网络直播房间必须标识水印，内容存储时间不少于 15 天备查，所有主播必须实名认证，对于播出违规内容的主播，情节严重的将列入黑名单。审核人员对平台上的直播内容进行 24 小时实时监管。

作为企业方，需要事先对直播的主持词、串场词进行审核，凡涉及国家法律法规禁止的内容或有可能带来负面公众影响的词语，必须予以删除。

（4）弹幕监控。弹幕，中文流行词语，指的是在网络上观看视频时弹出的评论性字幕。

主持人的发言稿可以提前审核，但直播现场的网友弹幕却无法提前审核。直播平台通常设有“房管”，直播间主播发言的同时，房管可以监控网友弹幕，对于涉及粗俗、拜金、过于娱乐化的弹幕内容，可做禁言处理。

（5）侵权检查。直播现场的物料、背景板、宣传画册、布置摆放的吉祥物等，但凡涉及商标权、版权保护的物品，都需要仔细检查，防止引发争议和官司。

2017 年 5 月，国务院办公厅印发《2017 年全国打击侵犯知识产权和制售假冒伪劣商品工作要点》，要求加大互联网领域侵权假冒治理力度，加大打击侵犯知识产权工作力度，加强商标行政执法，加大版权保护工作力度。因此直播涉及的所有物料，都必须做到不侵权、不违法。

（6）平台资质。2016 年 9 月，国家新闻出版广电总局下发《关于加强网络视听节目直播服务管理有关问题的通知》（以下简称《通知》），要求网络视听节目直播机构依法开展直播服务。《通知》指出，开展网络视听节目直播服务应具有相应资质。不符合相关条件的机构及个人，包括开设互联网直播间以个人网络演艺形式开展直播业务但不持有信息网络传播视听节目许可证的机构，均不得通过互联网开展相关活动、事件的视音频直播服务，也不得利用网络直播平台（直播间）开办新闻、综艺、体育、访谈、评论等各类视听节目，不得开办视听节目直播频道。未经批准，任何机构和个人不得在互联网上使用“电视台”“广播电台”“电台”“TV”等广播电视专有名称开展业务。《通知》还对开展网络视听节目直播服务的单位应具备的技术、人员、管理条件，直播节目内容，相关弹幕发布，直播活动中涉及的主持人、嘉宾、直播对象等做出了具体要求。《通知》要求各省（区、市）新闻出版广电行政部门对辖区内网络视听节目直播活动情况进行全面排查，对违反相关规定的要予以查处。

2. 直播营销目的及内容分析技巧

任何一场直播的最终目的都是实现产品的营销，可以通过产品分析、用户分析、营销目标分析三个层面进行直播目的的分析（见图 5-20）。

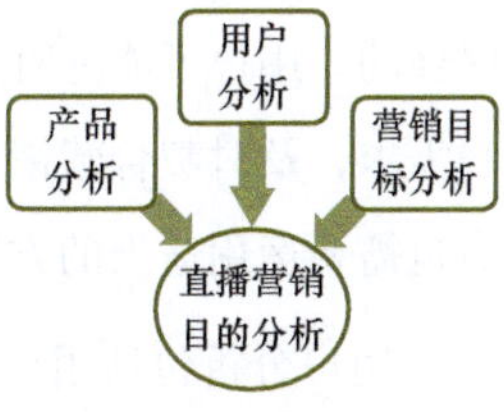

图 5-20　直播营销目的分析

首先，通过产品分析梳理出产品的优势、劣势，结合直播的场景和特色，在直播过程中充分展示产品的优势，尽量避免暴露产品劣势。

其次，针对产品所定位的用户群体，进行用户需求分析，在直播的主持串词中充分展现和介绍与细化用户需求相匹配的产品功能。

最后，结合企业自身短期和长期营销目标找到与直播最佳的契合点，由于一场直播时间有限，所以不可能满足企业方的所有需求，对于企业来说，需要有的放矢，逐步在几次直播中渐近完成阶段性目标。

下面就具体产品、用户以及企业营销目标及内容加以分析。

（1）直播产品分析。直播产品通常有两大类别：一类是实物产品，如手机、衣物等；另一类是虚拟产品，如游戏、软件、音乐等。

直播可以从“产品外观与成分”“产品功能与效果”等方面对产品进行展示介绍。产品外观与成分包括产品的尺寸、形态、颜色、材料、结构等，以手机为例，具体陈述就是“超大全面屏幕”“闪耀贝母外壳”“磨砂防滑手感”“外壳可更换”等；如果是一款新上市的粉底液，可以说“采用中草药成分”“小包装便于携带”等。

“产品功能与效果”包括产品的续航时间、拍摄画质、存储量等，以手机为例，具体陈述可以是“友好的操作界面”“一键美颜”“超大广角成像”“屏上指纹解锁”等。以粉底液为例，则可以说“遮瑕效果强”“均匀肤色”“保湿效果好”“持妆时间久”等。

在直播过程中进行产品介绍时，需要与直播间的环境相结合，如果有现场试用、演示，甚至是意见领袖、明星的真人推介，可能更有助于直播营销效果。

值得注意的是，在直播过程中，要有意识地提取产品的关键词，在直播过程中反复提及，方便中途进入的观众随时理解直播营销的内容。另外，产品直播过程中邀请的嘉宾要与产品本身调性相符合，否则会容易让观众产生认知偏差。例如，如果要宣传某化妆品，就可以找一些垂直领域的知名美妆博主，这样直播开始之初，除去本身企业宣传所带来的流量，美妆博主自己也会携带一批粉丝流量。

【课堂讨论】

针对下列产品，你将会在直播里如何展示，以表现其优势？

1. 透气轻薄的防晒衣。
2. 某款新上市的辣椒酱。
3. 清脆透亮的翡翠手镯。

（2）直播用户分析。企业直播营销需要对用户进行分析：一方面，因为直播平台的内容是即时性的，用户可能随时选择进入或者离开直播间，所以企业在直播营销的过程中，需要仔细分析用户需求，及时契合营销点，在直播过程中可以设立一些抽奖、红包环节留存粉丝；另一方面，企业方也需要运用适当的方法，将直播过程中的观众引流到线下购物平台变现。

用户分析包括用户属性特征分析和用户行为特征分析。

1）用户属性特征分析。用户属性特征分析是进行用户研究的基础，尤其在大数据时代，每个人身上都被贴满了标签，而具有相同标签的人也会具有类似的特定属性，例如“月收入 5 000 ～ 10 000 元”“未婚”“喜欢宠物”等。

2）用户行为特征分析。直播营销下的用户行为虽然不同于普通的用户购买决策过程，但也是遵循一定的流程和节奏，对于商家来说，适时地在直播过程中设计卖点，影响用户决策，引导用户购买是必不可少的。

例如，对于 60 后、70 后的消费者来说，通常比较注重价格的实惠，并且也更愿意在朋友之间分享自己买到的价廉物美的产品，因此，如果有针对此类消费者的产品直播营销，例如厨房用具，即可以在直播中设立一些转发分享得代金券之类的游戏环节。

（3）企业营销目标分析。根据 SMART 原则，企业制定的营销目标要具体、可度量、能实现，并且具有相关性和时限性。

直播开始前，企业需要将营销目标按照 SMART 原则准确提炼出来，这样才能达到最佳的直播效果。

1）营销目标应具体（Specific）：指的是营销目标不能笼统。例如，“运用直播营销提升店铺口碑”这个目标就不够具体，“运用直播营销提升店铺大众点评星级”这就是具体目标。

2）营销目标可度量（Measurable）：指的是目标可量化、可计算。例如，“利用直播实现淘宝店铺订单量上升”不是可量化的目标，而“利用直播营销实现订单量高于同期 20%”就是可量化的指标。

3）营销目标能实现（Attainable）：指的是目标的可实现程度。商家在制定目标时要根据实际情况，避免设置得过低。目标太容易达到，就会失去意义；目标设置得太高，就完全不可能实现。例如，“争取这次直播观看人数达到上次的 50 倍”这一目标就太过夸张，未考虑实际情况，很难实现，而“争取这次直播观看人数达到上次的 2 ～ 3 倍”这一目标就是比较合理且符合实际情况的。

4）营销目标具有相关性（Relevant）：直播营销本身属于新媒体营销的类型，因此，在制定营销目标时，一定要使用与销售、运营相关的数据，例如，“网站访问量提升 30%”就是与新媒体营销相关的营销目标，而“办公耗材使用成本降低 10%”则与新媒体营销目标无关。

5）营销目标有时限性（Time-bound）：时限指的是完成目标的特定期限，直播结束后，后面还有一定的发酵和滞后期，因此，制定销售目标可以以此为基准，例如“直播结束后 3 天内新品销售 100 万件”就是一个有时限、方便衡量的营销目标。

三、直播营销方案的制定

一次完整、成功的直播，离不开前期详尽的直播方案。完整的直播方案包括直播目的、直播简述、人员分工、时间节点、预算控制五大要素，如图 5-21 所示。

图 5-21　直播营销方案五大要素

1. 直播目的

方案正文首先需要向参与员工传达本次直播需要达到的具体可衡量的目标，例如销量增加、观看直播人数达到某一量级、线上直播引流线下 ×× 人等。因此，一个完整的直播目的的陈述应该是这样的：

“恰逢春节来临，正值全国人民出游、返乡高峰期，也是用车的高峰期，为了增加 ×× 专车的知名度以及扩大消费市场，将用户量提升至 ×× 万，特举行一场网络直播。”

2. 直播简述

方案正文需要对直播的整体思路进行简要描述，精简正文内容使其显示在一页通告上，要点包括直播主题、平台、亮点、形式等。

例如，图 5-22 和图 5-23 即为两则直播的通告宣传，可以清晰地从海报上看到直播的具体内容、主播、直播平台、直播的入口、直播的具体时间、形式。

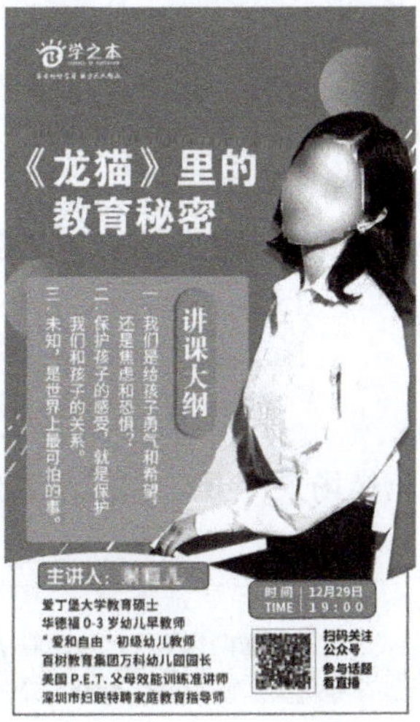

图 5-22　“学之本”直播通告

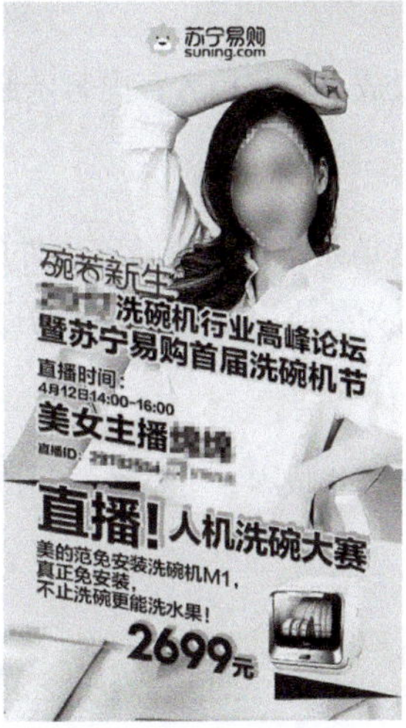

图 5-23　“苏宁易购”直播通告

3. 人员分工

直播需要按照执行环节流程对人员进行项目分组，包括道具组、渠道组、内容组、摄制组等，每个项目组需要承担的任务内容，以及负责人的姓名和联系方式都要予以事先确认。

4. 时间节点

时间节点包括直播前、直播中以及直播后。直播前，包括物料准备的时间节点、前期各项筹备工作完成的时间节点（包括邀请嘉宾、广告宣传制作、前期发酵）；直播中，包括抽奖环节的时间节点、观众参与的时间节点、嘉宾介绍产品的时间节点；直播后，包括直播图文简介的发酵时间点、对直播内容的复盘时间点等。对每一个节点的有效把控都是对直播质量的保障。

5. 预算控制

项目的每一个环节及进度都应有大致的预算控制，对预算的控制应贯穿直播的整个过程，如果出现预算超支，要迅速诊断原因，根据具体情况，或调整方案，或临时增加预算。

模块小结

1. 短视频营销的概念

短视频是一种视频长度以秒计数，主要依托于移动智能终端实现快速拍摄与美化编辑，可在社交媒体平台上实时分享和无缝对接的一种新型视频形式。短视频营销是以短视频媒体作为载体的所有营销活动的总称。

2. 短视频的特征

制作特征——灵活、适用范围广；内容特征——承载量大、互动丰富；传播特征——肥尾效应；社交特征——用户年轻化。

3. 短视频营销模式

硬广投放；内容植入；内容定制；网红活动；账号运营；整合营销。

4. 直播营销的概念

直播营销是指在现场随着事件的发生、发展，同时制作和播出节目的营销方式。该营销活动以直播平台为载体，以获得品牌的提升或是销量的增长为目的。

5. 直播营销的优势

更低的营销成本；更精准的用户营销覆盖；更实时互动的营销场景；更有效的销售效果反馈。

练习题

一、单项选择题

1. 下列哪一个内容不属于企业进行直播营销的目的分析？（　　）

　A. 用户分析　B. 产品分析　C. 营销目标分析　D. 市场分析

2. 本模块中，“巧妇9妹”的案例表现了短视频营销中的哪一发展趋势？（　　）

　A. UGC+PGC构建完整的短视频内容生态

　B. 政务媒体入驻平台

C. 人工智能数据算法赋能短视频

D. 短视频平台成为互联网第三大流量入口

3. 下列哪一项不属于直播平台的内容分类？（　　）

A. 游戏类　　B. 综合类　　C. 商务类　　D. 广告类

二、多项选择题

1. 直播营销的优势包括（　　）。

A. 更低的营销成本　　B. 更精准的用户营销覆盖

C. 实时互动的营销场景　　D. 更有效的销售效果反馈

2. 短视频整合营销的 AISAS 营销模型包括（　　）。

A. 兴趣　　B. 关注　　C. 搜索　　D. 行动

E. 复购

三、连线题

请对以下直播的特性进行连线。

低互动	映客直播	UGC
	花椒直播	
	龙珠直播	
	虎牙直播	
高互动	腾讯直播	PGC

Module 6

模块六
自媒体平台营销

学习目标

知识目标

◎ 了解自媒体平台营销的概念

◎ 理解自媒体平台营销的特征

◎ 掌握自媒体平台营销的优势

能力目标

◎ 能够清晰地界定自媒体平台营销的类型，区分其与其他新媒体营销

◎ 能合理地运用自媒体的特征完成相关营销活动

素质目标

◎ 自媒体平台营销拥有强烈的意识形态性和鲜明的社会实践性，学生在传播内容时，应注重内涵的传递以及价值引领

单元一　认识自媒体平台营销

一、自媒体与自媒体平台营销

所谓自媒体，就是私人化、平民化、自主化向大众传递信息的新媒体的总称。曾几何时，开办媒体机构需要花费百万以上，但是今天一切都变得非常不同。自媒体可创建内容并使其他人可以使用，几乎不花费任何费用。如此低的成本意味着，即使没有被数百万人阅读，也没有关系，专注于一个小的市场，仍然可以找到足够的人来组成社区，甚至可以通过广告和产品销售获利。这是经济学中长尾理论的应用。这个理论在互联网背景下的自媒体上更是非常灵验，任何人都可以对内容的性质和出版方向进行评论，这就是自媒体，是一场出版革命。

自媒体营销
基本概念

传统媒体的优势在于渠道通达、有权威感、专业性强，对受众群体的要求相对较低；其劣势就是形式比较单一，各种媒体融合性差，互动性也差。自媒体作为传播者的优势在于时效性强、传播速度快、互动性好、内容丰富；但是其不足之处也很明显，因为门槛低，所以鱼龙混杂，容易出现谣言、不实消息，内容不够严谨，不够有深度，缺乏一定的权威性，监管起来比传统媒体困难，图片和文字的版权问题也很严重。自媒体未来想要获得更好的发展，必须注重版权、提高专业度、加大监管力度，同时也要保持良好的活跃性和互动性。

自媒体平台营销是指以自媒体作为营销平台，以受众作为潜在营销对象，企业发布文章向网友传播品牌、产品信息，增强品牌美誉度和提升产品形象的营销活动。企业通过更新自媒体内容与受众（粉丝）交流，吸引受众关注以达到营销的目的。

自媒体的主要特征就是互动性与传播性，集成化与开放化，是只言片语的生产力。使用自媒体开展营销是企业营销模式的新途径。产品上市有四个生命周期，即导入期、成长期、成熟期和衰退期，自媒体平台营销目前还处于“成长期”阶段，合理使用自媒体平台进行营销，可以有效建立品牌认知度和实现高效传播，树立行业影响力和感召力，传播企业价值观。

【小资料】

世界各国的旅游业想方设法利用社交媒体发掘商业机遇。新加坡洲际酒店集团（IHG）推出了一个“亲朋好友”计划——向员工的朋友和家人提供全世界各地洲际酒店的客房预订优惠。执行这个计划的关键是运用自媒体增加官方网站访客数量，并且要用吸引法则将访客转化为顾客。计划的内容是鼓励集团在世界各地 4150 家连锁店的员工用自己的 Twitter 推销酒店客房。所有员工在 IHG 的内部网上注册以后，都会收到一封电子邮件，邮件里有一个独特的网站地址，可以链接到每个人的酒店预订页面。员工们可以将这个链接转发给亲朋好友，亲朋好友通过链接进入员工的个人页面，以独享的优惠价预订客房。这个计划刺激了集团在世界各地的 33 万名员工，大幅度增加了客户来源。

综上所述，自媒体平台营销是全网营销中很关键的一环，如何玩好自媒体平台营销，本模块将对此进行详细的阐述。从自媒体入门知识开始，到实操技巧，再结合今日头条及百度百家平台介绍一些经典的营销案例，从宏观到微观，层层落地。

二、自媒体平台营销的优势

（1）自媒体的用户群体庞大，黏性较高。近几年，我国的自媒体人群呈稳定快速增长趋势，且由于真正关注自媒体的用户都是基于自媒体所产出内容的认同感，所以导致用户的整体黏性较高，活跃度高，为自媒体营销打下了坚定的用户群体基础。

（2）自媒体的营销性价比高。凭借互联网的渗透效应，自媒体能够轻松实现最大化的潜在用户的开发，由于其内容产出的角度比较固定，所以真正产生关注的人群将极其精准，针对如此精准的人群进行营销，将极大地提高营销效率。自媒体营销对于企业而言，省去了企业建设市场销售渠道的成本。

（3）自媒体营销可以加强企业与消费者之间的互动性。自媒体营销是时下流行的营销手段，极其符合消费者的消费观念，这从侧面推进了生产者和消费者之间的互动，能够满足消费者个性化的消费需求，直接导致营销效果的显著提升。

典型自媒体平台介绍

三、典型自媒体平台

互联网技术的发展造就了一批借助SNS工具的及时性、互动性，自我产出的信息和内容可以向公众发布，并且传播更便捷、影响力扩散更快的平台。自媒体的核心特征是自主化、网络化、去中心化、病毒式传播。随着互联网的大力崛起，“以人为本”的思想观念正在改变着各个行业的发展轨迹，消费者也真正拥有了主动权。可以预见，在互联网的汹涌大潮下，谁能将“顾客就是上帝”的理念真正贯穿设计、生产、销售、终端服务的全过程，以更廉价的方式、更快的速度、更好的产品与服务来满足市场，谁就能成为这个自媒体时代的弄潮儿，将更快地走向成功。

目前国内知名的自媒体平台介绍见表6-1。

表6-1　国内知名自媒体平台介绍

名称	说明
今日头条	自媒体平台标杆，其特点是智能推荐、自带粉丝、流量大、收益多
百家号	账号有等级，高级有降级的风险，其特点是依托百度，投放平台包括手机百度、百度搜索、百度浏览器等；百家号收益最多，审核最慢
企鹅号	腾讯旗下产品，开放全网流量、开放内容生产能力、开放用户连接、开放商业变现能力，其特点是文章推送渠道多，有天天快报、腾讯新闻客户端、微信新闻插件、手机QQ新闻插件、QQ公众号、手机腾讯网、QQ浏览器等；企鹅号变现形式多样，有芒种计划等
微信公众号	腾讯旗下产品，起步早，发展快，知名度最高，属自媒体的基础设施；其特点是制度较健全、法规完善、吸引粉丝难、收益难
一点号	致力于为用户提供私人定制的精准资讯，并成为内容分发自媒体平台；其特点是兴趣引擎和个性化推荐
大鱼号	通过整合阿里巴巴大数据资源，进行精准信息推荐，实现信息到人、人找信息的双重飞跃
网易号	集高效分发、原创保护、现金补贴、品牌助推于一体，其特点是操作简单，星号升级缓慢
凤凰号	凤凰网旗下的自媒体平台，其特点是发布文章审核严格，发布文章配图易被打乱，流量大、有收益
搜狐号	最早的自媒体，其特点是流量大，权重高，目前没有收益，只有广告位
简书	简书偏文艺，其特点是可以选择发布栏目，目前不能发视频，收益模式只有打赏

拥有自媒体平台的好处就是能够获得稳定的粉丝群体。使用者可尝试上述各种自媒体平台，找到最擅长的渠道，让粉丝数量自然增长。自媒体不只是自媒体，还是多元化的代表。如今，内容创业开启了多元化模式，主要分为图文、音频、视频等形式。音频内容创业方面，有喜马拉雅、蜻蜓 FM 等平台。

自媒体的发展历程如图 6-1 所示。

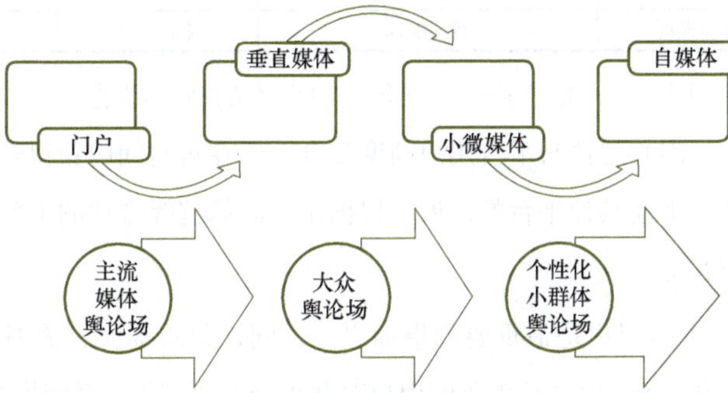

图 6-1　自媒体的发展历程示意图

四、自媒体平台营销定位

一份好的新媒体运营策划案，关键在于执行。自媒体营销的本质在于转变，将广告转变为内容。自媒体平台营销的关键如图 6-2 所示。

图 6-2　自媒体平台营销的关键

由于媒介持续碎片化，传统广告效能渐趋于 0，“用户主导”变成主流，因此，如何与潜在用户沟通，在沟通中精准找到目标客户，促进销售转化，成为自媒体营销亟须解决的问题。成功的自媒体营销，需要从平台搭建到内容策划提供完整的解决方案，解决方案包含标题、行文技巧、平台选择、团队协作等。在利用自媒体进行营销时需要充分利用以下特点：①海量粉丝是基础；②内容好，有看点；③平台功能完善；④互动频繁多样；⑤有媒体矩阵共同推广。

自媒体营销全面带动各类媒体资源的推广及互动。自媒体不是一个“索取”的工具，而应该是一个“给予”的平台。只有那些为浏览者创造价值的自媒体才有价值，推广才可能从中受益。自媒体经营的真谛是一种价值的互换，在这个过程中各取所需，互利多赢，才能树立良好的形象，吸引更多的客户。主流自媒体平台用户群体对比见表 6-2。

表 6-2　主流自媒体平台用户群体对比表

平台名称	主体用户	推荐机制	特点	开通难度	广告收益
简书	都市青年	编辑推荐	品牌曝光	低	无
豆瓣	都市青年	编辑推荐	品牌曝光	低	无
知乎	青壮年	编辑推荐	品牌曝光	低	无

（续）

平台名称	主体用户	推荐机制	特点	开通难度	广告收益
哔哩哔哩	学生青年	系统推荐 + 编辑推荐	品牌曝光	低	有
百家号	社会人群	系统推荐	流量收益	高	有
大鱼号	社会人群	系统推荐	流量收益	中	有
企鹅号	都市青年	系统推荐	流量收益	中	有
搜狐号	社会人群	编辑推荐	品牌曝光	高	有
微信公众号	各阶层	闭环转载	个性化	低	有
今日头条	社会人群	系统推荐	流量收益	中	有

自媒体营销定位要注意一个关键字—— 聚焦。每个人的精力都是有限的，比较成功的自媒体必然有一个“主战场”，因其定位与平台用户高度契合，能在短时间内获得较快增长，而一个平台的成功也能在一定程度上带动其他平台的发展。根据用户画像选择合适的平台是不可或缺的一环，通常选择两到三个比较合适。

在选择平台环节，主体用户是最重要的指标之一，同样是鸡汤文，简书和豆瓣的用户可能对高考、考研等奋斗故事感兴趣，而今日头条的用户对此可能并不买账。系统推荐的平台主要靠算法，即先将文章推荐给一部分可能感兴趣的人，若打开率、点赞率较高，则会推荐给更多用户，反之则容易石沉大海。

今日头条是字节跳动公司旗下产品，是典型的由算法主导的平台，这类平台的标题非常重要。头条号达到一定条件可以开通“双标”功能，系统会根据第一批用户数据自动选择点击率较高的标题，同样的文章，阅读量因此可能相差几十万。而编辑推荐的平台更依赖于优质的内容，哪怕前期没有名气，通过投稿、参加比赛也有机会脱颖而出。

简书和豆瓣作为原创性极高的写作平台，优质文章容易得到微信大号的转载，持续写作还可能获得出书邀请、书评邀请，成为平台签约作者等，利于品牌曝光。微信公众号作为闭环生态，文章只会推送给订阅用户，流量主要依赖其他平台引流、朋友圈分享和微信大号转载。

简书、豆瓣、哔哩哔哩开通难度较低，可以作为起步平台进行尝试，需要注意的是，哔哩哔哩虽开通了专栏，但内容还是以视频为主，需要具备一定的后期编辑能力。

这里的广告收益特指平台为鼓励原创发放的奖励金，需要达到一定条件才能开通。例如，今日头条文章通常阅读量达到 1 万会获得 10 元的广告展示费。做自媒体不要对每个视频或每篇文章期望太高，关键在于积累，前期最重要的是打磨产品。

五、自媒体营销方法与技巧

（1）打造有声调的自媒体 IP。声调即差异化，有明显的个性特点。

（2）定位明晰，深耕垂直领域。做自媒体和打井是同一个道理，越聚集、越深耕，越有可能成功，不可一味盲目跟风。

（3）团队化运营，抱团推行。单纯依靠个人的创作才能无法长期承受内容输出的压力，一个人的知识是有限的，众人拾柴火焰高，团队合作是必要的。

（4）提高内容穿透力。现在用户可选择的自媒体平台和内容越来越多，怎么留住老用户，这是一个严峻的问题。创作者可以尝试多种内容表达，除了文字外，还可以开设各种音频、直播等，提高品牌在用户心目中的穿透力。根据马斯洛需求层次理论，用户需求层次呈现金字塔结构，要根据产品的目标顾客分析确定发布信息的平台，做到层层满足，攻心为上。自媒体平台用户需求层次与适用平台示意图如图 6-3 所示。

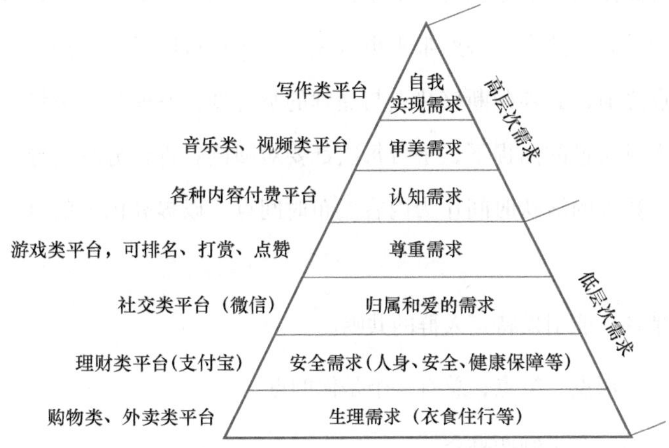

图 6-3　自媒体平台用户需求层次与适用平台示意图

【课堂活动】

1. 请你推荐几篇今日头条上的文章，并简要介绍其吸引人的主要内容。

2. 请你推荐几篇简书上的文章，并分析这几篇文章背后隐藏的主要营销目标。

3. 分组推荐一个受欢迎的自媒体平台，并讲出推荐理由。

单元二　自媒体平台内容营销

一、自媒体平台内容创作思路

自媒体平台内容创作必须牢牢把握两个关键指标——打开率和传播率。打开率面临碎片化、折叠化、同质化的三大挑战。①碎片化。用户时间碎片化，公众号众多，用户缺乏耐心，一划而过。②折叠化。订阅号聚类，文章被推送后生存时间只有几分钟甚至几十秒，随后被覆盖。③同质化。一个热点只有几个角度，内容千篇一律，根据标题 3 秒法则，如果文章在 3 秒之内不被打开，很可能再也没有被点开的机会了。

传播率要靠优质粉丝积累，打开率和传播率一定要兼顾。有的好内容阅读量很高，但涨粉难，因为转发量很低。每天推送的内容需要有逻辑关系，从内容的构架和每篇内容本身寻找重复的元素，形成固定形式，强化印象。

阅读量数据调查结果显示，首条原创图文的阅读量通常都是最高的，之后逐条递减，到第三、第四条时基本就没有阅读量了。建议每天集中精力写出一篇高质量的文章，每天最多发布 5 篇文章。选择众人热议的话题、热点，必然带来更多关注，热点可以是社会的热点，也可以项目自造热点。借势社会热点之前，必须判断该热点与品牌的契合度，不能盲目借势，否则可能有损品牌形象。在保证内容本身质量的前提下，平台每次都要对阅读者进行分享引导。还要对粉丝的阅读时间进行分析，以多数人的活跃时间作为内容发布时间点，以提高内容的打开率和传播率。以下是内容创作的思路：

（1）走心，有情怀，能引发特定人群的共鸣。

（2）痛点、痒点、泪点、笑点，总有一个是你的点。

（3）能引发好奇心，善于制造悬念。

（4）与多数受众的利益点和价值观相吻合。

（5）标题吸睛，能刺激阅读。

（6）巧妙借势热点，能准确找到契合点。

（7）好图会说话，头图和内文配图都是精心挑选的。

（8）有音频、视频、动图等表现形式，不局限于静态图文。

自媒体领域是随时变化的，随着各大自媒体平台逐渐完善规则，而且有大量的新人不断加入自媒体，用户选择的内容范围扩大，因此优质原创内容的生存级别完全碾压了搬运内容。无论是自媒体的新人还是老手，想要抓住自媒体这个风口，必须精益求精，抓内容建设。

自媒体内容创作技巧

二、自媒体内容创作技巧

（一）标题醒目

大卫·奥格威在《一个广告人的自白》中说：“标题在大部分的广告中，都是最重要的元素，能够决定读者到底会不会看这则广告。一般来说，读标题的人比读内文的人多四倍，你所写的标题的价值占整个广告预算的 80%。”文章的标题直接影响了文章的阅读数。我们来看两组标题（见图 6-4），大家可以做下对比：

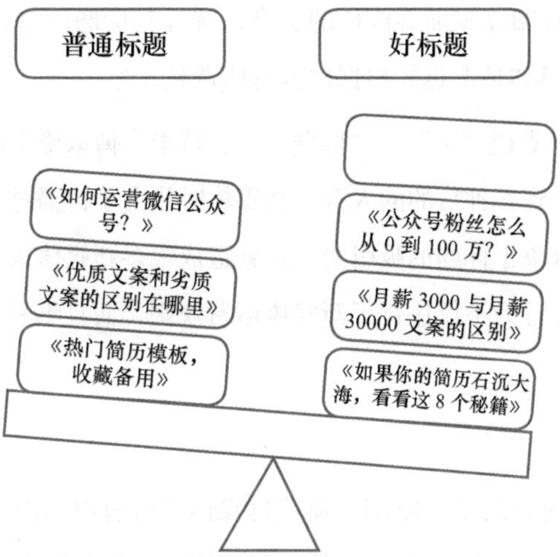

图 6-4 标题对比分析

很显然，右侧标题的吸引力远远大于左侧。标题的好坏不是凭借主观的想法界定，它有一定的评判标准。文案大师罗伯特·布莱在他的经典作品《文案创作完全手册》中提到了著名的“4U 理论”，4U 由四个英文单词组成，分别代表：①紧迫感（Urgent），即让读者产生立即阅读文章的冲动，例如之前讲到的“制造悬疑”“猎奇”等方法，都是能制造紧迫感的句式。②独特性（Unique），描述新事物或者将读者听过的事物以全新的方式来呈现，标题看起来独一无二、生动有趣或者是不寻常的。③明确具体（Ultra-specific），并非泛泛而谈，而是有具体的内容，能够让读者进一步阅读你的文章。例如，“如何在一个月之内瘦掉五公斤”要比“如何将自己瘦成一道闪电”更具体，也更容易引起读者的点击欲望。④实际益处（Useful），文章标题能够给读者带来实实在在的利益。符合上述四点的标题往往能够带来较高的阅读量，所以不妨用 4U 理论给自己的标题打个分，顺便问自己几个关键的问题：

（1）标题是否生动有趣，能不能引起读者的兴趣？

（2）标题是否独特、有吸引力，能让人眼前一亮？

（3）标题是不是过于枯燥、严肃？

（4）标题是否已经具体化了？是泛泛而谈还是圈定了某个具体的领域或者用户群体？

（5）标题是否能给读者一些启示或者能让读者收获一些知识？

当然，为了避免被认为是标题党或者哗众取宠，也应该问问自己：

（1）标题是否跟你的文章紧密契合？

（2）标题是否使用了一些言过其实的词汇？

（3）你的标题是否包含可能被判定为标题党的词汇？

除了以上阐述的取标题思路，也要注重标题的“长短”，太短的标题容易说不清重点，太长的标题又增加了读者的阅读成本。每个平台的标题长度都会有限制，当然也会有最佳阅读的字数。

专家分析了百家号每日阅读量前500位的文章，统计其标题的字数，发现阅读量高的文章标题一般在22个字左右，但具体情况也要根据内容有所调整。

拒绝夸大其词，向标题党说“不”。“标题党”，特指为博取受众眼球，大肆制作耸人听闻、文题不符的新闻标题，以达到各种目的的人群。新媒体时代由于传播过程中内容和标题是分离的，用户对内容阅读与否完全取决于标题的吸引力，这就造成很多新媒体人为了骗取用户的点击，采用夸大其词的标题。然而这种行为不仅违背了新媒体运营规则，而且不利于账号的长期发展，获得的只是一时的点击量。

（二）内容原创

内容原创是做自媒体内容的第一原则，随着自媒体平台对原创内容的扶持力度加大，理所当然地会把搬运内容给打压下去。Papi酱的八卦文字吐槽、鬼脚七的佛禅思辨、罗辑思维的逻辑思维，无不是用户对独特创新倾向选择的结果。

这些自媒体成功的原因就是自身的人格被各自的用户接纳了，因此他们拥有一批忠实的粉丝帮助分发内容。成功的自媒体不仅要有优质的内容，还要求内容创作者具有独特的性格。

（三）适度取舍

通过草拟标题、提炼要点、策划模板、测试投票和复盘反馈，自媒体营销人员完成内容的取与舍。

自媒体一定会往市场细分发展，每个领域都会有不同的声音。不要试图讨好所有人，也不用去哗众取宠，服务好自己的粉丝才是最重要的。如何才能吸引粉丝呢？在草拟标题前，先思考三个问题：目标受众是谁？我的内容有什么特别之处？哪一点最能吸引人？在内容修改阶段，则可以考虑增加内容的细节描述，使其引人入胜，并添加强烈的情绪感以及悬念，激起更大的好奇心。在这个过程中，要建立标题库，进行一个好坏标题的聚类研究。

（四）紧紧围绕三重价值

自媒体创作的技巧必须围绕三重价值展开。这三重价值分别为实用价值、体验价值和传播价值。

1. 实用价值

实用价值是指满足阅读者的日常需求，即通过文章内容满足读者的利益点——使读者生活得更好、更开心，获取更多的知识等。例：如何赢得友谊并且影响他人？

2. 体验价值

体验价值是指读者在阅读文章时的画面感和情感体验。可以多使用动词，少使用形容词、副词；多用短句。少用长句；多用比喻。

3. 传播价值

传播价值是丰富受众需要的若干因素的总和。人们通过阅读文章来寻找谈资——给用户提供和别人聊天的谈资（例：拿手机的姿势已暴露你的性格）；表达想法——帮助用户表达他们内心的想法（例：朋友，不在远近，只在真心）；帮助别人——为别人提供实用的价值和帮助（例：饭后半小时，养生黄金期）；塑造形象——有利于用户在朋友圈炫耀（例：为梦想而努力的人最漂亮）；社会比较——让读者感觉他们的社会地位更高（例：有哪些基础的礼仪是人们忽视的）。

内容创作需要围绕以上三重价值激发读者的好奇心，将熟悉的事物与新鲜的信息结合起来，更好地吸引读者的注意力，并引导读者主动传播。

（五）使用 AI 工具编写自媒体种草文

“种草”指的是通过分享产品或服务的卖点，使消费者产生购买欲望的过程。随着人工智能技术的不断进步，营销人员现在能利用 AI 工具来编写更具针对性和创造性的种草文。接下来将介绍如何使用 AI 应用“文心一言”来撰写种草文案。

1. 种草文基本结构

种草文通常通过描述需求场景、展示产品的独特卖点或提供有价值的信息来吸引读者，进而促使他们产生购买行为。了解并掌握种草文的基本结构，对于有效指引 AI 编写文案至关重要。

（1）开头代入情景。开头要先把受众代入情景，激发用户对产品需求。这里的情景，一般指需要使用产品的时机。例如皮肤保湿的护肤品，对应的是干燥的季节或环境；拍摄性能优越的手机，对应出游、自拍等情景。为了开头能引起读者共鸣，写作时建议偏口语化。

例如以下是一个扫地机的情景描写：

哎，说到打扫卫生，你是不是也头疼那满地的头发、猫毛，还有那些看不见的灰尘？特别是家里要是有个过敏娃，每天清扫真是大工程啊！要是有一个神器，能轻松把家搞干净又不用自己动手，那该多好啊！

（2）中段说明介绍。针对开头情境的内容，进行产品的功能、参数等介绍。注意介绍的信息要和开头情景对应，产品的信息是为情景提供解决方案的，以便增强可信度，突出产品卖点。对应上文的扫地机情景，我们可以介绍这些内容：

告诉你，现在真的有那么一款智能扫地机器人，它叫“××”！它装备了高精度传感器和先进的导航系统，能规划出最佳清扫路径，不管多复杂的房间，它都能轻松应对。而且吸力超强，不论是细小的尘埃还是难缠的毛发，统统搞定无压力。更棒的是扫地超级安静，就算你在家工作或宝宝在午睡也没关系。

（3）结尾总结或导购。结尾的一般写法有：提炼总结全文（提炼金句），提出问题、进一步思考等。在上述写法中，也可融入一些评论互动的引导话术或福利活动，激发用户的留言讨论。以下是扫地机种草文的结尾：

总之，×× 智能扫地机器人就是懒人打扫卫生的救星，省时省力超有效。赶紧入手一台，让你的家焕然一新！享受清新干净的居住环境，从拥有“××”开始！点击购买，让清洁变得简单又高效。

2. 种草文提示词设置

掌握了种草文的基本结构，就可以在文心一言设置提示词，引导AI进行编写。提示词结构分为以下四个部分。

（1）基本任务：向AI说明需要写的种草文类型、产品品类、投放平台等。

（2）文案结构：输入照前文提及的三个部分，即“开头代入情景、中段说明介绍、结尾总结导购”，也可以根据需求做调整。

（3）附加要求：字数、语言风格等编写要求。

（4）产品信息：产品品牌、型号、主要功能参数等卖点信息。

设置后可得出以下提示词模板，可自行根据需求添加或调整。

> 根据以下信息，写一篇投放在（媒体平台）的（产品品类）种草文案。
>
> 文案结构：开头代入情景、中段说明介绍、结尾总结导购
>
> 要求：（字数），语言（描述文案风格）
>
> 产品信息：（产品品牌、型号、主要功能参数等卖点信息）

例如编写一段电吹风的种草文案，投放在小红书，可以这样设置：

> 根据以下信息，写一篇投放在小红书的电吹风种草文案。
>
> 文案结构：开头代入情景、中段说明介绍、结尾总结导购
>
> 要求：200字，语言幽默风趣
>
> 产品信息：××牌电吹风，拥有造型风嘴，护发类型包括负离子，恒温护发等，支持冷风功能

输入文心一言后，生成文案（见图6-5）。如不满意可以重新生成或继续补充要求。

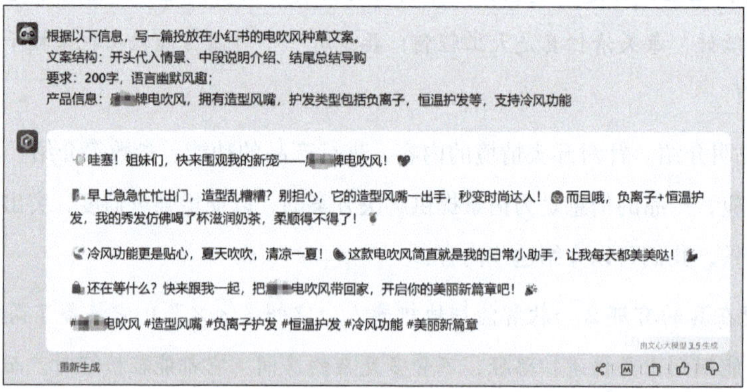

图6-5　文心一言生成种草文效果

【课堂活动】

选择一款产品，设置提示词后用文心一言生成种草文案。可以尝试不同的语言风格，看看生成的效果有什么不同。

【小资料】

提示词基本结构

在人工智能领域，尤其是在生成式AI技术中，提示词（prompts）扮演着至关重要的角色。它

们是向AI模型发出的引导性文本片段，用于激发和塑造模型的响应。提示词的准确度决定了AI回应的准确性和相关性。接下来介绍提示词设置的五个要素，引导AI生成符合预期的回答或内容。

1. 发起任务

直接说明需要AI生成的内容，例如“写一份开课通知”“写一篇创业策划书”等。但只有基本任务说明会让AI自行创造内容，不一定能符合需求。

2. 角色扮演

根据需求给当前AI会话赋予一个虚拟角色，角色一般是行业专家，擅长跟任务相关的技能或素质。例如你需要写一份自媒体平台运营方案，设置的角色就可以是“你是一位资深新媒体运营师，擅长自媒体平台运营”。

3. 附加要求

给任务进一步的要求，例如内容、字数、语言风格等，以提高内容准确性。

4. 内容框架

如果任务有设定好的框架，例如大纲、目录、要点等，可以直接给AI设定好，以控制生成内容的框架，尽可能接近想要的效果。

5. 附加资料

如果有任务相关的文本资料，例如背景材料、描述、参数等，可以直接提供给AI。这样可以提高生成内容的相关性。

三、自媒体平台营销技巧

如今是自媒体时代，无论是个人还是企业，只要涉足互联网营销领域，如果不做自媒体，就会与很多机遇失之交臂。有目的性地做出调整，去应对自媒体冲击下的市场变化，企业才能顺风顺水。企业为了产品销量而通过自媒体“说说话”，也不失为一种正确的选择。企业在通过自媒体说话的同时，需要渐渐地把用户想要的产品给构造出来，自媒体营销始终要用低廉的成本去塑造品牌质感，拉近与用户之间的关系，吸引更多的忠实粉丝。

运用互联网思维，将自媒体平台作为重要的营销推广阵地，同时要牢记：成功的推广从来都是一套组合拳。首先，想做好自媒体，要先理解自媒体的属性，看到自媒体的发展趋势，从思想上充分重视自媒体平台的推广；其次，要用心，投入必要的人力、物力和财力，与专业的运营团队配合，共同实现平台作用的最大化，不能只是“随便做做”；再次，要快速建立起新媒体资源矩阵，善于借力，共同推广；最后，尊重粉丝，建立粉丝数据库，用粉丝喜欢的方式去跟他们沟通。

企业通过自媒体推广产品时，应一切围绕着用户，并结合用户喜好来着重推广自家的优势产品。同时要分析企业自媒体的目标人群，即企业自媒体的核心受众，要思考：企业核心受众的媒介接触习惯是什么？他们会通过什么渠道去获取信息？他们会通过什么平台去获取与企业产品或者服务相关的信息？明确这些问题的答案后，才能找到相对应的自媒体平台。企业布局自媒体渠道示意图如图 6-6 所示。

图 6-6 企业布局自媒体渠道示意图

企业在选择自媒体平台之初，可以把能想到的平台都注册一遍。因为企业自媒体的目的是塑造企业品牌，实现引流推广，那么收益就是次要的。而对于初期的企业自媒体来说，只追求增加曝光度，不求能写出多么吸引人的故事，不求一篇软文能有多大的效果，争取让用户对自家企业的名字或者产品产生印象就可以。

很多人在买东西时都是凭感官印象去买的，哪怕以前没有买过该产品，只要有印象，就会将这种产品纳入购买意向之内。不同的平台对广告的包容程度不同，比如今日头条、百度百家等主流大平台，如果直白地留二维码、微信号，就会被封号；也有限制较宽松的平台，如 QQ 空间、贴吧（需自建）等无收益平台。

【课堂讨论】

下面哪些产品更依赖于自媒体营销？针对不同类型的产品，应该发布什么样的内容？

1. 茶叶	2. 清洗用品	3. 手机饰品	4. 休闲食品
5. 快餐	6. 商品房	7. 办公设备	8. 休闲服

【案例分析】

无锡 ×× 城项目根据其主题乐园的开工节点，提前一个月通过各种新媒体手段（主要是自媒体平台）进行预热宣传，精心组织了线上推广系列活动，累计实现内容阅读量超 160 万人次。项目还发起在线报名活动，从众多报名者中筛选出 1000 名潜在客户参加主题乐园旅游体验活动。这一系列活动成功使得 ×× 城开工典礼成为全城皆知的热点事件，并很好地实现了线上到线下的导流，为销售蓄客创造了有利条件。

第 1 步 预热期——神秘礼盒现身城市中心

“空中梦想家”神秘礼盒突然出现在城市中心，扫描二维码即可报名参加无锡 ×× 城发起的“百万梦想基金圆梦行动”；连续三个周末，每周都会有神秘礼盒出现在市中心不同的地方，引发猜测和讨论；通过朋友圈病毒式传播，本地知名博主联合对该事件进行跟进宣传，持续发酵话题，引发高度关注。

第 2 步 线上发起“百万梦想基金圆梦行动”

推出“百万梦想基金圆梦行动”，通过微信传播，全城征集梦想。参与者只需在项目官微平台上传自己的照片，说出梦想，就可以在活动页面参与投票。该线上活动以高度的互动性和易操作性，吸引了超过 1300 名无锡市民的参与，并自行踊跃转发拉票，累计投票人数超过 20 万人次，H5 页面的总访问量突破 30 万次。

第 3 步 10 万“橙檬”全城赠送

为配合线上发起的“×× 城 无锡梦”主题活动，线下全城派送 10 万只“×× 橙 无锡檬”礼盒，分步骤送给知名媒体、同行、合作方、业主、意向客户等，进行圈层营销，引发对方朋友圈的二次传播。将城市拟人化，为无锡市所有区县定制微信朋友圈专属海报，引发城市人的共鸣和自豪感。

第 4 步　制造悬念，将关注点聚焦到主题乐园

在成功将市场眼球吸引到项目之后，趁热打铁推出悬念微信稿“世界级主题乐园，活动设计图样流出……”。因为前期的一系列铺垫，加上该稿件本身具有的价值性，稿件一经推出便被当地知名博主和“无锡头条”“无锡移动”等 15 个账号主动转载，其中个别平台的文章点击量达 10 万以上。

第 5 步　落地线下开工庆典暨“梦想之夜”活动

通过以上五个步骤成功地将无锡市民的眼球吸引至项目之后，再通过举办“主题乐园开工梦想之夜”活动，将线上关注量导入项目现场，顺利实现线上到线下的导流。

将一次项目事件升华至“城市事件”的高度，通过一系列巧妙的推广，拉近与城市人群间的情感距离，让市民感觉到项目推广是“与我们都有关的事”，赢得好感及关注；整个推广过程重视受众的参与感和互动性，“包装城市、包装媒体人、包装普通市民”等行动，都是为了诱使各类人群自发在其微信朋友圈中进行二次传播；节奏合理、动作紧凑，环环相扣，最终落地到项目想要做的事件，顺利实现导流，为提升销售转化创造了有利条件。图 6-7 是该项目的预热新闻截图。

图 6-7　无锡 ×× 城项目预热新闻截图

问题：通过上述自媒体营销的成功案例，你受到哪些启发？如果由你主导地产项目的营销，你会使用哪些营销手段？

单元三　今日头条平台

一、今日头条简介

1. 认识今日头条

今日头条是字节跳动公司旗下的产品，它是一款综合类的信息交流自媒体平台，能够为大家提供众多优质的、有价值的、个性化的信息，是目前比较大的自媒体流量池。与其他自媒体平台相比，它是一款以技术驱动为核心的个性化推荐引擎，会在接触到文章的第一刻对其进行主关键词、兴趣标签、热度数值、时效、质量以及来源等方面的计算。对于同一个事件的相关报道，头条推荐引擎会根据上述维度，计算出最新最好的进入预备推荐库，等待与之相匹配的用户特征、环境特征进行推荐。

2. 今日头条的特点

今日头条推广与其他平台相比，有其自身的特点：

（1）相对百度：百度是被动搜索，头条是自动推荐。

（2）相对腾讯：腾讯用户基于 QQ 用户，群体年轻化；头条用户是中青年，阅历和资历都比较优质。

（3）相对微信朋友圈：微信朋友圈是社交平台，社交朋友圈的属性是查看熟人，娱乐性功能更多，广告效应不明显，CPM（Cost Per Mile，千人成本，即平均每一千人看到广告所需成本）高于今日头条 CPM。

今日头条的广告性质是千人千面，每个人看到的新闻可能是一样的，但每个人看到的广告是完全不一样的。千人千面的好处是：①节约广告成本；②广告效益最大化；③用最短的时间达到广告计划、目标。

3. 今日头条个性化推荐系统

互联网给用户带来了大量的信息，满足了用户在信息时代对信息的需求，但也使得用户在面对大量信息时无法从中获得对自己真正有用的那部分信息，对信息的使用效率反而降低了，而通常解决这个问题最常规的办法是推荐系统。推荐系统能有效帮助用户快速发现感兴趣和高质量的信息，提升用户体验，增加用户使用产品的时间，并有效减少用户浏览到重复或者厌恶的信息带来的不利影响。通常推荐系统越精准，用户体验就越好，用户停留时间也会越长，也越容易留住用户。

今日头条个性化推荐系统包括文章分类、用户画像以及文章排序。

文章分类：通过用户在 App 内的搜索、点击、浏览、收藏视频、文章等操作，不断对用户行为信息进行分析，生成用户对文章、视频分类的喜好，通过喜好给用户推荐相似的文章、视频，最大限度提升用户体验。

用户画像：今日头条冷启动时会推荐八卦、娱乐新闻、热门新闻、其他类型文章等多个池子。当下内容推荐文章由标签、兴趣、主题构成，多种类型的分类综合构成文章数据来源。标签，例如锤子、坚果、老罗、乔布斯；兴趣的构建与标签类似，但力度更大，例如星座、二次元、抖音等；主题分类由 LDA 模型通过 Spark 框架计算实现，例如体育新闻、IT 新闻、娱乐新闻等。

文章排序：排序特征包括曝光量、点击量、点击率、作者权重、文章质量分等，排序结果作为备选集合。推荐系统强调实时性，会根据实时线上上报特征对文章的排序进行实时调整。比如某知名作者的文章权重很高，排名好，获得很多曝光机会，但是曝光并没有转化成点击量，这时计算系统会将文章曝光降低，以给其他文章更多的曝光机会。

小技巧：如果文章在热门标签下，偏好标签的用户多，文章若能排到热门标签前几位，必定会带来特别大的曝光量，但热门标签竞争激烈。冷门标签偏好人少，但是冷门标签下文章也少，竞争小，维护好冷门标签，在固定人群中也会取得持续不错的曝光。

二、今日头条账号申请及维护

头条号取消了新手期，任何人只要通过简单的注册审核，就能创作、发表自己的文章了。头条号账号申请步骤如下：

（1）在电脑上打开注册地址 https://mp.toutiao.com/。

（2）点击立即注册，按要求输入相关信息。

（3）选择个人。

（4）填写个人信息，选中“请同意”，点击“提交”。

（5）提交完成，跳转到头条认证页面。

（6）提交所有资料，点击确定，至此完成了电脑端的所有认证。接下来下载手机客户端实名认证。

（7）点击申请认证，根据提示上传身份证，进行面部识别。至此申请工作结束。

申请头条号的注意事项：

（1）一个手机号只能注册一个头条号，一个身份证可以注册五个不同领域的头条号。

（2）名称和简介尽量保持一致，一个月只允许修改一次，需要审核。

（3）实名认证后才能开通功能，需要手机端认证。上传身份证正反面，并进行人脸识别。

（4）开通健康类、财经类账号需要资质认证。开通健康类个人账号需提供在公立医院就职的执业医师证、执业护士证、护士资格证、药师职称证明、执业药师资格证，或健康领域其他相关资质证明。

（5）申请开通财经领域的头条号，必须提供证券执业资格证、证券从业资格证、理财规划师职业资格证、保险执业资格证、基金执业资格证、基金从业资格证等资质证明。

今日头条账号能够申请成功的关键在于辅助材料。辅助材料的作用就是让头条的审核编辑认为创作者具有原创的能力，能为头条提供有品质的文章。创作者最好已经在博客、知乎、豆瓣、微信公众号等其他自媒体平台拥有一定数量的原创优质文章的积累，并且对垂直领域拥有自己的独特见解。在审核辅助材料时，需要注意以下几点：

（1）辅助材料最好使用微信公众号。微信公众号具有基本的装修功能（包括自动回复、菜单、简介），审核人员在查看时，可以确保你具有一定的运营自媒体平台的能力和经验。另外，微信公众号是实名认证的，而且媒体名称不能更改，所以被头条认可，申请通过的概率更高。新浪博客、微博等辅助材料也是可以申请成功的，但是更难一些。

（2）文章要有内容。文章要有思想和深度，可以选择他人较少涉足的领域，例如科普知识。

（3）文章的篇数及质量。最好写够 15 天，写够 20 篇文章以上再去申请。

自营广告发够 11 篇文章即可自动开通。头条官方的要求是：原创、垂直、高质量。原创：头条使用软件检测，拒绝抄袭。垂直：只写一个领域的文章，例如文化，可以只写古典名著的研究，就是要重度垂直细分。高质量：高质量的第一个要求是有深度、认真、严肃，标题别太夸张；高质量的第二个要求是文字排版、图片整齐；高质量的第三个要求是内容不能过于普通，例如，娱乐号天天写明星绯闻通过的概率就小。

三、今日头条的主要功能

今日头条的优点是平台流量大、易申请、粉丝少也可获得高流量。今日头条的主要功能如下：

（1）“算数”功能。“算数”功能实际上指的是“算法”与“数据”。今日头条依托推荐引擎技术，倡导“个性化阅读”理念。今日头条曾依托3.1亿累计下载用户，超过3000万全国日活跃用户的阅读大数据，全面扫描某位知名歌手，并为其粉丝“画像”。

（2）自定义菜单。这个功能没有门槛，无论是新号还是老号都可以随时开通。从创作者的角度来讲，自定义菜单提高了头条号的服务能力，方便用户快速获取更多关于头条号的信息。

（3）商品功能。该功能支持将淘宝等第三方购物平台的链接直接放在头条文章内容中，以内容促进电商转化。读者点击文章中的链接可直接跳转到第三方购物平台。以前人们提到内容电商，第一时间想到的可能是微信公众号的文章与微商城的组合，比如罗辑思维通过提供文化内容来卖书。但对于普通自媒体或者是企业、个人来讲，内容电商却遥不可及。头条号的商品功能让内容电商能够立马落地实现，但这个功能需要满足两个指标：①粉丝数2000以上；②头条号指数600以上。

（4）双标题。此功能允许头条号在发布内容时设置两个不同的标题，推荐系统将在推荐过程中根据用户的点击率数据，选择效果更好的标题增加推荐量，效果较差的标题则会在推荐过程中被“淘汰”，该功能允许创作者在文章标题上有试错的机会。

（5）粉丝必见。设置“粉丝必见”的文章通过审核后，除被系统正常推荐外，还会在文章发布后的24小时内出现在头条号粉丝的推荐信息流中。

（6）推荐诊断。这个功能有助于提升创作者对于平台的理解，能够从封面设置、双标题设置、分类识别设置、用户反馈情况、早期推荐情况、读者阅读体验、推荐过程几个维度分析什么样的文章更容易被系统推荐。

（7）精准辟谣。精准辟谣功能通过机器算法和用户反馈的方式，高效识别虚假信息。当有大量用户举报一篇内容为虚假信息或在某篇内容的评论区中密集出现“假新闻”等类似关键词，机器即可自动识别，将其提交至审核团队，进行高优先级的复审。甄别虚假信息后，运营团队将立刻停止虚假信息的推送和展示，并对发布虚假信息的来源进行处罚。信息平台还通过虚假信息的阅读记录，将阅读过此信息的用户识别出来，进行定向辟谣，避免辟谣时可能造成的次生传播。

（8）头条圈子。头条圈子是为创作者推出的用于深度连接粉丝的互动、营销、变现工具。创作者通过圈子功能，可创建粉丝免费或付费社区。在这里，圈主提供有深度、有价值的内容或服务，与粉丝进行更亲密的交流互动。借助圈子提供的知识交流沉淀、社区运营管理功能，创作者可实现对铁杆粉丝的精细化运营，并创造出一个专属于创作者本人的优质粉丝社群。

1）如何加入头条圈子？在头条App应用中搜索关键词“圈子”，点击结果页面上的“头条圈子”官方账号，在主页上输入“圈子”功能，点击加入参与圈子讨论。当用户加入时，“圈子”

会同步添加至头条 App“我的书架”中，以便用户下次轻松找到它。今日头条的“圈子”定位非常清晰，与粉丝的互动有着深刻的联系。“圈子”功能的推出使得头条创建者可以在头条应用中创建粉丝群。

2）头条圈子的功能和使用方式。例如，名人或领域专家可以将其用作官方讨论组，与粉丝或专业人士分享生活，或发起主题讨论。当然，粉丝也可以自由发言，高质量的内容有机会被“选中”。从长远来看，“圈子”将逐渐沉淀出一批高素质的粉丝，营造更好的交流氛围；创作者还可以根据“圈子”中粉丝的积极表现进行精细化操作，从而为实现分享提供更多可能。当用户加入“圈子”并想要发布新圈子时，系统将默认为“圈外可见”。一方面，头条创作者创造“圈子”，为粉丝提供良好的分享平台；另一方面，粉丝的高质量圈内容将在有效分发和曝光后为创作者带来一些流量。这实际上是创作者和粉丝之间的双向选择。它既是粉丝对创作者的认可，也是创作者对“圈子”质量粉丝的筛选过程。

（9）头条号。“头条号”是今日头条针对媒体、国家机构、企业以及自媒体推出的专业信息发布平台，致力于帮助内容生产者在移动互联网上高效率地获得更多的曝光和关注。今日头条通过信息分发技术，让党政机关的声音有效传播到目标受众，为社会公众提供更为及时、准确的信息服务。作为一个媒体平台，新鲜资讯不能第一时间发布，会少了很多竞争力。微头条的推出就是为了弥补这一短板，丰富产品内容。随着微头条的推出，今日头条正在一步一步蚕食微博的市场。最重要的是，微头条也会在资讯的信息流中出现，所以微头条功能对于运营和吸引粉丝会有很大帮助。

四、今日头条营销涨粉技巧

根据统计数据，今日头条的读者主要年龄段在 24 ～ 40 岁，男性相对较多，具备成熟的消费能力。针对这类群体，自媒体营销应该发展种子用户，利用名人效应，加强活动策划。种子用户是根据产品属性经过精挑细选获取的用户，这类用户可信赖：影响力大、活跃度高，愿意分享、转发且经常互动。如果企业有一定的知名度和人脉资源，获取种子用户就容易多了。

业内专家总结出以下五个有效的营销涨粉技巧：

1. 提高爆文或爆款短视频的产出率

依靠爆款优质内容涨粉看似“低效”，但始终是最根本的途径，由此吸引的粉丝忠诚度极高。但是爆文和爆款短视频产量通常不稳定。因此，提高爆文和爆款短视频产出率便成了涨粉第一要义。

（1）图文。建议图文创作者提高文章产量，可以多结合热点写作，重在有态度、有想法，但是要专注于自己擅长的领域，创作专业的、系列的文章，以持续吸引该领域的粉丝。什么样的文章阅读量高呢？简单来说，要注意下面的环节：文章整体不可低俗（让文章更有可能被编辑推荐）；题目让人欲罢不能（提高读者的阅读率）；内容吸引人；结尾有煽动性（让读者评论、吐槽）；做好内容规划（规划好未来 1 ～ 3 个月的内容）；内容形式差异化（以视频、语音、互动等多种形式展现）；内容整合（不可能每篇都原创，可以通过招募投稿者、推送话题来征集，从中选取一些优秀的文案加以整合再推送，也可以与写原创文章的作者相互合作、互推）；内容可进行连载，让粉丝形成等待的心理，产生时间依赖和内容依赖。

（2）短视频。短视频创作应以定位为先，想办法占据垂直领域中的某个细分领域。以美食为例，头条号“办公室小野”“李子柒”（见图 6-8）能够脱颖而出，吸引大量关注，不在于食物多么精致，而在于核心人设和创意点吸引人。“办公室小野”的核心创意是在办公室里做奇葩（而不是精致）的美食，李子柒持续打造的人设则是逃离了都市的田园恬静少女。

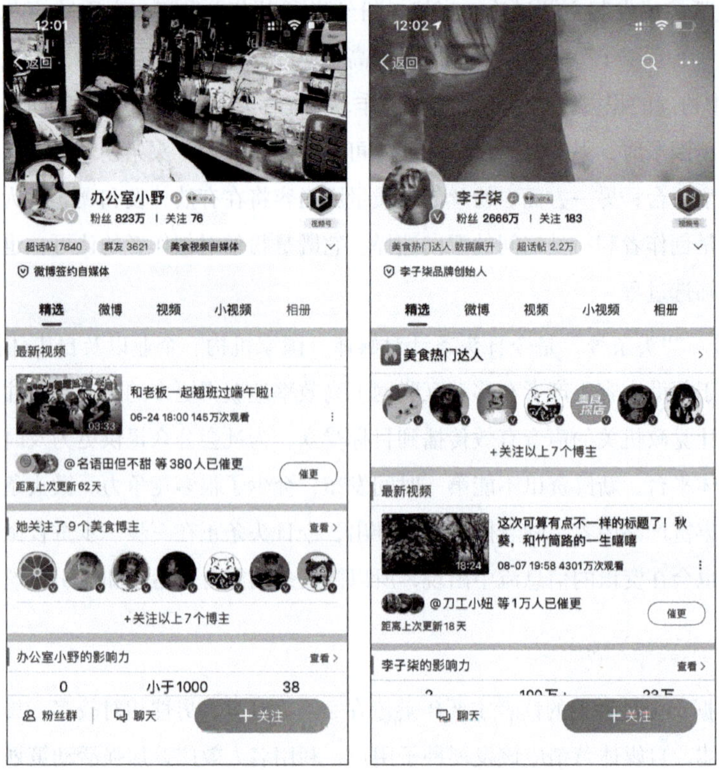

图 6-8 “办公室小野”与“李子柒”微博截图

2. 利用微头条

微头条就是头条内置的一个微博，比起头条号文章，用户对作者的感知更强。这使得这个产品天生就适合涨粉。它是今日头条旗下的社交媒体产品，2017 年 4 月上线，吸引了众多名人入驻。

微头条增加了社交分发的机制，让内容分发的链条变得更完整；对于创作者，微头条帮助他们迅速圈粉，保证内容高效触达粉丝，从而让他们在今日头条的 ID 更有价值；对于普通用户，他们也跳出了“读者”的单一身份，可以在今日头条拥有一些社交的场景，与喜欢的明星名人和内容创作者互动。

明星的微头条流量之大，使得评论区成为天然的优质曝光位。这个玩法有点类似于微博的蓝 V 联盟。除在评论区刷存在感外，也要多发一些有趣味，强调个人态度、观点的微头条内容，涨粉非常快。

3. 直接在内容里引导用户关注

很多时候，用户已经喜欢上你的内容，但是“关注”这件事情还是需要去引导。这就类似于，你会在微信公众号开头和结尾提醒用户关注你，这个方法移植到头条号上同样有效。

4. 与粉丝互动

成功引导粉丝关注后，并不能一劳永逸，内容创作者仍需要通过与粉丝互动来维系旧粉丝，吸引新粉丝。良好的粉丝互动能够提升内容互动量，提高头条号指数，从而增加内容的推荐量，吸引粉丝，形成良性循环。与粉丝保持良性互动的方法有以下几种：

（1）及时回复用户评论，让用户感受到你的重视，提高用户黏性。

（2）提前发出信息，在特定的某一时间进行抽奖活动，吸引粉丝留心关注，这种方法也有助于增强粉丝黏性。

（3）在创作的优质内容中加入“转发有礼”宣传，吸引读者主动参与点赞、转发，并及时公布获奖者名单。

5. 从其他平台引流

这是最省事的方法，尤其适用于已经积累了一批粉丝的自媒体创作者。创作者在其他平台上的粉丝，一般对创作者非常认可，会追随创作者的脚步，关注创作者的头条号。需要注意的是，粉丝并非天天观看创作者的内容，因此需要间歇性地推广、介绍，让粉丝知晓创作者在头条号也安了家。

综上所述，只有以用户为中心，做好内容，吸引粉丝，留住粉丝，才能最终实现粉丝价值变现。除了以上定性方法，运营者还可使用定量对比的方式，记录定向设置改变前后的阅读流量变化，结合点击率数据分析粉丝兴趣设置的精准程度。

单元四　百　家　号

一、百家号概述

百家号是中文搜索引擎百度为内容创作者提供的内容发布、内容变现和粉丝管理平台。百家号于 2016 年 9 月 28 日正式对所有作者全面开放。百家号的优点包括：文章很可能被推荐到百度首页；收录效果好，文章能轻易得到展现；给作者分成。进入百度页面，搜索框下会推荐一系列文章，这当中有一部分就是来源于百家号平台，也就是说，你输出的文章，很可能被推荐到百度首页，带来无数阅读量。百家号的收录效果好，文章发布成功后，在百度搜索输入相关关键字，能轻易得到展现。为了鼓励内容创业者，百家号给予作者分成，帮助运营者实现“写作致富”。

二、百家号账号申请

1. 申请流程

进入百度搜索引擎，输入“百家号注册”字样，即出现百家号注册的链接。点击“登录注册－百家号”链接。如果还没有百度账号，需要去百度注册账号，注册时需要选择类型。

百家号支持个人、企业、媒体、机构、其他组织五种账号类型，可以根据情况进行选择。注册百家号时要求填写领域，一旦确定好领域，需要在领域范围内活动；另外，百家号名称应避免重复。

2. 失败原因

（1）账号名字有明显的广告营销性质。

（2）使用第三方品牌名称。

（3）签名包含电话、网站链接、微信、QQ 等其他联系方式。

（4）内容低俗等。

3. 新手指南

（1）账号转正规则。账号转正规则是，注册满 7 天，百家号指数大于或等于 500 的账号才可发起转正申请。每天坚持发文，指数才会增长，最好是原创文章，文字内容要适中，这样更容易获取推荐。

（2）文章指数。关于指数问题，只要坚持写同一领域，活跃度、原创度和专注度会一直提升；质量度主要靠文章内容，一定要观点积极，内容丰满。至于喜爱度，主要指标是阅读完成率、评论、点赞、收藏、分享的数量，注意是阅读完成率不是阅读量，所以不要做标题党。

4. 通关窍门

每个新注册的百家号都会有审核期，并且没有明确的时间期限。如果有百家号内部邀请码，那么审核期一般为三天。如果没有邀请码，注意以下几点，也能大大提高注册的成功率：

（1）信息要垂直。信息垂直是指要求账号各方面的信息包括账号名称、个性签名和头像要与选择的领域相关。

（2）身份要真实。注册时一个手持身份证照片只能注册一个百家号，每个身份证号码只能申请五次。要想通过审核，需要使用真实的信息，并确保照片中身份证的清晰度。

（3）介绍是重点。账号介绍最好包含这几点：①账号自身具有的流量优势，可以持续提供优质的原创内容；②有团队在运作，在全网拥有一定流量的粉丝；③每天定时更新优质的原创内容，让用户更喜爱在百家号这个平台浏览观看内容。

（4）选用企业资质注册。有条件的话，建议选择企业注册，选择企业注册可以有比较高的权重，能够增加曝光量。

5. 领域定位

如何选择好的领域？有两个重要的考量因素：①该领域内容允许同质化的程度高低；②该领域自身携带的流量大小。像科技、游戏、美食、汽车、育儿这几个领域，不仅允许文章内容同质化程度高，而且领域自身的流量情况也不错。游戏领域老少皆宜，其中的流量可想而知，例如高人气游戏的动态、职业玩家的新闻、游戏精彩视频的集锦；汽车领域里都是精准流量，很多人在学车、买车之前，会先在百度上了解情况，而百家号在百度内又具有高权重和收录率，所以这部分内容很适合百家号。像交规、行车技巧、汽车保养等方面，不论是文章还是视频都有不错的流量。另外，与上面两个领域类似，美食也是一个不错的领域。

6. 申请转正

平台依照指数系统将作者评为新手、初级、中级、高级几个等级。每个等级的作者权限不同，而且区别很大。注册成功后的账号都处于新手期，只有具备以下条件才能申请转正，获得收益资格：注册时间超过七天，百家号指数≥500，信用分 100 分。信用分必须要 100 分，而指数中对应的五大方面分数也不能太低。

（1）内容质量方面，坚持图文结合，每篇一两千字。

（2）活跃表现方面，坚持每天做内容输出。

（3）领域专注方面，坚持内容和所选领域相垂直。

（4）原创能力方面，没有过多内容相似的文章。

（5）用户喜爱方面，尽量引导用户点赞、评论。

特别要说的是“用户喜爱”，在引导评论时，可以发布一些有争议性的内容，激起用户的评论兴趣。一篇文章的点赞、评论、转发数量越多，越容易引起系统算法的注意，系统会认为这篇文章引起了第一拨人的注意，继而会推送给下一拨人，引起更多的人关注，这样就更好地带动了指数提升，加速渡过新手期。

【课堂讨论】

请判断下面哪种产品最适合用百家号开展营销？和同学们交流一下看法，如果你是这个产品的品牌总监，你会发布哪些软文来吸引潜在顾客？

1. 花店	2. 保安公司	3. 幼儿园	4. 汽车租赁
5. 剧院	6. 保险公司	7. 婚纱摄影	8. 养老院

三、百家号的主要功能

百家号的主要功能有原创标签、自荐、写作双标题、写作指导、粉丝必现、加 V 认证、动态发布、撤回、文章诊断、自动优化标题、评论置顶、百科词条、插入小说、投票。

（1）原创标签。开通原创标签，每天的发文数量升级为 10 篇，原创的内容可以享受维权权益，也可以获得更多的广告收入。

（2）自荐。自荐功能需要开通原创标签才可以看到，通过勾选自荐功能，就可以将自己的原创内容推荐给自媒体平台，平台如果选中文章会增加流量推荐，自荐成功的内容一个月后会获得保底分润。

（3）写作双标题。指数大于 650 后，平台将自动开通写作双标题的功能。当有两个标题不知道用哪个时，可以通过写作双标题功能让两个标题都可以用上。读者也会选择其中一个标题进入文章进行阅读。

（4）写作指导。转正之后，会自动开通写作指导功能。每次在编辑内容时，写作指导功能可以识别输入框里的内容，推荐和内容有关的资料，帮作者在创作过程中快速找到素材，同时会展示识别出的关键词，创作者只需要点击关键词，就会看到相关的推荐内容。

（5）粉丝必现。粉丝数量大于1000且获得了加V认证的原创作者，通过粉丝必现功能可以让内容一定被粉丝看到。此功能每个作者有两次使用的机会。

（6）加V认证。在百家平台具有一定影响力的作者且满足粉丝标准后可进行V认证。通过V认证后创作者可以享有各项专属权益。获取原创认证并且完成V认证后，会开通粉丝必现的功能。

（7）动态发布。当作者每日发布1～5篇高阅读量的原创文章或1～5条原创视频时，即有较大机会获得邀请开通动态功能。百家号里的动态发布类似于在微博和微头条中更新自己的信息动态，可以附带图片、视频和井字话题等。在新浪微博和今日头条“微头条”上发布的动态，也可以通过同步功能一键同步到百家号动态，实现多平台同步发布即时消息。

（8）撤回。图文撤回功能可以对已经发布的内容进行再次编辑后发布，并且不会占用当天的发文篇数。

（9）文章诊断。该功能会自动对文章中的错别字、不规范的标点、过长的段落、错误格式、插入错误卡片、广告等情况提出诊断建议，让文章的创作效率和质量双双提高。

（10）自动优化标题。使用自动优化标题功能后，如果您的文章入选优质文章，系统可能会修改优化您的文章标题。优化后的标题将和原标题一同分发，根据原标题与优化之后的标题的点击量对比情况，系统将选择点击量高的标题扩大分发，收益也将增加。

（11）评论置顶。文章评论区是读者和作者交流的小天地，一篇好的文章总会让人忍不住留下读后感，并且数量庞大的评论也是文章是否受欢迎的侧面印证。“一千个人眼里有一千个哈姆雷特”，在众多评论当中，总会有一些来自读者们的“神评论”。对待这些精彩评论，为了不让它们淹没在“评论之海”当中，你可能需要评论置顶功能。

（12）百科词条。百科词条是百家号平台依附于百度搜索引擎，对文章当中涉及的部分名词、专业术语向读者们解释说明的一项功能。使用此功能，文章中涉及的相关专业术语等将统统得到详细的解释说明。

（13）插入小说。读者在点击文章阅读的同时，还可以通过文章中插入的小说卡片直接阅读该小说。读者每次点击小说卡片，都会为文章作者增加相应收益。

（14）投票。在发文时可以使用添加投票功能，包括纯文字投票、图文投票，另外投票内容可在百度App文章详情页进行展示，并且支持投票结果查看。

四、百家号运营技巧

（1）获得推荐。百家号的流量来源主要有三个：手机百度、百度搜索以及百度新闻。在手机百度展示的文章里面，拥有话题的文章会获得更多的推荐。

（2）选择领域。百家号的领域很关键，在收集到的数据当中，爆文多产生于综合、娱乐、情感等领域。

（3）提高等级。手机百度流量更多倾向于新手号，所以新手号获得爆文的概率比其他等级大。百家号存在等级成长机制，不同等级的百家号享有不同发文篇数及分成收益。

（4）获得收益。百家号的收益主要取决于阅读量、阅读完成率、账号等级、领域、文章体量。

【案例分析】

今日头条号运营日记

新媒体平台营销专家组接触了一位90后写手，这位写手答应将自己的今日头条号运营技巧分享给大家。

2019年5月，他在与朋友的闲聊中得知，今日头条自媒体平台已经面向草根作者开放入驻了，当晚就迫不及待地注册了一个账号，第二天就收到了系统的通知：信息审核通过。他正式成为今日头条自媒体作者的一员。但是随后由于工作的原因，一直搁置未去打理。到了8月底，他终于有闲暇时间创作文章了，他迫不及待地重拾起3个月前注册的头条号，开始了自媒体之旅。他每天发文之后，每每有空闲时间就打开头条后台，看看自己的文章数据，看着推荐量不断上涨，阅读、评论、转发、收藏量不断增加，心里会有获得感！每天看到自己的数据一点点在进步，他内心觉得自己的付出都是值得的。一个月下来，他收获了1600个粉丝，更为可喜的是，他通过了头条自媒体人梦寐以求的加V认证。

他是如何做到的呢？首先，要想用户之所想，写出的内容一定要让用户觉得有用，带点干货，让用户觉得内容创作者在这一方面确实不同于其他人。其次，要及时回复用户的评论，让用户觉得作者是现实生活中一个活生生、可以近距离接触的人。但是，他的粉丝数并不符合头条开通加V认证的条件，他又是如何做到的呢？那就是问答加V，即成为某个领域的问答达人。头条问答是一个新的问答平台，回答问题时，应该用心去回答。系统会推荐那些优质的回答上头条，那样就会收获更多的浏览，到了一定的浏览量，头条官方就自动给作者加V了，这是不是很完美的事？

问题：上述案例给了我们什么启示？如果你负责在今日头条为某服装品牌发布文章，你如何做到迅速圈粉并且实现销售量的快速增长？

单元五 小 红 书

一、小红书概述

小红书是一个集社区内容分享和电商购物于一体的社交平台，是中国最大的生活方式分享社区，其主要服务于年轻人群体。用户可以通过发布短视频、图文等形式的笔记，分享自己在美妆、时尚、美食、旅行等多个生活领域的经验和心得。这个平台不仅是一个发现新品和获取产品真实评价的地方，也是用户之间交流互动的空间。自2013年创立以来，小红书已经完成了从海外购物分享社区到综合生活方式平台的转变。小红书利用大数据智能配置，根据用户行为数据进行精准分析，确保分享和采购的商品能够深得用户喜爱。

二、小红书平台特点

（1）市场洞察与商业模式优化：小红书能够快速适应市场变化，优化商业模式，打造全方位的生活社区。

（2）优质内容与用户黏性：平台以美妆和时尚好物推荐为主，强调真实效果测评，满足用户需求。

（3）经营模式：以用户分享生活方式为主要内容，结合消费导购，形成独特的社区驱动型电商模式。

（4）用户群体：年轻化的用户基础活跃，有强烈的消费欲望和能力。

（5）流量分发逻辑：小红书的流量分发逻辑类似于抖音，侧重于内容标签匹配和社交关系链推荐，视频内容获得更多流量倾斜。

（6）品牌合作与广告：小红书为品牌商提供了品牌合作人平台和广告工具，帮助品牌在平台上实现有效的营销和用户互动。

（7）用户信任与正品保证：小红书注重建立用户信任，通过正品自营、国际物流系统和保税仓等措施确保商品质量。

（8）品牌影响力：小红书已成为品牌方看重的“智库”，帮助国内外品牌建立与中国消费者的联系。

【小资料】

小红书为何成为年轻人消费决策入口

1. 用户体量及画像

☐ 4.5亿注册用户。

☐ 1亿+月度活跃用户。

☐ 70%是一二线城市用户。

☐ 70%是90后用户。

2. 相关数据

☐ 日均产生搜索行为近1亿次。

☐ 每日Tag品牌次数3万+。

□ 国货品牌总讨论量 28 亿次。

□ 超 9 成用户在小红书上了解商品信息。

3. 用户路径

在各类平台接触品牌及产品信息→在小红书上搜索→进入商城或者淘宝 / 天猫消费→使用体验后分享、沉淀内容→（循环）。

4. 品牌营销路径

1+3 营销工具：企业号，薯条、信息流、搜索广告。

其他工具：开屏广告、火焰话题、品牌专区、商业话题、笔记贴纸 / 滤镜、影集、惊喜盒子、搜索彩蛋、AR 试妆、直播、快闪店、蒲公英（筛选博主发起合作）、好物体验（招募好物体验官，用产品置换分享）等。

你还知道小红书的哪些营销工具？

三、小红书对品牌营销的改变

1. 传统大众媒体 / 搜索引擎 VS 移动社会化媒体：人在哪，品牌内容就在哪

传统上，品牌营销依赖于大众媒体如电视、广播和报纸以及搜索引擎的推广。然而，随着移动互联网的普及，社会化媒体平台如小红书成为新的营销战场。这些平台能够将品牌内容直接推送到用户的移动设备上，实现了“人在哪，品牌内容就在哪”的营销理念。小红书通过用户生成的内容（UGC）和社区互动，让品牌信息更自然地融入用户的日常生活中。

2. 传统线下分众 VS 基于大数据分析的线上平台：地域分布、人群属性、使用习惯、兴趣偏好

相较于传统线下分众营销，小红书利用大数据分析用户的行为模式、地域分布、人群属性、使用习惯和兴趣偏好，实现更精准的广告投放和产品推荐。这种基于用户画像的营销方式，提高了广告的相关性和转化率，同时也为用户提供了更加个性化的购物体验。

3. 人的单点触达 VS 人的群体性触达：社交社群崛起

小红书的社交属性使用户在平台上形成的社群和社交网络成为品牌营销的新渠道。通过社群效应，品牌可以一次性触达一个群体而不是单独的个体，这种群体性触达能够引发连锁反应，加速品牌信息的传播速度和范围。用户在社群中的互动和推荐对其他用户的影响力往往超过传统广告。

4. 明星效益 VS KOL/KOC 效益：把鸡蛋放入不同的篮子

小红书平台上的 KOL（关键意见领袖）和 KOC（关键意见消费者）扮演着重要角色。他们通过分享个人经验和见解，对粉丝群体产生影响。与明星效应相比，KOL/KOC 通常拥有更加细分和忠实的受众，这使得品牌营销可以更加分散风险，通过多个 KOL/KOC 来触及不同的消费者群体。小红书的品牌合作人平台，为品牌和博主之间的合作提供了便利，增强了这种效益。

小红书的这些特点，不仅为品牌提供了新的营销渠道，也为用户带来了更加丰富和个性化的

体验。品牌可以利用小红书的社区特性，通过创造有价值、有趣味、能引起共鸣的内容来吸引用户，进而实现品牌传播和销售转化的双重目标。同时，小红书也为新兴品牌提供了成长的土壤，使它们能够通过社区口碑快速积累用户信任和增强品牌影响力。

四、小红书笔记内容指导

1. 基本要求

（1）内容：新品相关，例如测评、试用、新品介绍等。

（2）形式：图文、视频。

（3）发布账号：品牌号、KOL。

（4）笔记类型：商业报备笔记 /UGC 笔记。

（5）必须绑定商品卡片，绑定商品为带有新草标的新品。

2. 内容规范

图文：

（1）全文字数≥ 200。

（2）图片数≥ 6，图片内容需匹配正文描写维度，且主题清晰突出。

（3）标题包含所绑定商品信息，12 ～ 22 字。

（4）正文需说明推荐商品为新品上市，并描述商品的主要卖点、试用体验等。

视频：

（1）时长≥ 30s；画面、音质清晰。

（2）标题包含所绑定商品信息，12 ～ 22 字。

（3）视频内容需向用户展示绑定商品，说明推荐商品为新品上市，并描述商品的主要卖点、试用体验等。主要卖点需加字幕。

3. 头图建议

新品及产品图片一定要好看，且偏 UGC 视觉，慎用官方产品图片，最好使用对比图。

例如彩妆和护肤类产品：只有单纯的试色图不行，一定要有全脸的上妆照；比较偏干货类的彩妆，首图可以选择上妆前后对比的照片；高颜值的彩妆可以展示包装加试色（如口红、高光、腮红）；试色图的头图可以拼四宫格，增加头图的丰富度，吸引点击；如果有多个新品，头图可以选择产品拼图；凸显效果可使用对比图，但是后图一定要选择够美的图（对比明显）。彩妆和护肤类产品头图展示如图 6-9 所示。

查看每一张头图发布后的数据，选择数据高的图，尽量备两张，数据不好的时候可以及时替换。慎用大字报。

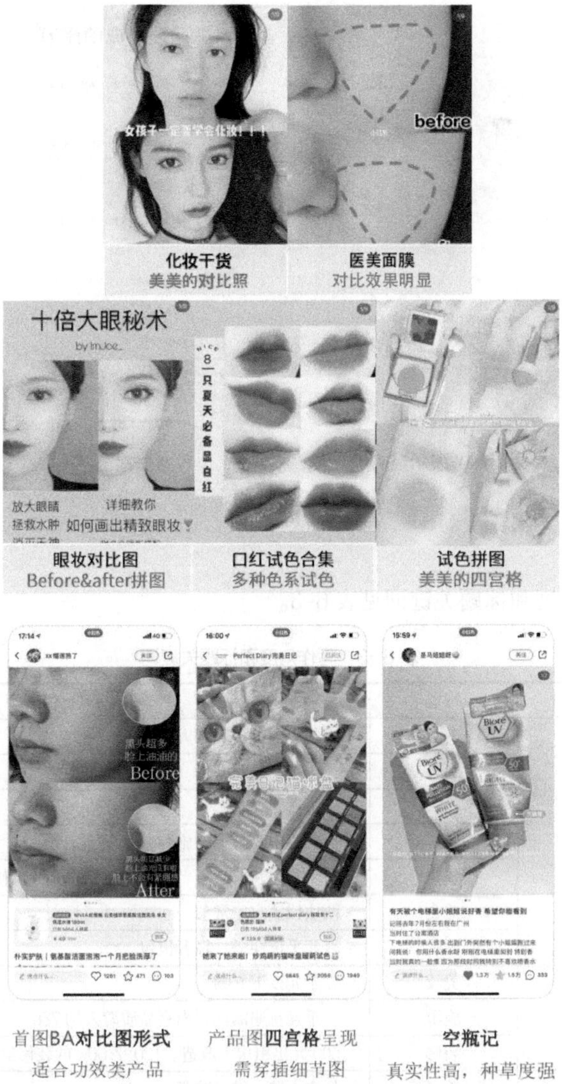

图 6-9　彩妆和护肤类产品头图展示

4. 细节图建议

（1）拼图要美，尽量拼满，不要留空白，图片不要太碎，颜色干净简洁，商品清晰但不需要特别硬广。

（2）新品图上添加商品标签，提高购买转化率。

（3）图片要尽量多加标签描述，使用户更加清楚地了解产品，突出产品质量、使用功效。

反面教材：①摆拍；②过分修图；③展现内容重复（产品包装横着拍、竖着拍、换个场景拍）；④只展示包装图，不展示细节图；⑤构图产品重点不突出。

产品细节图展示如图 6-10 所示。

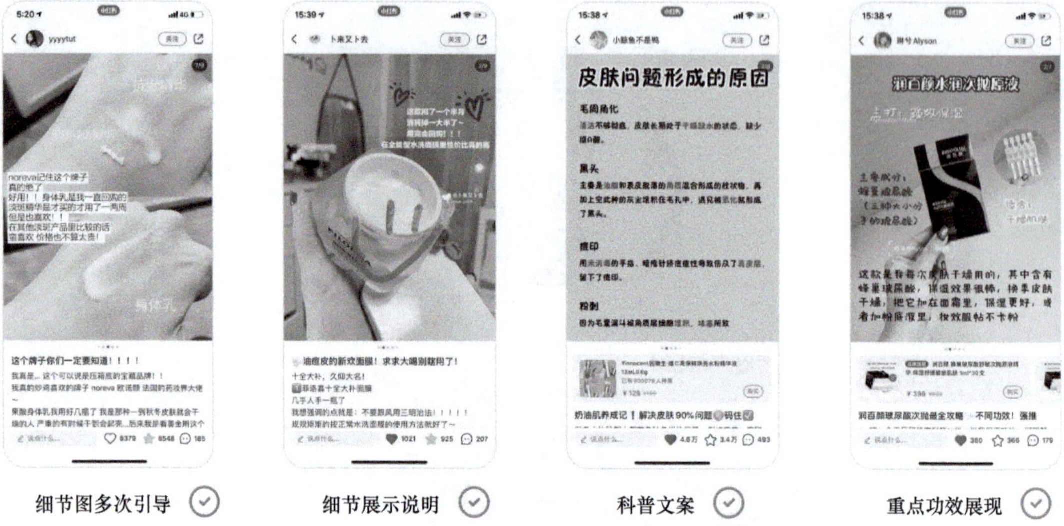

图 6-10　产品细节图展示

5. 笔记内容要点

（1）选题。写作角度和标题关键词见表 6-3。

表 6-3　写作角度和标题关键词

写作角度	行业	标题关键词
针对人群	美食	厨艺小白美食、懒人自制
	服装	小个子、腿粗必备
	美妆	学生党、大眼术
	旅游	情侣一定要打卡的旅游景点
	装修	新手爸妈装修必看、独居女孩最喜欢的装修风格
针对成本（适合教程类）	美食	两块钱搞定家常菜
	服装	百元平价穿搭、轻奢包包
	美妆	二十元以下好物
	旅游	一千元玩遍丽江、南京品质游人均 788
	装修	500 元出租房大改造、120 平 50w 的装修值不值
针对效果	美食	好吃不胖、健身减肥
	服装	甜酷、显瘦
	美妆	显白口红、不吃粉美妆蛋
	旅游	国内适合拍照的地方、这个地方为了吃都要来一趟
	装修	高级灰、ins 风、中古、侘寂风
针对场景	美食	年夜饭、在家做
	服装	校园穿搭、音乐节穿搭
	美妆	春夏妆容、万圣节妆容
	旅游	雪景、海景、小时代取景地到底好不好
	装修	厨房、客厅、卧室
针对地区	美食	香港平价美食、长沙美食地图
	服装	韩国小众品牌、杭州中古店
	美妆	国内美妆官网下单攻略、韩国必买清单
	旅游	张家界、凤凰古城、国内海岛游
	装修	在北京装修要多少钱

（续）

写作角度	行业	标题关键词
针对成分（适合测评、种草）	美食	无添加、无油煎蛋
	服装	甜美毛衣、超马丁靴
	美妆	玻尿酸、烟酰胺
	旅游	纯玩五日游、日韩购物游
	装修	实木家装、原木家具、灰蓝乳胶漆
针对品牌（适合测评、种草）	美食	Coco 隐藏菜单、星巴克薅羊毛
	服装	Zara 探店
	美妆	纪梵希冷门宝藏、阿玛尼粉底液全线测评
	旅游	网红民宿到底怎么样、来长沙一定要喝茶颜悦色
	装修	欧派橱柜性价比、宜家家具安全性

（2）标题。

1）标题字数：上限 20 字，16 ～ 18 字最佳。

2）标题技巧：激发读者好奇心、引发读者共鸣、制造读者预期、戳中读者痛点、紧跟当下热度、提供解决方案。

3）标题模板："回购" / "空瓶"等（也可以量化）+ 产品类别（如定妆喷雾）+ 产品功效（如持妆）+ 符号感叹号。

重点关键词 + 该行业大词需在标题内展示，正文内反复提到，有利于收录。

（3）笔记正文。

1）段落清晰，排版布局，简明扼要。

2）适当运用 emoji 表情，提高互动性。

3）关键矩阵布列。

4）敏感词、禁词排查。

5）合理插入话题。

6）内容以干货为主，让人有一定的阅读收获。

7）发布时间尽量在 11:30-12:00、19:00-22:00。

8）每个区块要区分得更明显一点（可用 emoji 表情、空行来区分），用 ×、○符号来总结，如图 6-11 所示。

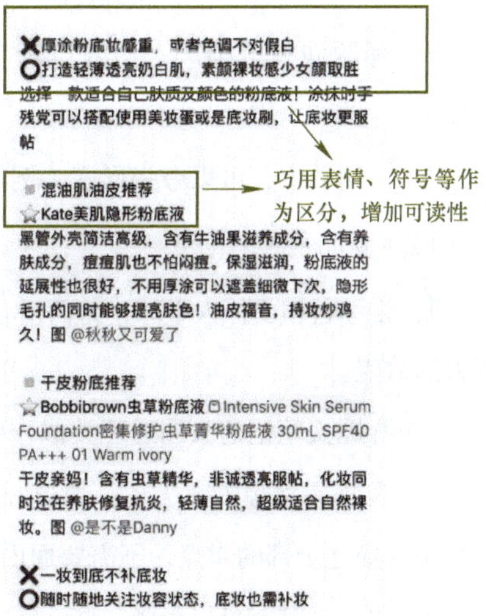

图 6-11　笔记正文展示

9）介绍的文字可以不用太多，特别是新品，要懂得归纳为几个字来总结。

10）新品可搭配品牌爆款出现在笔记中，利用一些爆款的知名产品（或者是明星产品，自带流量），然后再针对新品去追社区热点。

（4）内容撰写。内容撰写中常用概念和解释见表 6-4。

表6-4 常用概念和解释

概念	解释
品名/名称/别称	如明星产品
功能介绍	产品有哪些功能哪些成分会起效
含有成分	特殊成分，特殊在哪，有什么用
人群分类分析	哪种类型的人，需要做什么
产品设计	包装、瓶子设计，如按压泵、可控量等
产品属性	颜色、香味、质地等
价格/净重/时限	一瓶可以用多久/什么时候过期
操作顺序	先做什么后做什么
使用方法	这东西怎么用
体感	聊使用经过（我是怎么用的），感受如何
效果	可以解决什么问题，多久起效
性价比	个人看法，推荐度，星级
贴士	小技巧，有什么需要注意
适用人群	总结优点，归纳适用人群

6. 新品发布

（1）新品标题。

1）新品标题要懂得借势热点，直接突出新品上市，用户可能会失去兴趣。如若一定要标注，那么标题关键词一定要突出卖点，吸引用户兴趣（例如：画腻了这些日常眼妆，这盒眼影就能让你不一样）。

2）总结归纳为简单的标题即可（突出文章主要内容）。

3）标题涉猎范围广，切入口较小，巧用大词流量（例如：秋冬黄皮肤必备口红，来支不一样的）。

4）巧用数字，可以夸张形容（例如：为什么10W粉丝期待这支新口红）。

（2）新品视频笔记。

1）视频首帧要抓人眼球，封面精心修图，语言表达可有戏剧性，特别是新品，一定要让人有看下去的欲望。

2）和图文笔记的头图道理类似，可以展示产品的真实使用效果。

3）新品的视频不要太长，建议60秒以内。视频要有重点，重要的放在视频最前面，描述新产品不要描述全部的卖点，不需要面面俱到但要尽量展示最出彩的能让用户记住的特点。

4）语气、神态可以夸张一些，让大家对你的视频印象深刻。

5）要加上关键词作为字幕，方便用户观赏。

6）正文笔记的文字可以精简。

（3）新品视频内容。

1）新品视频要有重点，优先展示产品的质地、颜色、使用教程等。

2）视频要有美感。

3）语速快的时候要配上字幕方便用户观看。

4）新品关键步骤、关键词、卖点打上字幕。

5）要在 60 秒内持续输出精彩内容，让用户看下去。

【案例分析】

小红书优质笔记案例

案例 1（见图 6–12）

数据：加购成本 5～6，ROI3+，发布三天点赞过万。

笔记优点总结：

1）高知名度品牌，标题采用熟带新形式（用户接受程度高）。

2）产品包装新颖，携带便携，较为少见。

3）首图四宫格形式呈现信息全面：包装、质地。

4）使用方法详细，清楚介绍一周用几次，不同肤质如何使用，具备种草性质。

5）博主评论维护 + 评论抽奖。

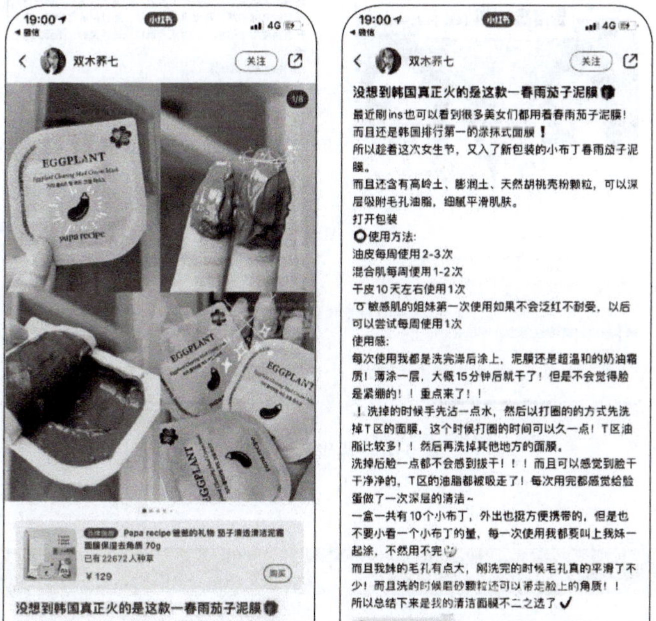

图 6–12　优质笔记案例 1

案例 2（见图 6–13）

数据：长时间大量级投放，ROI1+。

笔记优点总结：

1）主图采用四宫格形式，且图片色调属于植物系色调，在广告投放中，颜色突出，吸引用户眼球。

2）复图分四种展现逻辑【手拿产品图】【产品使用图】【使用细节图】【其他】，分享更真实具体。

3）标题直接表明利益点【换季】【学生党】圈定人群。

4）文案逻辑清晰，先表明肤质，圈定人群，再诠释产品，搭配说明，刺激用户消费心理。

5）结尾再次引导，没有多余的文案去赘述产品，整篇文章字数控制在300～400字，也满足用户的阅读习惯。

6）评论再次互动。

图6-13 优质笔记案例2

模块小结

1. 自媒体平台营销的概念与特征

自媒体平台营销是以自媒体作为营销平台，以受众作为潜在营销对象，企业发布文章向网友传播品牌、产品信息，增强品牌美誉度和提升产品形象的营销活动，利用更新自媒体内容同受众（粉丝）交流，吸引关注以达到营销的目的。

自媒体的主要特征就是互动性与传播性，集成化与开放化，是只言片语的生产力。使用自媒体开展营销是企业营销模式的新途径。产品上市有四个生命周期：导入期、成长期、成熟期和衰退期，自媒体平台营销目前还处于“成长期”阶段，合理使用自媒体平台进行营销，可以有效建立品牌认知度和实现高效传播，树立行业影响力和感召力，传播企业价值观。

2. 自媒体平台营销的优势

（1）自媒体的用户群体庞大，黏性较高。近几年，我国的自媒体人群持稳定快速增长趋势，且由于真正关注自媒体的用户都是基于自媒体所产出内容的认同感，所以导致用户的整体黏性较高，活跃度高，为自媒体营销打下了坚定的用户群体基础。

（2）自媒体的营销性价比高。凭借互联网的渗透效应，自媒体能够轻松实现最大化的潜在用户的开发，由于其内容产出的角度比较固定，所以真正产生关注的人群会很精准，针对如此精准的人群进行营销，将极大地提高营销效率。自媒体营销对于企业而言，会省去企业建设市场销售渠道的成本。

（3）自媒体营销可以加强企业与消费者之间的互动性。自媒体营销作为时下流行的营销手段，非常契合消费者的消费观念。它从侧面推进了生产者和消费者之间的互动，能够满足消费者个性化消费的需求，从而显著提升了营销效果。

练习题

一、填空题

1. 今日头条的主要功能：________、________、________、________、________、________、________、________、________。

2. 百家号的主要功能：________、________、________、________、________、________、________、________、________、________、________、________、________、________、________。

3. 国内知名的自媒体平台：________、________、________、________、________、________、________、________、________、________。

二、问答题

1. 谈谈你对自媒体井喷时代的看法。

2. 简述传统媒体和自媒体的优劣及各自的发展方向。

3. 你认为运营自媒体吸引粉丝和维护粉丝有哪些技巧？

4. 假设你经营着一家男装专卖店，正值“双十一”网络佳节，你准备举办一次优惠活动，请设置你的优惠方式来吸引顾客光临，并用 140 字以内的文字来宣传你的活动（言之有理即可）。

5. 有一种观点认为：今日头条这样的智能推荐搜索新闻引擎将会是未来新闻阅读发展的方向。你是否认同这一观点？给出你的理由并进行分析。

三、案例分析题

新媒体营销标题管理

有两个同学，高中时期互相暗恋却没有表白，毕业后各奔东西，大学的时候各自也谈过恋爱，却都分手了。一次机会让他们在北京的一家咖啡厅里偶遇了，两人再续前缘，从此过上了幸福、快乐的生活……

传统的标题观：爱得早，不如爱得刚刚好。

新媒体的标题观：有多少人最后嫁给了自己的高中同学！

新媒体时代，标题党虽不可取，但吸引点击量依旧是标题最重要的任务。同样一篇文章，以下两个标题，你更愿意点开哪个？

“别那么悲愤，这个世界不欠你的。”

“我一个 6 年的闺蜜拉黑了我。”

原标题是作者自己写的，文章发出来好几年没什么反响。而后来的标题是一个编辑在转载时改的，结果带来了几百万的阅读量，被评为当年的年度“神标题”。

如果是原标题，文章看完也就完了。如果是第二个标题，读者可能在阅读之前就浮想联翩了，看完之后再发到高中同学群里，或者是转发给某个人。这两个不同的标题，涉及拟标题时需要考虑的两个核心要素：点击和分享。而这也正是考察一个标题好坏的关键指标。

自媒体标题的基本类型如图 6-14 所示。

图 6-14 自媒体标题的基本类型示意图

问题：在新媒体营销中如何做好标题和内容策划？如果请你出任一家连锁婚庆服务公司的品牌总监，为了成功引流，你将如何发布针对 25 ～ 35 岁人群的软文？

Module 7

模块七
社 群 营 销

学习目标

知识目标

◎ 了解社群营销的基本概念与内容

◎ 理解社群营销的特点与优势

◎ 掌握社群营销的变现方式

能力目标

◎ 能够清晰地界定社群营销的类型

◎ 能合理地运用指标进行社群营销 KPI 考核

素质目标

◎ 了解并遵守相关的法律法规，确保社群营销活动合法合规，同时遵循商业伦理

◎ 在社群营销中运用创新思维，不断尝试新的营销方法和技术，以适应不断变化的市场环境

单元一 认识社群营销

一、社群的基本概念

1. 社群的概念

社群营销

一般社会学家与地理学家所指的社群，广义而言是指在某些边界线、地区或领域内发生作用的一切社会关系。它可以指实际的地理区域或是在某区域内发生的社会关系，或指存在于较抽象的、思想上的关系。

在互联网背景下，社群更多指的是互联网社群，是一群被商业产品满足需求的消费者，以兴趣和相同价值观集结起来的固定群组。社群的特点是去中心化、兴趣化，并且具有中心固定、边缘分散的特性。中国网络社群发展历程与形态如图 7–1 所示。

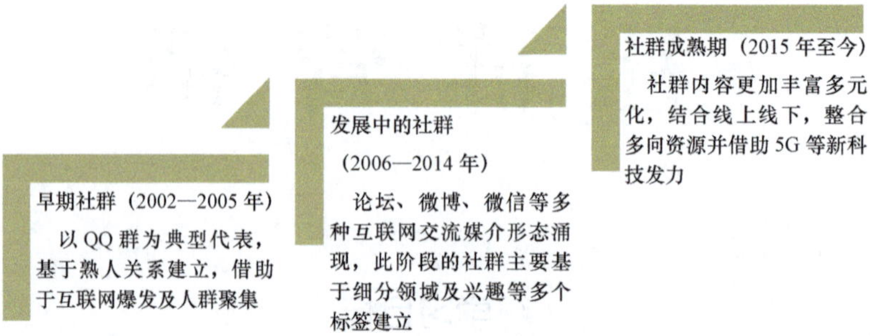

图 7–1 中国网络社群发展历程与形态

社群的形态是随着媒介的变化而不断发展的，传统的受地理空间限制的社群关系开始逐步进入虚拟空间的连接，在此基础上的社群连接更加便捷，管理起来更加容易，这也是社群兴起的原因。

网络社群的形成主要有以下几层逻辑：第一，群组成员具有共同的兴趣及目标爱好；第二，群内存在经常性的线上线下互动；第三，去中心化形态，成员的互动联系呈网状形态；第四，成熟的互联网社群，拥有固定的线上与线下沟通渠道；第五，具有商业化价值，可以形成内容价值的网络社群。

【课堂讨论】

你认为以下哪些是社群，哪些不是，为什么？

1. 校篮球队成员群　　2. 小米论坛　　3. 在线游戏　　4. 退伍军人俱乐部

5. 读书会　　6. 旅行团　　7. 志愿者协会

2. 社群的构成要素

社群的构成要素

社群在功能上突出群体交流、分工协作和相近兴趣，强调群体和个体之间的交互关系。社群成员之间有一致的行为目标和规范，并且通过持续的互动，形成较强的社群情感。社群是一种突破时间、空间的组织，更强调实时性。

为了对社群有更直观的认识和评估，可以从社群运营的实践过程中总结出五个构成完整社群的要素，它们分别是同好、结构、输出、运营和规模。

（1）同好。社群构成的第一要素是同好。同好，即相同的爱好和兴趣，并对某些事物或行为有着共同的价值观和追求。这也是组成社群的动力和核心要素，表明我们为什么聚集在一起，以及聚集在一起的目的是什么。

共同认可的行为或爱好的定义十分广泛。同好可以指一致性认可某产品的人群，例如小米手机有自己的小米社区、苹果手机有自己的“果粉”；同好也可以指具有某些相同兴趣、爱好的人群，例如豆瓣社区、读书俱乐部、知乎论坛聚集的是一群对知识有着渴求的人；同好还可以是基于标签特征一致性的聚集，例如老乡会、校友会、大学同学群等。

（2）结构。社群的结构是决定社群存活的关键要素。社群建立起来后，保持正常的运营、交流、活跃度，是社群健康稳定的关键。很多一开始抱着美好初衷建立起来的社群，最后沦为广告群或者无人发言，都是因为在建立之初没有构建良好的社群生态。

社群的结构包括人员组成、平台选择、管理规则等。①人员组成：初始建立社群的人员需要具有一致性的认知和较强的凝聚力，这样才会对后续加入的新成员形成一定的影响力。②平台选择：既然要建立社群，一定是为了容纳更多的成员，因此选择通用的、一般性的平台会更容易聚集成员，例如微信、QQ 都是可选择的对象。③管理规则：国有国法、家有家规，即使是一个小的社群，也一定要梳理规则，尤其是当人员规模越来越大时，设置多个管理员、不断完善群规都是十分必要的。

（3）输出。社群的输出决定了社群的价值，是社群持续运营的核心原动力。这也是社群成员核心的利益诉求。

一个好的社群一定可以持续输出有营养的内容，例如豆瓣读书、豆瓣电影，其小组成员经常会分享新的书评和影评，其中不乏高质量内容。还有知名的问答社区知乎，里面常常有垂直领域的专家就某些专业问题做出回答，让人们足不出户就可以得到非常丰富的内容素材。

如果是在成员规模范围更小的 QQ、微信社群平台上，通过管理规则鼓励定期分享和输出更加多元化的高质量内容，可以让社群释放出更加强大的力量。

（4）运营。良好的运营是社群周期得以持续维持的保障。不经过精心运营，而令其野蛮生长的社群很难有良好的结果。社群的运营自始至终要遵循以下几点：

1）仪式感。进群需要有相关群内人员邀请，进群后要做简单的自我介绍，要有专人对群规进行宣讲，如果违反了群规会受到相应的惩罚。

2）归属感。虽然目前一些社群的交流主要还是局限于线上沟通，但为了增强群成员的凝聚力、归属感和认同感，可以适时地将线上和线下活动相结合，例如读书会可以组织一些线下的分享活动。

3）参与感。如何在组织中体现个人价值、展现自我，对群成员而言也是必不可少的环节。社群在运营、组织活动时，需要尽量考虑到成员的特点和优势，动员更多的人参与到整个活动过程中，成员才会更有收获。

（5）规模。究竟是小而美，还是大而全，这是做社群需要考虑的关键因素。很多社群运营人员一味地扩大社群规模，招募新的群成员，甚至不经过严格筛选，仅以规模论社群运营成败。

对于小的圈子和社群来说，话题内容相对集中，人员较少，互相熟悉，认知度高，更容易有活跃的气氛。同时，在新成员进入时，原有社群成员依旧可以保持较大的占比，这对社群规则、文化和氛围也会有较好的传承效果。

对于大的圈子和社群来说，传播效应更广、影响力更大，会有更多的人受益，但当社群人员增多，大家就更愿意谨言慎行，做一个旁观者，而不是高质量内容的贡献者。这样的群最后的信息质量会越来越差，成员也会逐渐离开，形成恶性循环。

因此，是否应该扩大社群规模，还是要回到建群的核心要素上来。第一，是否有客观必要扩大社群规模。例如，某款产品的粉丝规模确实很大，可以考虑将其划分为若干个小的群组，以便统筹管理。第二，是否有足够的人力、财力、物力与扩大的社群规模配套。当社群规模足够大，必须配有专门、专业的管理员对内容、规则进行把控。第三，运营社群的投入产出比是否符合商业原则。如果是一个具有商业价值的社群，例如产品型的社群，作为企业主，可以将社群作为品牌宣传的重要阵地，通过一定的运营投资，实现更好的营销效果。

社群的分类

3. 社群的分类

随着移动互联网的崛起，网络化的社群越来越受各个圈层和群体的青睐，不同的定位和性质构成了社群的多样性。社群运营除了秉承“有态度的内容、圈层化互动、共享中互利”的运营原则，也要根据社群的类型特点及人员组成提供差异化的服务。

常见网络社群类型与特征见表 7-1。

表 7-1　常见网络社群类型与特征

分类标签	社群类型	特征
以地域为标签	本地社群	以地域为划分特征的社群，与当地文化关系密切，社群关系扁平
	周边社群	
	海外社群	
	全地域社群	
以内容为标签	产品型社群	围绕知识内容进行服务，价值输出与内容密切相关
	兴趣型社群	
	品牌型社群	
	知识型社群	
以成员属性为标签	企业社群	社群文化基于成员情感联结，由于成员特质不同，需要进行差异化服务对待
	联盟社群	
	粉丝社群	
	男性社群 / 女性社群	

（1）产品型社群。产品是最好的营销。因此，无论新技术如何发展，高质量的产品依旧是商家进行宣传的基本前提。与传统的实体化产品相比，如今的产品呈现了越来越多元化的趋势，虚拟的网络游戏、网络音乐社区、小米的米粉论坛、罗辑思维等，产品与服务之间的界限越来越模糊，从具体的功能实现演化到对用户、粉丝情感的捕捉，产品承载了越来越多的趣味与体验。

因此，对于企业主来说，产品社群是值得引起重视的用户阵地，将营销始终贯穿于产品社群的运营之中，以扁平化、亲和用户的方式更多地接触粉丝、探索盈利方式是企业营销新的赋能方式。

目前，已经运营颇有成效的产品型社群有小米手机，在这样的企业里，它的用户已经不仅仅是普通的用户，更是企业的忠实粉丝，他们热爱这个品牌，喜欢其产品及理念。这样就要求企业的产品不仅仅能够满足用户基本的功能需求，更要超出用户的心理预期，并且要有品牌情感的加成。

（2）兴趣型社群。兴趣型社群是对社群中“同好”概念的最佳解释。这样的社群类型存在的时间并不短，人们很容易基于相同的兴趣爱好聚集在一起，例如读书、旅游、跑步、羽毛球、美食等，在通信技术发达的今天，这样的兴趣诉求更是突破了地理位置的局限性。参与者通过线上平台进行互动交流，寻找彼此兴趣相投的伙伴。

在社群时代，个性化、多元化得到极大的尊重与释放，一些个体细微的需求和情感也在兴趣型社群中得到了满足与共鸣，现代人的孤独感得到了排解。由于需求的个性化和兴趣的多元化，兴趣型产品社区也门类繁多，例如，科技创业类的“36 氪”，女性购物服饰类的“蘑菇街”，这些社群都自带粉丝兴趣流量，蕴含着巨大的商业价值，值得商家挖掘。

（3）品牌型社群。品牌型社群是一种新的营销模式。这是品牌与消费者之间需要持久维系的关系，而不是简单的短暂购买与服务的关系。对于顾客来说，运营良好的品牌型社群，不仅仅要让消费者享受到折扣与优惠，还要分享知识、促进情感交流、拓展人际关系。

虽然随着信息技术的发展，人们每天都会接收大量的碎片化信息，偏好也斗转星移，但品牌依旧历久弥坚，品牌型社群更是有其独特的价值。在信息化时代，品牌商通过搭建社群阵地，组织线上、线下丰富多彩的活动，一方面使顾客感受到企业实际的关怀与重视，萌生品牌自豪感，另一方面也能扩大企业的影响力。运营良好的品牌型社群可以有效提高客户忠诚度，实现长期营销效果。

品牌型社群如阿里旗下的盒马鲜生（见图 7-2），消费者在进店消费的时候，必须使用其旗下的 App 买单，当消费者注册该 App 后，App 里就会有基于地理位置的各个小区社群“盒区生活”，社群每天会推送关于饮食、健康的相关小知识，以及产品的秒杀优惠活动，同时，也会组织线下充满参与感的活动。

图 7-2　盒马鲜生品牌型社群营销

（4）知识型社群。知识型社群是指人们自发组成的知识分享团体，人们在社群中积极分享经验和知识，互相指导和学习，从中得到肯定和尊重，进一步带来知识的传递和创新。

知识型社群有实体与虚拟两种表现形式，实体社群如某一区域的读书会，专家教授举办的专题知识讲座，某行业定期举行的峰会、论坛等。在实体社群中，成员通过面对面的沟通交流，传递知识信息，表达情感，整合个人的优势资源，达到社群知识分享效用的最大化。虚拟社群则是利用便捷的互联网互动平台，个人通过手机、电脑等终端在讨论区、留言板针对某一大家都关注、感兴趣的话题进行交流学习，最终将知识内容汇集并转化成为对企业、组织有所贡献的系统性知识。

目前运营较好的知识型社区有“樊登读书会”，起初就是以召集志同道合的朋友，分享读书笔记及内容为目的；还有著名的知识分享论坛“知乎”，知乎是网络问答社区，连接各行各业的用户，他们分享着彼此的知识、经验和见解，为中文互联网源源不断地提供多种多样的信息。

二、社群营销的概念

社群营销基本概念

社群营销是在网络社区营销及社会化媒体营销基础上发展起来的用户连接及交流更为紧密的网络营销方式，是通过产品和服务满足具有共同兴趣爱好群体的需求而产生的商业形态。网络社群营销的方式，主要通过连接、沟通等实现用户价值。其营销方式人性化，不仅受用户欢迎，还可能成为继续传播者。

对于企业来说，社群营销的关键是做好服务，形成由产品、试用体验、反馈分享、跟进服务、增值配套等组成的一条完整的生态链。在此基础上进行的社群营销才是有实质内容的、不流于表面的，企业才能真正获得客户的忠诚。

1. 社群营销运营关键点

（1）意见领袖是动力。与粉丝经济相比，社群虽然没有对个人的重度依赖，但依旧少不了意见领袖的参与，意见领袖应该是某一行业或某一领域有影响力的专家或权威人士，他们可以贡献高质量的社群交流内容，并在群里有一定的号召力，可以有效推动大家互信、友好，将企业价值传递下去。

（2）提供有特色的全生态服务。企业通过社群营销提供更加优质化、个性化、定制化的服务，如专家咨询、出行优惠等增值服务，满足顾客的需求，并从中挖掘出更加具有潜力的会员客户。

（3）优质的产品是内核。虽然从工业时代进入移动互联网时代，产品本身的效应逐渐弱化，围绕产品的周边服务、体验渐盛，但产品归根结底依旧是核心竞争力，一款没有护城河和卖点的产品即使社群营销做得再卖力、再有特色，也只能是吸引消费者一时的眼球和兴趣，很难形成长久的客户忠诚关系。

（4）宣传一定要到位。社群只是企业进行营销的一种载体，最终还是要回到企业宣传的本质上，在互联网时代大量碎片化信息的冲击下，“酒香也怕巷子深”，因此与社群营销相配合的前期造势、中期宣传、后期复盘的相关工作，也是社群营销发挥影响力的重要保障。

（5）开展方式多样化。社群营销有多种运营模式，企业需要针对自己的产品特色、用户需求、经费预算、地理限制等开展线上、线下的交流活动。企业可以自己搭建平台，这样可以在营销的同时留存客户信息，并掌握一手数据。资源受限的企业也可以利用现有的平台，支持或者赞助社群开展活动。总之，在社群营销的活动方式上，值得商家多花精力进行创新。

2. 社群营销的特点

社群营销的特点主要表现在以下几个方面：

（1）弱中心化与多向互动。与传统的垂直化、中心化的传播方式相比，社群营销呈现扁平化和弱中心化的态势，除去社群中可能存在的意见领袖外，其他人之间大多是平等的、一对一、多对多的传播，每一个人都可能成为一个信息源的主体、传播者和分享者，这也能够提高信息的传播效率，给企业营销创造更多的机会。

（2）具有情感优势。社群形成的前提是基于成员的同好和兴趣，因此，成员之间会有天然的情感连接，更容易对彼此产生信任和共鸣，在此基础上的交流会使得成员的协同创造更多的溢出价值，对于企业以及个人都是双赢。

（3）自行运转。由于社群的特性，其具有自组织、自发性的优势，当初期建立社群的基本任务完成，设置好一定的运转规则，社群营销便在一定程度上可以实现自我运作、创造、分享以及价值的再生产。在这一过程中，社群成员的参与创造可以催生出很多企业产品的创新理念，帮助完善产品。

【小资料】

知味葡萄酒的社群营销新势力

知味葡萄酒杂志是一家专注于为葡萄酒爱好者提供轻松的葡萄酒文化、专业的品酒知识、实用的买酒建议和精彩的品鉴体验的创业公司。

传统的社群运营中，运营者往往会收集社群成员的资料或联系方式，甚至是在社群中发布相关广告。知味打破这一僵化体系，坚持自己的社群营销风格，即用“情感联系”取代“商业利益”，将社群打造成一个更有人情味的葡萄酒文化交流家园，进一步升华客户与品牌间关系。知味葡萄酒杂志微信公众号如图 7-3 所示。

图 7-3　知味葡萄酒杂志微信公众号

那么，知味是如何营造这一社群关系的呢？

核心武器就是数据程序化的标签采集。知味通过精准的用户数据标签采集用户的交互行为和偏好，例如用户参加过一场线下的主题品酒活动，或者阅读一篇有关特定口味的葡萄酒的文章，又或者购买过知味推荐过的葡萄酒，等等，以上种种用户的行为都会被记录下来，并为知味细分用户画像提供充足的依据。

这一步还不是知味社群运营的终点，被细分过的用户最终将被归类进入不同主题的话题社群，例如偏爱新世界葡萄酒的用户将会有特定的群组，也会收到十分精准的定向营销，这也使得社群活跃度很高。

同时，知味可以设定自动流程规则，让系统自动向过去一个月内参加过入门级葡萄酒培训课程的客户发送中级葡萄酒培训课程的培训信息。这样个性化、差异化的优惠大大地提高了粉丝购买的可能性，也降低了信息推送的成本。

对于不够活跃的用户，定向推送一些“召回”目的的内容以降低用户流失。3 个月内，粉丝的活跃度上升了 55%。

知味社群平台客户的黏性非常高，长期形成的情感维系远比“满 500 积分抵 5 元”这样的商业折扣有效得多。

3. 适合进行社群营销的行业

很多企业都希望可以赶上社群营销的浪潮，让企业在新模式、新形势下赢得新的营销机遇，但与传统营销模式广泛的适用性不同的是，社群营销有其特殊性及行业选择性，并不是每一个企业和产品都适合照搬社群营销的成功模式。究竟哪些类别的行业可以选择社群营销呢？

（1）旅游行业。随着国民生活水平的逐渐提升，人们越来越多地选择在假期出游，以增加生活乐趣，并喜欢使用各类社交平台记录旅行的点滴，分享给他人，因此，旅游企业非常适合搭建自己的社群，通过平台向顾客提供旅行攻略、线路介绍等服务，满足客户个性化、多样化的需求，达到宣传、推广企业品牌的目的。

（2）服装行业。人们往往用服装彰显个性与品位，尤其对于女性来说，服装更是向外展示个人魅力的窗口，她们在服装产品上，常常发生冲动消费和不定消费，因此服装产品的社群营销大有所为。作为商家，可以在社群中发送针对会员的促销优惠、服装搭配指南，也可以定期直播产品的上新，让消费者足不出户，就可在手机上完成逛街和购买的行为。

（3）电商行业。虽然电商行业的红利期已逐渐消退，人们已经习惯并适应了这种购物模式，但总体来说，电商依旧是社群营销的最佳实践基地，可以看到，传统的电商逐渐转型为多元化的社交电商、直播电商等更加鲜活的模式。在社群时代，只有采用更好的产品、文案、内容活动来打动消费者，才能激发消费者的购买欲望。

单元二 打造社群运营团队

【课堂讨论】

你参与过类似“创业大赛”“夏令营”等需要在短时间内组建团队完成特定任务的活动吗？在团队组建过程中你有什么心得体会？有哪些有利于或不利于团队发展的因素要注意？这对社群

运营团队的搭建有什么启发？

一、团队从 0 到 1 的突破

1. 搭建架构

团队的根基如同大厦的地基一样，在一定程度上决定了团队能走多远，并决定了社群的发展。同线下组织一样，初期的社群组织架构应尽量精简，满足基本需求即可，实施扁平化管理，以提高信息传达效率，群中可以设置一两个核心灵魂人物，他们直接参与群活动，引导话题、参与讨论。当群规模逐渐扩大，就需要设置多个管理员，甚至可以有专门的管理群，供管理人员沟通、交流，意见统一后，在普通群进行实施。

下面以陪伴型成长社群 BetterMe 为例，来看其社群组织动态升级进化的过程。BetterMe 大本营 1 营，有 400 多位元老及各行业的知名人物，他们关注共同成长，展开有质量的讨论。大本营已有及陆续会开放的主题营，包括绘画营、码字营、投资理财营、英语营、PPTer 营等。

BetterMe 大本营 1.0 版本时，人们对社群是否能够存活依旧存疑，此时，社群只有群主及小助手，群主负责群内事务管理，小助手负责收集、整理、汇总群内资讯。一个月后，BetterMe 社群运营良好，吸引了大量的优秀人才，此时，社群进行了团队整合和升级，设置了公众号组，进行社群内容的输出和对外展示。当社群知名度扩大，能够吸引各种 KOL 入驻社群，社群内的活动越来越丰富，逐渐实现了线上线下联动。

BetterMe 大本营社群组织机构演化如图 7-4 所示。

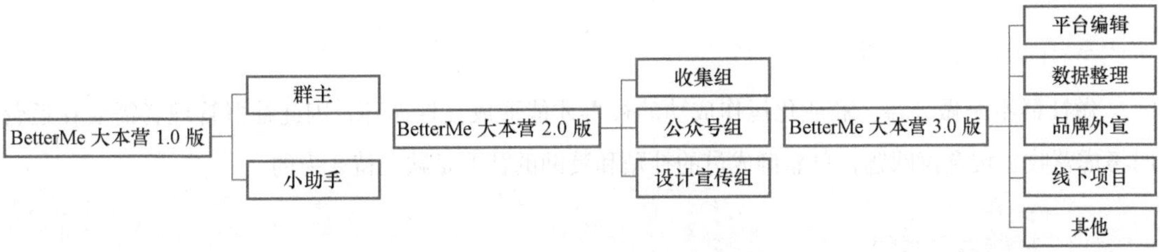

图 7-4 BetterMe 大本营社群组织机构演化

2. 发现人才

当社群的初期团队组建好后，各项事务步入正轨，但团队组建的任务并没有终止。对于有一定规模和功能需求的社群来说，定期引入优质的新鲜血液是十分有必要的，但新人仅有热情却经验不足，此时，就十分需要老成员帮带新成员，形成良性的梯队阶层。团队也应主动挖掘新人、培养新人、给新人机会。

社群挖掘新人的标准有以下几点：①具有打造网络爆款内容的潜能；②具有网络项目协调能力；③自带笑点，能够增强社群黏性。除了以上特质外，新人还需要有稳定的内容输出能力及较强的行动力，也要对整个组织的文化价值观有认同感。

人才被吸引来以后，如何留住人才是社群团队需要考虑的问题，因此，首先需要分析人才加入团队的动机。社群是成员施展才能的舞台，给成员提供了丰厚的酬劳、人脉，还为其带来了成就感。其次要打造自身的社群品牌，提升社群自身吸引成员的能力，有目的地进行曝光，保持社群品牌的存在感。最后要完善激励机制，针对不同类型的社群成员采用不同的激励机制，例如，对于高质量内容的输出者，可以帮助其打造个人品牌，帮助其积极传播扩散，系统整理其内容输出等。

二、小团队如何快速壮大

1. 判断现有形势

首先，要判断整个行业的趋势，明确整个行业是处于上升期、壮年期，还是处于衰退期。对于处于上升期的行业，要明确风口在哪里，是否为红海市场；如果是处于壮年期，要判断行业红利还会存续多久，可以利用的资源有哪些；如果是处于衰退期，则要考虑转型该做什么准备。其次，要了解有哪些竞争对手，其优势与劣势有哪些，未来会采用什么样的竞争策略，会给自己造成什么影响。最后，要了解自己的核心竞争力是什么。

2. 适时进行放权、授权

当团队规模不断扩大时，作为管理者，不可能事无巨细，因此要抓大放小，学会放权，这样才能增强群成员的自主办事能力。关于放权，需要注意的主要有以下几点：①确定授权对象。结合社群运营的具体事件确定授权具体的方法、范围、权限大小等。②明确授权内容。在实际运营中，分散核心成员精力的事务性工作均可授权下放。③不得重复授权。授权内容必须清晰明确，避免含糊其词，重复授权，打击成员积极性。④权责相辅相成。授权时权利和任务须一起交接，有利于培养成员责任意识。

3. 形成良性商业循环

做社群不是做公益，商业化运作成功的社群才能形成良性循环，因此社群管理者需要在运营时考虑营收、现金流问题，总靠群成员的补贴和赞助的社群是缺乏持久力的。

三、社群运营 KPI

关键绩效指标（Key Performance Indicator，KPI）是通过对组织内部流程的输入端、输出端的关键参数进行设置、取样、计算、分析，衡量流程绩效的一种目标式量化管理指标，是把企业的战略目标分解为可操作的工作目标的工具，是企业绩效管理的基础。

KPI 符合一个重要的管理原理，即“二八原理”。在企业的价值创造过程中，存在着“80/20”法则，即 20% 的骨干人员创造企业 80% 的价值；而且在每一位员工身上“二八原理”同样适用，即 80% 的工作任务是由 20% 的关键行为完成的。因此，必须抓住 20% 的关键行为，对之进行分析和衡量，这样就能抓住业绩评价的重心。

1. 不同类型的社群运营 KPI 设置要点

对于规模较小的社群，因其处在快速的变化和成长中，不适用 KPI 进行考核。对于规模较大的社群，要根据社群发展的不同阶段，设置与之相对应的KPI指标。有的社群以项目驱动，可以以产出质量来衡量其是否符合目标需求；有的社群处于建立初期，主要需求是提高用户黏性和留存率，无法简单地用KPI进行考核，但也要对运营数据进行分析。

2. 社群运营KPI的类型

常见的社群运营KPI分为结果导向型KPI和过程导向型KPI。结果导向型KPI的指标包括用户新增量、活动参与度、转化率、复购率、朋友圈点赞数等；过程导向型KPI的指标包括群活跃度、群活动频次等。

（1）用户新增量。用户新增量包括社群用户增长量或者平台用户增长量等，这是社群运营的一个基础指标。对于社群来说，持久的新鲜血液代表着增长和生命力。但值得注意的是，有的社群过于在意用户新增量，积极采取各种手段拉粉，导致大量无效粉、僵尸粉关注，这并没有意义。还有的公众号为了吸粉，不惜过度使用“标题党”手段，结果让一些用户失望，不但不能涨粉，还导致很多用户取消关注。

（2）群活动频次。社群要保持群员对社群的认可度，最常见的做法是组织一些线上、线下活动。群活动的策划要尽量完备，考虑周全，事先做好方案的演练，并且保持适当的频率。

（3）活动参与度。有了线上、线下的活动还不够，同时还需要评估群成员是否积极参与活动，在活动中是否保持一定的活跃度，这是评估一个社群运营质量的指标。比如，很多活动设置朋友圈点赞数指标，但我们并不推荐把点赞数作为考核指标，因为这会导致朋友圈信任被透支。你是否收到过“请你给我的朋友圈第一条点赞吧”这样的信息？勉强点完赞后，你可能会对朋友产生不好的印象，随着时间的流逝，你对点赞内容可能已经没有任何印象了。我们能够确定的是这种做法是在骚扰潜在用户。

（4）转化率和复购率。如果社群有商业化产品，就可以考虑转化率和复购率指标，这是健康社群最愿意看到的运营指标，转化率高意味着有回报，复购率高意味着能获得稳定的回报。但切记，在完成这些指标时，切勿操之过急，尤其不要在社群还没有培养用户黏性，也没有想好该用什么产品，以及如何去转化时，就盲目地推出产品，要求转化和复购，最终的结果只能是不尽如人意，使社群成员因为难以满足指标而丧失信心。

单元三　社群商业变现

一、社群商业变现的模式

社群商业变现方式

社群经济主要基于社群的商业生态，将社群和交易相结合，满足消费者不同层次的价值需求，是人类社会化的必然发展趋势。在商业化方面，中国网络社群依托于较为完善的支付体系、云服务，围绕自身内容、品牌及圈子进行了多样化的尝试。其中，传统模式如广告、电商等随着社群经济大环境的发展和社群文化不断深入而持续深化，如会员制、品牌合作、搭建平台、衍生产品等新兴模式也为社群商业化发展提供了更多可能。未来围绕社群内容与品牌的前向收益或将继续增加。网络社群商业模式分析如图 7-5 所示。

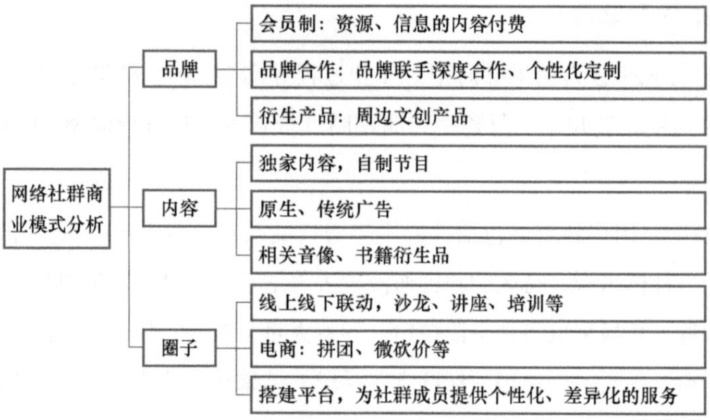

图 7-5　网络社群商业模式分析

社群营销变现是社群发展的终极目标，也是社群形成商业闭环的关键环节。目前主流的社群营销商业变现的模式有以下几种：

1. 社群产品变现

这是很多产品型社群的主要模式，即通过社群运营的方式，让用户参与产品的设计和制作等各个环节，并且与用户深入产生联系，增强信任，让大家认可社群价值的同时，认可社群品牌的自有产品。

社群产品主要分为实物类和内容类，实物类产品社群在运营过程中，就会通过各种方式展示实物产品的各种特点和优势，让大家对产品更加了解和认可；内容类产品通过知识 IP 的打造，塑造专家的个人形象和社群的专业优势，从而推出相关的专属知识内容。

注意事项：变现产品一定是与社群调性一致且与社群相匹配的相关产品，比如，做红酒的社群突然卖家具，就会让人觉得很奇怪。

2. 社群服务变现

此种类型的社群将用户聚集在一起，主要是为了给用户提供更好的服务，在这一过程中，虽然不一定能获取直接的回报，但在服务的过程中，由于企业与用户有了更多的“接触点”和长期互动的可能性，进而也就增大了随时交易的可能性。这种模式一般用来进行企业品牌的塑造，不需要在短期内直接带动销售，当品牌产生长久的积累效应，本身社群营销就已经具有了核心竞争力。

社群服务变现的本质，在于给用户提供专属、更加有效的价值输出，当社群服务达到一定水平，有高质量的保障时，则可以采取收取会员费的方式来实现持久运营。通过会员费的相关门槛，也可以把社群中最活跃和最有归属感的粉丝聚集在一起，进一步增强专属圈子的黏性，给大家提供专属的社群增值服务，并且通过各种运营方式让会员间发生关系和产生合作。这之中，最常见的是年费制，即一年缴纳某一特定费用，即可享受某些权益。这一类变现形式的本质是服务标准化，从而实现更好的服务推广。

注意事项：会员服务变现需要注意的是，一旦开始收取会员费用，交费的会员从原来的社群铁杆粉丝，变成服务购买者，这导致社群与成员之间的情感连接变弱，需要采取相应的增强措施。

3. 社群广告变现

社群广告变现是人数较多的社群的主要变现方式，也叫流量变现，其实就是卖广告。可以通过收取渠道费的方式给别人做广告，或者代理别人的产品，从中获取分成。无论是实物产品，还是虚拟产品，都可以使用这种方法。当然，如果你的产品足够好，但是缺乏推广的渠道，也可以用这种方式从别的社群获取流量。

注意事项：广告变现一定不能过于频繁，社群的重点还是要放到运营上面，要让用户有良好的体验感，而且做广告也不能推广与社群主题不相关的产品。

4. 社群合作变现

合作变现的方式很多，常见的换粉互推、资源交换、合作产品，都是可以尝试的合作方式。比如，做职场类课程的社群，可以跟同样带有一定流量的品牌合作互推，大家粉丝调性差不多，联合推广能够聚集更高的势能。当然，也有通过两种不同类型或者定位的社群、社群与品牌相互之间跨界、导流产生经济回报，共同获益的。

注意事项：合作变现最重要的就是要搞好与合作社群之间的关系，一方面不要触及对方的底线，避免给对方社群带来不好的影响；另一方面，合作之前就要把推广、分成这些部分商量好，否则容易合作不成，还坏了名声。

5. 明星粉丝群变现

有一些明星的粉丝会自发组建社群，而明星的经纪公司会专门有人对接这些粉丝群的群主，群主会组织相关的明星应援活动，例如接机、见面会，甚至还会组织会员去街头拉票等。明星不用自己建立、管理、运营社群，而是直接与群主联系，再间接影响粉丝群，而群主也可以利用自己在粉丝中的声望，操作一些商业活动。

二、社群商业变现效应

1. 信任效应

现代年轻人在消费时，更追求个性和自我，而科技的发展也让社交媒体打破了时间和空间的限制，信息扩散的速度和范围大幅度提升，基于“情感认可纽带”产生了消费行为，人们较少关注电视、海报、杂志上的广告，而是更关注具有相同爱好和兴趣的朋友以及社群朋友在朋友圈里的分享和推荐。

未来，信任经济和口碑传播将会越发占据主流优势，对于商家来说，也需要把自己的营销焦点凝聚于社群信任的商业价值之中。

【课堂讨论】

如果你想去一家新开的餐馆尝尝鲜，但又不确定好不好吃，此时你会选择下列哪种咨询方式？

1．发个朋友圈问一下　2．在网上搜一下　3．口头跟周围的朋友打听一下

4．在相关的美食群里询问大家　5．其他（请注明）

在这些咨询方式中，哪一种方式得到的反馈意见最令你信服？

2．中介平台效应

美团、大众点评、携程、滴滴这些人们手机中经常使用的App似乎五花八门，功能各不相同，但实际上，它们都有共同的特点。这些平台本身并不是任何功能的实践者，而是作为中介平台，连接了食客与商家，旅行者与机票、酒店供应商，司机与乘客等。从互联网诞生之日起，这样的商业模式获得了巨大的成功及商业利润，而社群也是典型的中介平台，它连接了顶层的优质资源和对资源感兴趣的所有人。

一个拥有社群思维的商家，应该明确社群的中介平台效应，以共同的兴趣吸引用户聚集在这个平台上，达到资源的共享和互换，建立更为密切的联系。

3．标签效应

标签是认识一个人最简单的方式，在大数据时代，每个鲜活的个体都数字化为一个带有无数标签的集合，而社群的身份正是在互联网上彰显自己的个性标签。

人群在互联网时代被各种标签重新分割和聚拢，形成一个新的人口族群，因此，人群变得网格化、圈层化。不再存在所谓的主流文化，而是被分割为一个个小的亚文化群体。很多企业品牌依旧停留在传统的广告营销时代，虽然知名度很高，但并没有占据年轻一代的心智，更无法通过产品体现自己的标签和所提倡的价值观。在这一点上，小米和苹果手机就具有很明显的标签效应，小米手机的用户可能是理工技术爱好者，苹果手机的用户可能是设计爱好者。

因此，社群是给群体贴标签的最好的解决方案，一旦社群身份的标签得到大家的认同，大家就会愿意为身份标签付出溢价费用；如果你的产品能够与社群标签建立连接，你也可能享受到社群的溢价效应。

【课堂讨论】

你在注册某些社交软件时，是否填写过属于自己的标签？是哪些社交软件，你都用了哪些标签来形容自己？如果没有，那么请现在总结3～5个标签来描述自己。请解释为什么使用这些标签，并让同班同学评价这几个标签是否能代表你。

4．从众效应

心理学上用“从众效应”来解释个体受到群体的影响而怀疑、改变自己的观点、判断和行为等，以和他人保持一致。在社群中，这一效应的表现尤为明显，在社群成员心中，大家都是因为具

有类似的认知而聚集在一起的。当社群中的绝大多数成员认可某一产品时，就很容易令个体信服；同理，如果绝大多数人持相反意见时，个体也很容易“随大流”。

单元四　社群营销典型案例分析

一、罗辑思维

罗辑思维，知识服务商和运营商，旗下包括微信公众订阅号、知识类脱口秀视频节目《罗辑思维》、知识服务类 App“得到”。2017 年 11 月 8 日，罗辑思维入选“时代影响力 • 中国商业案例 TOP30”。2019 年 10 月，罗辑思维以 70 亿元位列《2019 胡润全球独角兽榜》第 264 位。

罗辑思维的社群营销既包含面向普通大众的全媒体免费内容，即自媒体脱口秀、微信每日语音 60 秒、微信公众号以及微刊、微博的相关账号矩阵，同时也有面向付费会员的内容营销，例如版权图书及周边售卖、知识服务类 App“得到”。

下面将从粉丝定位、内容定位、线上推广、线下活动几个方面对罗辑思维的社群营销模式进行分析：

1. 粉丝定位

罗辑思维定位于“85 后”，专注于“爱读书的人”，志在凝聚爱智求真、积极上进、自由阳光、人格健全的年轻人。网罗了一群“爱读书”的年轻人后，罗辑思维又将自己的会员进行了分类。在会员招募时，将会员分两档，200 元和 1200 元，不同的会员价格权益会有所不同。经过筛选后，“罗辑思维”会员的特征就愈发明显了：对知识型产品有发自内心的热爱；会员彼此信任；会员有行动的意愿，且真能付诸行动。

2. 内容定位

（1）产品定位：有种有料有趣，在知识中寻找见识。

（2）巩固：做情景化思考，培养用户的阅读习惯。语音微信每天固定在早上 6 点 20 左右发送，阅读公众号的用户起床打开手机后就可以听到“马桶伴侣”的定期播报，很多粉丝最后养成了每天一早听“罗辑思维”的习惯。

（3）聚焦：语言表达方式小众化。虽失去了部分年龄更成熟的人群，却强化了“85 后”的自我归属。

3. 线上推广

罗辑思维的线上推广覆盖了豆瓣、百度贴吧、荔枝、QQ、微博、优酷、微信，在线上全面开花，其中以优酷和微信为主推。

（1）推出知识性主题脱口秀视频。罗辑思维第一季的集均播放上百万次，“有料”的内容与

“有趣”的形式广为大众喜欢，引起对于话题“有种”的讨论、对于推荐书籍的追捧，以及对于罗辑思维知识品牌的文化认同感。

（2）通过互动维护社群。① 60 秒语音推送：每日早上 6 点 30 分人声录制 60 秒语音，拉近与粉丝的距离。②每日推荐文章：与每日语音内容实现关键词搭接，满足客户进一步的知识和文字阅读需求。③会员服务查询：为会员用户提供专属通道，实现有效的会员信息管理和活动通知。④“会来事”公众服务平台：为所有粉丝提供 UGC 平台，吸纳多样化的业务构想。

4. 线下活动

在社群中，要营造粉丝的归属感，产生自己人效应，除了线上的互动，线下的活动也分外重要。真实的接触更能激发那些源于热爱的、自由人之间的联合。罗辑思维拥有自己的线下组织“罗友会”。罗友会曾在北京奥林匹克森林公园组织年度《奔跑吧罗友》公园定向撕名牌活动，十天的筹备，十个八人小组，七名志愿者，一起留下了太多欢乐的故事，群主收集了各组的珍贵照片和视频，希望能把这些素材处理成视频送给大家。

自媒体或者社群电商是未来几年的流行趋势之一，“罗辑思维”正站在趋势潮头。而学习更是永远的趋势，当互联网的浪潮向社群经济不断汹涌时，对于罗辑思维的未来走向是什么，或者说具体怎么服务罗辑思维的会员，罗辑思维团队也是在探索中不断进步。尽管罗辑思维的定位是知识型社群或自媒体，但其线下活动却并非严肃的读书会，而是相亲、吃霸王餐等看似无关的“有趣”活动。这并非偏离定位，它只是在向人们展示社群一呼百应的力量，未来的互联网时代也许就是无数个“小而美”社群的时代。

二、小米社区

小米在创立之初就十分重视与粉丝的互动，专门为“米粉”建立了小米论坛，并提出另类的宣传口号：为发烧而生。通过公司提供的小米论坛，米粉可以通过线上论坛进行自由的沟通，为公司未面世的新产品提出一些用户意见，并参与到公司营销方式的设计中来，这样使公司更能了解用户需求，加强公司新产品与用户之间的联系。

小米产品的官方社区包括资讯、论坛、应用、小米产品测评、社群服务及展示平台等多项功能频道，用户也可以通过微博、微信进行互动。小米利用社区运营与社会化营销打造小米模式的社群经济，从而不断拓展自身的产品线，成为品牌社群的典型案例。

除去社群运营，小米还在一系列社交媒体上吸引了大量手机用户的关注和点赞。此外，线下渠道方面，小米公司还在各大城市举办同城会、爆米花节、粉丝年会等一系列线下活动，以增进企业内部人员与用户之间的情感联系和沟通频度，以培养用户的认同感、依赖感和参与感。具体来讲，小米采取了如下系列举措：

1. 线上平台的构建联系企业与用户

小米构建线上平台是为了更好地促进企业与用户之间的交流。在小米社区中，米粉可以真实地参与到新产品从研发到公关的各个流程，不仅如此，社交媒体中的微博、米聊、社区等平台都被小米充分运用。用户评论的建议和留言大部分会得到相关工作人员的关注和回复，小米客服在平台中的高活跃度也加速了粉丝对小米的认同感、关注量和参与度，在虚拟社区中，小米站在用户的立场与用户真诚对话，拉近了企业与用户之间的距离。

2. 线下互动平台的建立巩固粉丝黏性

小米重视米粉的用户体验，通过各种活动与粉丝进行互动，米粉节、同城会、爆米花会、剧场式产品发布会等活动成为他们的互动桥梁。借鉴苹果的“天才吧”，小米创建了线下新媒体营销渠道“小米之家”。一方面，米粉可以到“小米之家”体验自取手机、售后维修等服务；另一方面，“小米之家”也会为当地米粉举办一些活动，在提高米粉的认可度、忠诚度与亲密度的同时，还具有一些宣传效果和节约活动场地租赁成本的优势，小米借鉴当下流行的线下社交体验模式，着力培养自己的粉丝群，为具有相同价值观的米粉提供了一个聚会娱乐方式。此外，小米为“小米之家”和小米专卖店提供运营服务，用合作授权方式来扩张线下市场，开放授权店之后能够明显提升覆盖面。

从小米社群营销案例中，可以明显看到，对于传统企业来讲，要转型进入社群营销模式，应努力开启互联网营销，建立自己的社区来为用户提供一个线上线下聚集场所，在产品中融入企业自身的品牌文化和价值观，从精神层面吸引消费者。

三、正和岛

正和岛是中国商界高端人脉深度社交平台。它是企业家人群专属的集 Facebook、微信与微博一体，线上线下相结合的，为岛邻提供缔结信任、个人成长及商业机会的创新型服务平台。为保证每个来的人都是对的，正和岛采取严格的实名制、会员制、收费制、邀请制。

正和岛在社群运营中集合三大原则，以保持社群的长期健康发展。

原则 1：缔结信任。通过正和岛理念与标准让“对的人”在一起，并让在一起的人彼此更加信任。

原则 2：解决问题。通过正和岛三大系列产品解决企业家的真正问题，帮助企业家个人及其企业实现可持续成长。

原则 3：合作共赢。通过正和岛让基于信任与各自优势的企业家之间实现多样化的商业合作。

除此以外，正和岛在社群运营之初非常注重用户画像的刻画，因为只有找到合适的用户，才能根据用户的需求进行相关的社群营销。具体来讲，用户画像有以下几个维度：

1. 个人维度

（1）在个人维度上对用户的精准分析是最基本的数据要求，用户的个人基本信息分为年龄、性别、兴趣、爱好等基本属性。

（2）在正和岛上，岛邻的基本年龄在 45 岁左右，男性占 74%，女性占 26%，兴趣非常多元化。对整个人群来说，兴趣和爱好是社群化运营非常重要的参考标准。

（3）如果岛邻在学习上有兴趣，想真正学到海外先进的商业模式和科技研发成果，正和岛会针对性地提供这些服务；如果对户外兴趣更多，正和岛也会有“正和一起走”“行者无疆”这些部落，他们会在短时间内变得非常庞大和活跃，事实上都是从个人维度上对用户非常精准画像的结果。

因此，正和岛做会员服务的工作人员，第一件事是对其接手的所有岛邻的个人信息进行基本的了解。

2. 社会维度

社会维度从教育层面、组织圈子、身份地位三个方面来刻画。

首先是教育层面，这是人的社会化属性非常重要的层面。你在哪儿读的书，学历是什么？你的受教育程度决定了社交的层次。正和岛岛邻的学历基本在本科以上，MBA、EMBA 的商业再教育比例非常高。

其次是组织圈子。人在什么样的圈子里活跃，决定了他自己的信息会向什么样的人传递。如果正和岛是一个社群的话，口碑和社会关系传播依赖于自己的组织圈子。这就是为什么正和岛发展到现在，依然认为推荐是正和岛用户发展最重要的来源。

最后是身份地位。企业家本人是自己企业里的老大，肩负着更多责任，要创造更多的效益，才能使团队运营下去。他在企业里的组织身份更像是一个链接点的中心。所以在为他服务的时候，就意味着他辐射到的组织里的个体也能得到类似的服务。

3. 需求维度

用户需求可以分为：需要什么、担心什么、期待什么。

（1）第一个层面：需要什么。岛邻和你说，“我要一篇资讯”。这不是他的需求。他要的是什么样的资讯，这个资讯能够帮助到他什么，解决他什么问题？这才是他的真正需求。

（2）第二个层面，担心什么。企业家永远是活在当下，看向远方，一定是为了明天而做。他担心自己今天要做的事情，已经远远落后于用户的需求，所以他要不断地去发现未来的趋势是什么。

在正和岛早期的时候，甚至列出来企业家最担心的八个事项，最后放到了“五戒六规”里。五条戒律——无诚信的交往、无底线的商业、无尊严的人格、无原则的行善、无良知的享乐。六条行为规范——理性地判断，建设性地表达；说话算话，恪守承诺；包容个性，尊重差异；不随便麻烦别人，不死缠烂打；不发口水帖，不招徕生意；不拿不宜公开的信息到岛外去晒。

（3）第三个层面，期待什么。企业家期待什么？他们期待永远成为商业的引领者，期待自己的组织能够更加健康地发展下去。这种期待引领他不断学习。学习本身是需求，但是本质还是要通过学习把期待变成现实，降低未来的不确定性。

4. 场景维度

场景维度，即在什么时间、什么状态下，通过什么方式，最容易接受服务。

岛邻最活跃的时间是晚上 9 点到 10 点。不建议在这段时间进行产品推销，但是如果要沟通事情，晚上 9 点到 10 点钟，对于企业家而言是非常合适的，还有早晨 7 点到 8 点也是比较适宜的。

用户画像是社群营销模式的第一步，也是最关键的一步，当通过成功的用户画像积累了一定的用户，下一步就是要用合适的线上线下活动留住用户，正和岛使用的社群营销模式见表 7-2。

表 7-2 正和岛使用的社群营销模式

线上			线下	
微信公众号	微信群	微博以及其他社交平台	岛邻与部落线下活动	其他正和岛活动
保持成员长期沟通联系，有高质量财经等信息分享			商学院、智库、正和岛联合投资	

模块小结

1. 社群的基本概念

在互联网背景下，社群更多指的是互联网社群，是一群被商业产品满足需求的消费者，是以兴趣和相同价值观集结起来的固定群组。社群的特点是去中心化、兴趣化，并且具有中心固定、边缘分散的特性。

2. 社群的分类

产品型社群；兴趣型社群；品牌型社群；知识型社群。

3. 社群营销的概念

社群营销是在网络社区营销及社会化媒体营销基础上发展起来的用户连接及交流更为紧密的网络营销方式，是通过产品和服务满足具有共同兴趣爱好群体的需求而产生的商业形态。网络社群营销的方式，主要通过连接、沟通等实现用户价值，营销方式人性化，不仅受用户欢迎，还可能成为继续传播者。

4. 社群运营 KPI 的类型

用户新增量；群活动频次；活动参与度；转化率和复购率。

练习题

一、单项选择题

1. 下列哪一个内容不属于社群营销 KPI 的指标？（　　）

A. 群活动频次　B. 活动参与度　C. 转化率　D. 变现率

2. 以下选项中，适合进行社群营销的行业是（　　）。

A. 电商行业　B. 制造业　C. 物流行业　D. 畜牧业

3. 下列哪一个不属于社群商业变现效应？（　　）

A. 从众效应　B. 标签效应　C. 中介平台效应　D. 规模效益

二、多项选择题

1. 以下属于社群营销的特点的有（　　　）。

A. 弱中心化　　　　B. 更精准的营销覆盖

C. 具有情感优势　　D. 多向互动

2. 以下属于社群商业变现的模式的有（　　　）。

A. 社群广告变现　　B. 社群产品变现

C. 社群聚合变现　　D. 社群营销变现

E. 社群服务变现

三、问答题

1. 保持社群活跃度的方式有很多，例如社群分享、社群讨论、社群打卡和社群红包等，请你从中选择一种方式或者提出其他提高社群活跃度的方法并举例如何操作。

2. 你认为社群的规模大小、人数多寡是否是衡量社群运营成功与否的重要指标？为什么？

四、案例分析题

薄荷阅读的社群运营模式探析

2019年年初，不知你有没有注意到，朋友圈的状态忽然被一股打卡英语学习的热潮频繁刷屏，“在【薄荷阅读】的第80天，已读了97152字。”没错，这就是薄荷阅读开创的社群学习模式。

薄荷阅读是百词斩旗下的英文原版书籍阅读项目，它面向各个年龄层次、不同英语水平的群体。以微信作为载体，用户在付费之后即可进入当期原版书阅读者微信社群。

薄荷阅读一期的打卡规则是，选择符合参与者英语水平的3本原版书籍作为当期打卡任务，朋友圈累计分享阅读信息满80天即可获得薄荷阅读免费赠送的实体英文原版书籍。

一、群内的核心内容

当期的每个群都会有一名群助手负责推送每天的学习内容，包括当日的词汇、句型的解析；英文歌曲、电影的分享；在每一期结束时，助手都会征集大家的读书笔记，最终优秀的作品主人还会得到小礼品。

二、产品的传播

1. 线上公众号推广

薄荷阅读有自己的官方微信公众号，通过推送广告，抵达受众。由于英语学习与其他类型的社群有着明确的区分，能够主动、有意愿学习英语的群体整体认知层次较高，这就天然地造成薄荷阅读的粉丝整体素质较高。

2. 朋友圈分享

大多数薄荷阅读的粉丝都是通过朋友的打卡行为受到感染，薄荷阅读有一个打卡机制，就是每日打卡并分享之后，累计达 80 天就可以获赠英文原版书。新成员可以通过老成员分享的优惠券来获得优惠。

三、群内成员的构成及群规则

作为一个线上的英语学习社群，薄荷阅读超越了传统的课堂界限，因此成员的构成也比较复杂。虽然成员背景复杂，但是目标统一：学习英语。社群在建立之后，如何长久地维护群内活跃度其实是一个比较重要的问题。

薄荷阅读是如何维护群内成员的活跃度的？比较重要的一项活动就是群内成员间的自主讨论。其实，在一个社群中，希望每个人都能表达自己的观点是不现实的，每个社群里总有那么几个发言比较多的意见领袖。这一点在薄荷阅读中也有一定的体现。成员来源的异质性其实为讨论提供了一些空间，当群内讨论比较热烈时，社群成员无形中会对社群产生一种依赖感。

为了维护群内的生态，有一点我们必须明确：有哪些消息在群内不能发，即群内的规则。体现在薄荷社群之中就是，不允许发送广告、营销、投票、点赞等相关信息，也不允许发送同类的英语学习信息。

同时，在入群初始时，薄荷阅读对于成员自身标签有一个非强制性的规定：建议群内成员将自身标签改为所在“城市 + 职业 + 姓名”，这就使得群内成员有了从线上交流发展到线下的一种可能。从某种意义上来说，这增加了整个社群的用户黏性。

问题：请阅读以上资料，谈谈本模块所提及的社群营销运营策略在“薄荷阅读”中如何得到体现；你还参与或者了解过哪些学习型社群，试选两个与本文中的案例进行对比。

Module 8

模块八
其他类型新媒体营销

学习目标

知识目标

◎ 了解游戏营销、知识问答营销、App 营销的基本概念等

◎ 理解游戏营销的种类，知识问答营销的价值、App 营销的营销特性

◎ 掌握游戏营销的策略、知识问答营销的技巧、App 营销的营销模式

能力目标

◎ 能解释游戏营销、知识问答营销、App 营销的思路

◎ 能在营销活动中合理运用游戏营销、知识问答营销、App 营销的策略

素质目标

◎ 培养跨界创新能力，探索新的营销思路和方法，勇于尝试和创新

◎ 培养问题解决能力，能运用所学知识完成营销任务

前面我们学习了微博、微信、视频等常见的新媒体营销方式，相信大家对新媒体营销有了较全面的了解。然而，随着互联网技术的发展，逐渐出现了很多新型的新媒体营销方式，它们在各自的领域都发挥了强大的营销作用。在整合营销的时代，需强调各类营销手段的综合应用。因此，在新媒体营销的领域，只掌握单一的营销方式是不够的，我们需要了解更多。

单元一　游戏营销

一、游戏营销的概念

电子游戏源自 20 世纪 70 年代，至今已经历了半个世纪，从传统的电视游戏，到计算机游戏、网游，乃至现时人人可玩的手游，未来可期的 VR 游戏……作为一个成熟的商业娱乐媒体，已俘获了大量的受众。

随着移动游戏时代的来临，相比以往昂贵的游戏和主机，玩游戏不再是一件奢侈的事情。只要一部手机，不同性别、年龄、品位的用户，都能玩到自己喜欢的游戏。而游戏独特的吸引力、强大的互动性、丰富的呈现形式，体现了巨大的营销潜力。再者，移动社交平台、短视频的兴起扩大了游戏的传播幅度，进一步提升了游戏的营销价值。因此，游戏成为各类品牌、广告商提升曝光度及影响力的新目标。

游戏营销应运而生。因此，游戏营销可理解为：以游戏（主要是电子游戏）为媒介，将广告、促销等营销信息植入游戏，让消费者在游戏互动中获得营销信息的营销方式。

【课堂活动】

调查一下，你周围的朋友都玩过哪些类型的游戏、最喜欢哪种游戏及原因。

二、游戏营销的种类及特点

从游戏平台的角度看，常见的游戏营销种类有：主机游戏营销、移动游戏营销、场景互动游戏营销。

1. 主机游戏营销

主机游戏是以计算机、游戏主机为操作平台，通过人机交互实现的游戏模式，分为单机游戏和联网游戏两种。主机游戏有着形式丰富、操作性强、深度体验的优点，因此主机游戏的广告植入效果更好。如日清方便面与《最终幻想 15》联动（见图 8-1），将广告植入游戏场景中，呈现跟户外广告一样的真实效果；甚至还推出跟产品一样的食品道具，玩家可以在游戏中“泡面吃面”。缺点是主机游戏价格较高，对设备配置的要求也高，并非所有玩家都能负担，导致营销范围有限。

图 8-1 日清方便面与《最终幻想 15》合作的广告植入

2. 移动游戏营销

移动游戏，即以手机或平板电脑等移动设备为操作平台，可通过软件商店直接下载安装的游戏。除了基于移动系统的 App 游戏，微信内的小程序游戏，或通过移动端网页操作的 H5 游戏，都属于移动游戏。

得益于平台优势，移动游戏比主机游戏更普及，玩法也更多。例如，手游《明日方舟》与肯德基的跨界合作，通过完成手游任务换取肯德基主题道具，达到引流的效果；再如，积木品牌乐高开发的 H5 游戏（见图 8-2），玩家 DIY 积木人海报，并发布作品吸引点赞，以获得门店折扣和抽奖机会。

图 8-2 积木品牌乐高开发的 H5 游戏

【案例分析】

为团圆奏一首“月”

泸州老窖2022年推出的中秋创意H5小游戏《为团圆奏一首“月”》（见图8-3），游戏形式是定制一款专属的音乐海报：用户可以选择理想的中秋场景，按照自己的喜好组合不同的乐器，完成后可生成一张带音乐的中秋海报。

亮点：与以往的图片定制类小游戏不同，该游戏加入了多种风格的音乐素材，用户可发挥创意自行“编曲”设计，极具参与感。完成后的作品可保存到手机，或转发到朋友圈、微信好友等渠道，制造刷屏效应，完成节日传播，为品牌制造口碑传播的效果。

图8-3　H5小游戏《为团圆奏一首“月”》

问题：H5小游戏能够在朋友圈刷屏，主要依靠哪些因素？

3. 场景互动游戏营销

场景互动游戏是集合了增强现实（AR）、体感技术、人脸识别等新兴技术，以投影、屏械装置、移动设备为媒介的游戏形式。玩家可直接与游戏设施互动参与游戏，交互性更强。场景互动游戏常见于商业中心、大型展会等场景，线下曝光的优势使之成为广告投放的优质渠道。大屏互动版的切水果游戏如图8-4所示。

图 8-4 大屏互动版的切水果游戏

近年来场景互动类游戏呈现移动化趋势，用户通过手机即可体验。如奥利奥与支付宝联合推出的 AR 游戏“扭舔泡”挑战，用户通过支付宝扫描奥利奥饼干，或识别“扭一扭”“泡一泡”手势，即可打开不同的 AR 小游戏（见图 8-5）。

图 8-5 奥利奥联名 AR 游戏

三、游戏营销的策略

随着游戏的营销价值不断提高，如何将传统的营销思路与游戏结合，是广告主需要思考的问题。常用的游戏营销策略包括福利派送、广告植入、定制游戏三种。

1. 福利派送

抽奖、送礼、优惠券派发等福利活动是游戏营销中最常见的手段。例如，支付宝喜闻乐见的“答题瓜分千万积分大奖”的游戏；商家通过 H5 游戏的形式，向客户发送转盘游戏进行抽奖；在展会中通过大屏互动进行答题赢红包游戏（见图 8-6），派送手气红包……商家可通过这些操作简单、随时可玩的小游戏向客户派送福利，加强与客户的互动。不少游戏还融入了排行榜、成绩分享、邀请好友、组队等社交元素，更能强化营销效果。

图 8-6　大屏互动答题赢红包游戏

【小资料】

蚂蚁森林 × 熊出没·绿色环保活动

号称“6 亿人，在支付宝起早贪黑一起种树”的模拟植树游戏“蚂蚁森林”，是支付宝平台推出的一款公益性小游戏，旨在通过用户步行、骑行、线上缴费等日常低碳行为，来积累绿色能量。这些能量可以在蚂蚁森林中种植虚拟的树木，而每棵虚拟树的成功种植，支付宝及其公益合作伙伴就会在现实中种下一棵真树，以此助力环保，改善生态环境。

蚂蚁森林于 2023 年年底与人气动漫 IP “熊出没”联名，推出共建公益林的活动。目的是借助支付宝蚂蚁森林游戏的人气，推广熊出没新电影，同时向大众传达保护森林的理念（见图 8–7）。活动基于蚂蚁森林的玩法，只需要在指定时间完成定量的浇水任务，即可获得熊出没主题皮肤、联名红包封面等周边。

图 8–7　共建公益林

2. 广告植入

广告植入是最直接的游戏营销方式，通过品牌背书，在游戏受众中获得关注。商家可将品牌、产品元素植入游戏中，可渗透于游戏的场景、环节和道具中，适用于大型网游。例如知名国创手游《崩坏3》曾与必胜客开展为期一个月的联动活动（见图8-8），登录游戏签到可免费领取必胜客优惠券，并可获得联名游戏道具，让广告出现在游戏中。

图8-8　手游《崩坏3》与必胜客联动

【小资料】

蛋仔守护月——反诈教育游戏化

为了积极响应社会反欺诈行动并强化未成年人网络安全意识，《蛋仔派对》于2024年3月开展“蛋仔守护月”活动，将反诈宣传设计成多种形式的彩蛋，嵌入游戏里（见图8-9）。

（1）反诈小课堂：采用漫画形式，以轻松有趣的视觉体验传授反诈骗知识，让玩家在享受阅读乐趣的同时增强防范意识。

（2）趣味答题挑战：推出防诈骗答题环节，通过互动问答激发玩家学习兴趣，加深对诈骗手法的理解与记忆。

（3）反诈主题地图：创新推出如“反诈联盟”“防诈有蛋沪平安”等地图，让玩家在游戏过程中通过解谜、情景模拟等方式直接参与反诈教育，体验式学习防骗技巧。

（4）“安全有我”主题活动：在特定时间段内举办，通过发放反诈志愿者套装、设置环岛游行的虚拟志愿者等活动，营造浓厚的反诈氛围，提醒玩家时刻保持警惕。

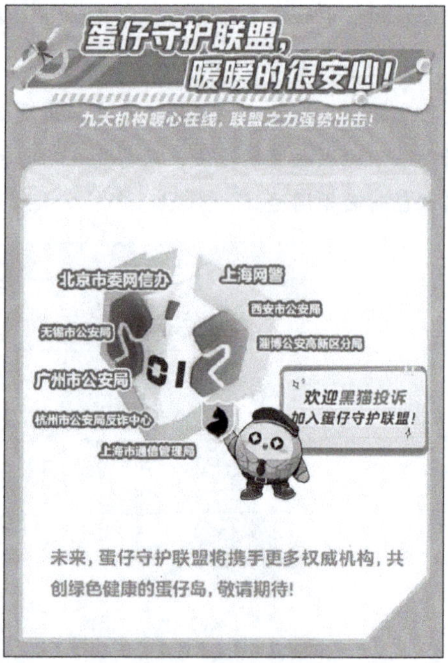

图8-9　蛋仔守护月宣传海报

“蛋仔守护月”活动将枯燥的反诈骗教育转变为寓教于乐的游戏体验，提升了公众尤其是未成年群体的安全防范意识，构建线上反诈防线，展现了企业对社会责任的积极履行。《蛋仔派对》的这一系列举措，不仅促进了游戏行业的正向发展，还为社会反诈工作贡献了创新思路，证明了数字娱乐在促进社会公益与教育中的巨大潜力。

3. 定制游戏

定制游戏是为了推广某个品牌或产品而定制的短期活动，其影响力是有时限的。产品的信息与游戏的场景、环节和道具相结合，游戏吸引客户参与，同时在游戏中了解产品。例如某次草莓音乐节，主办方定制了主题为《创造「我」的草莓音乐节》的 H5 游戏（见图 8-10）。粉丝可定制属于自己的音乐节装扮，获取定制海报。再如，中国移动的定制 H5 问答游戏《一个难倒所有人的 5G 入学测试》，通过趣味答题挑战，加深用户对 5G 网络产品的了解。

图 8-10　草莓音乐节定制海报 H5 游戏

【课堂活动】

从以上三种游戏营销策略中选择一种，为一家凉茶饮料公司设计产品推广方案。

单元二 知识问答营销

一、了解知识问答营销

大家遇到不明白的问题时，会不会到问答平台寻求帮助？知识问答平台的出现，为知识传播带来了更大的便利。对于商家来说，知识问答平台则提供了除社交平台外更优质的互动空间，能随时知道大家关心什么、需要什么。通过知识问答平台，商家可解答业务领域的问题，以打造口碑；或是在不违反平台规则的前提下，巧妙地在回答中植入广告；或是通过知识问答平台与粉丝 / 消费者进行日常交流……

所以，知识问答营销可理解为：利用知识问答平台，与潜在消费者展开互动，或运用软文技巧让广告信息植入问答中的营销方式。

二、知识问答平台的种类

按照平台特性，知识问答平台分为以下两种：

1. 基于搜索引擎的知识问答平台

基于搜索引擎的知识问答平台有很多，例如百度知道（见图 8–11）、搜狗问问等。得益于搜索引擎的权重偏向，在搜索中能出现与关键词相关的问答内容，是品牌进行搜索优化的低成本的方式之一。

图 8–11　百度知道页面搜索“新媒体营销”

2. 基于自媒体的知识问答平台

与自媒体关联的知识问答平台数量也不少，例如知乎、微博问答等。答主可在输出日常内容的同时，通过回答互动塑造品牌形象。图 8-12 为知乎和微博问答页面。

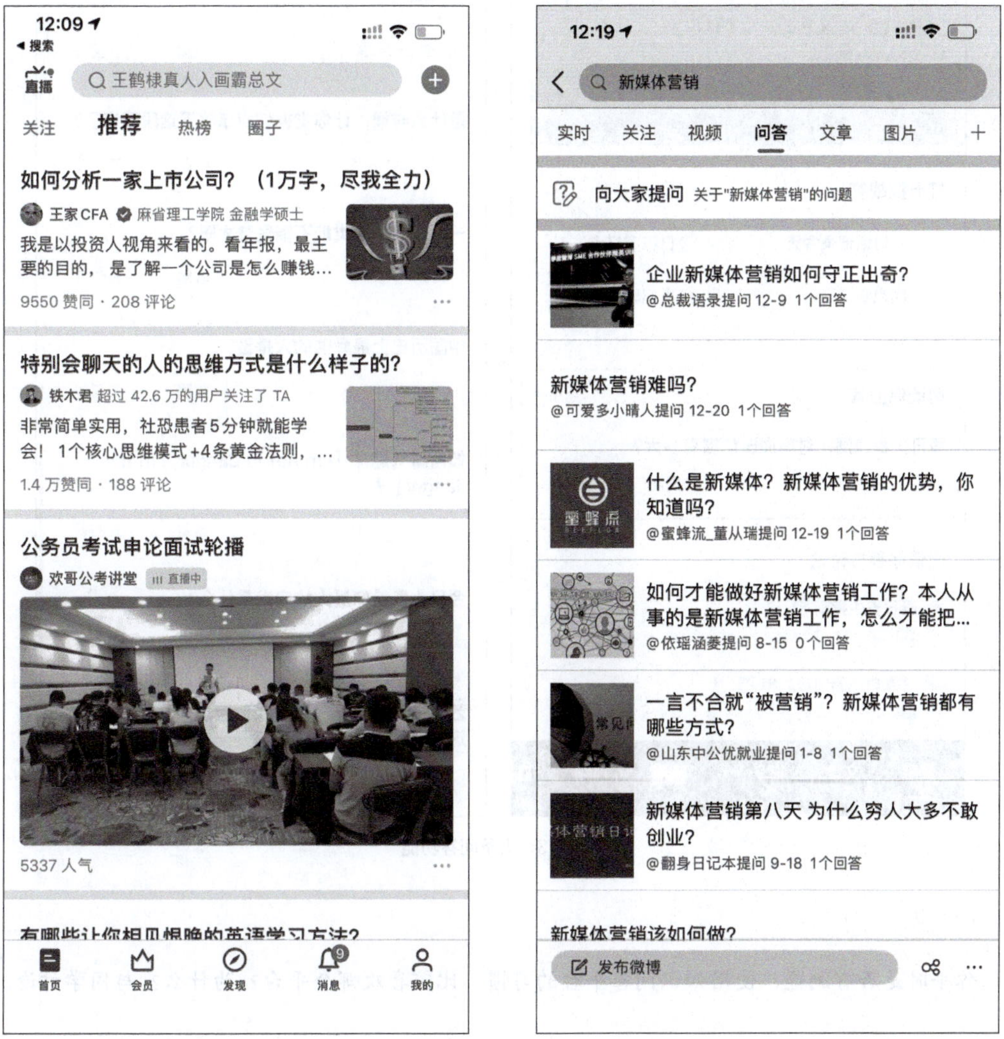

a）　　b）

图 8-12　知乎和微博问答

a）知乎　b）微博问答

【小资料】

头条问答：能赚钱的问答平台

头条问答（前身为“悟空问答”），以信息获取和知识讨论为定位。用户可在今日头条 App 的“灵感”菜单中找到问答功能（见图 8-13）。头条问答的亮点在于，优质答案能为答主带来现金收益。目前，用户满足粉丝数大于等于 100，平台信用分达到 100 分的条件，即可开通问答创作权益。创作收益由回答质量、阅读量、阅读时长等因素综合决定。

图 8-13　头条问答功能

【课堂讨论】

你平时是否有浏览、使用知识问答平台的习惯，比较喜欢哪个平台？为什么？与同学讨论。

三、知识问答平台的营销价值

知识问答平台作为日常应用之一，商家在平台内找到目标受众，并通过问答内容影响目标受众，使其转化为潜在客户或消费客户，这就是问答营销的原理。基于此原理，知识问答平台的营销价值主要体现在以下四点：

1. 产品宣传

商家可参与产品相关的问答，以软文的方式编写答案，在其中嵌入产品相关信息（介绍、海报、购买链接等），受众通过阅读答案获得广告信息。例如携程邮轮在知乎上针对旅游相关的问题编写旅游干货，在答案中嵌入邮轮旅行的信息（见图 8-14）。

图 8-14　携程邮轮的知乎推广

2. 品牌宣传

自媒体可通过解答问题，树立专业形象，提高品牌知名度。例如，教育领域的自媒体可以在头条问答的教育类问题上互动（见图 8-15），以提升影响力。奥迪官方在知乎关于奥迪企业文化的问题下回复，向粉丝科普企业文化，让粉丝更了解品牌（见图 8-16）。

有时不一定是品牌去回答问题，品牌也可以提出问题让粉丝回答，在互动中拉近彼此的距离。如知乎有“品牌提问”的功能，品牌方可以向粉丝发布问题。例如 vivo 此前作为综艺节目《快乐大本营》的合作方，在节目 20 周年时向粉丝征集回忆，结合情感营销的方式，稳固节目口碑，提高粉丝的支持率，为品牌获得更多曝光（见图 8-17）。

目前，知乎也开通了“圆桌讨论”板块，由知乎的各个行业号发起，与对应行业品牌联名组织线上圆桌讨论会。知乎和品牌联合发布一系列行业相关问题，并邀请相关领域的知乎达人作为嘉宾，吸引网友一起回答、讨论。例如知乎家居、家电官方账号与“深圳家居设计周”联名的“这个家被我装到了”圆桌讨论活动，通过设置多个家居相关的话题，精准吸引对家居布置感兴趣的网友讨论（见图 8-18）。

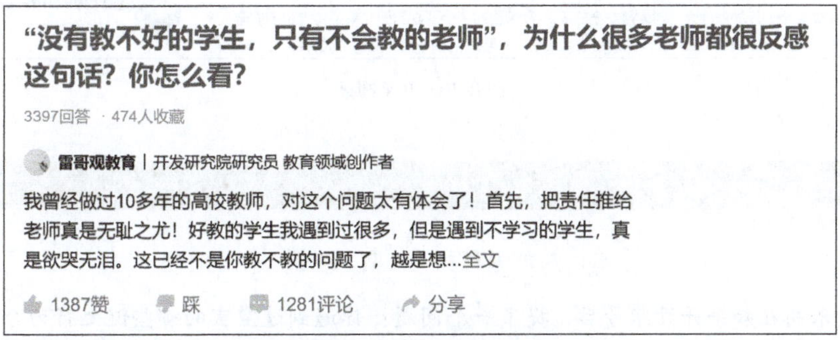

图 8-15　教育领域自媒体在“头条问答”互动

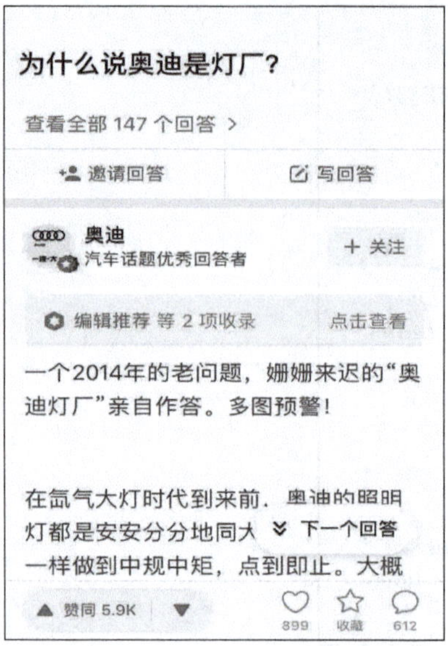

图 8-16 奥迪关于企业文化的科普

图 8-17 vivo 与《快乐大本营》合作征集问题

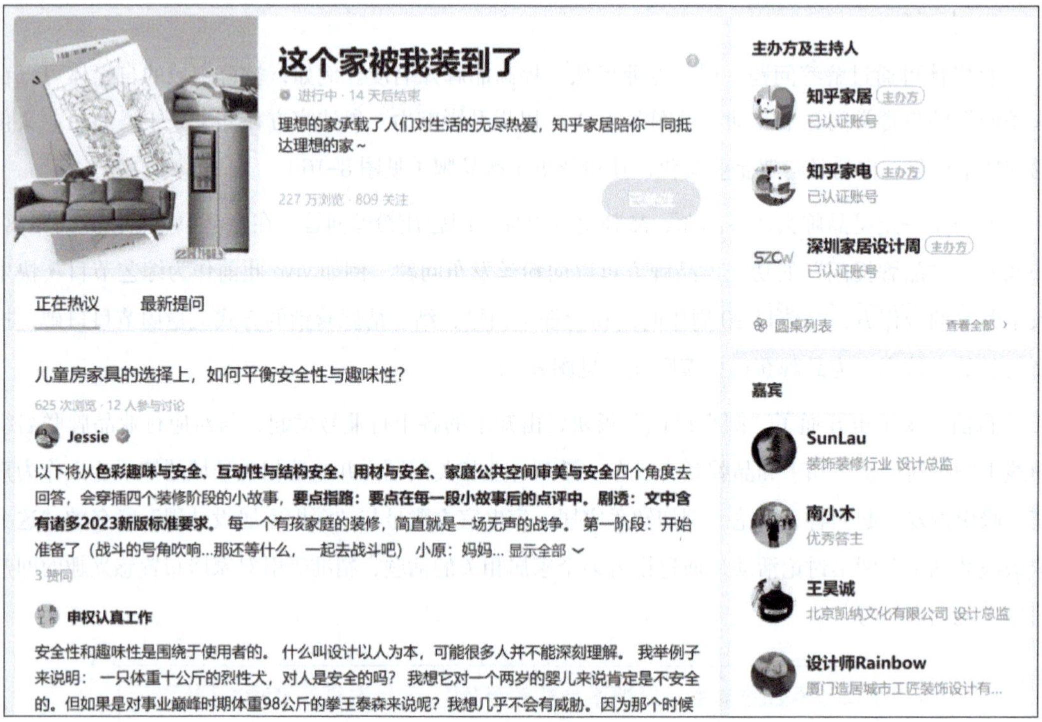

图 8-18 知乎圆桌

【案例分析】

乐高如何利用知乎进行品牌推广？

2017 年乐高在知乎开设账号后，提了一个问题：你遇到过宝宝的哪些谜之行为令人费解？如图 8-19 所示。

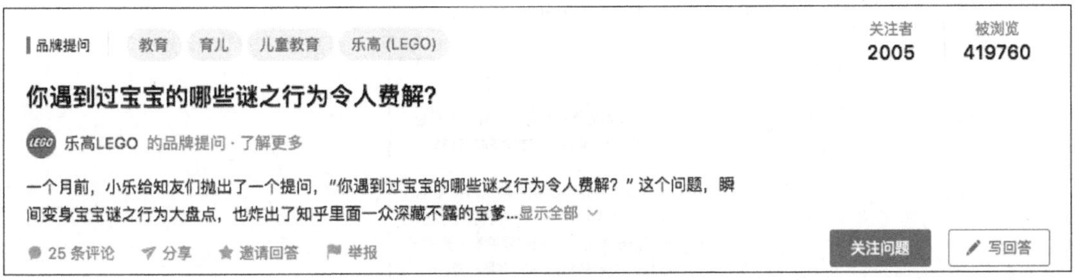

图 8-19　乐高在知乎问答

问题一出来，引起了不少父母的共鸣。宝爸宝妈们立刻在提问下分享了家里宝宝有趣的行为，内容图文并茂，用心且精彩，吸引了不少点赞。

以往我们理解的知乎营销，实质上是“知识营销”，品牌方通过给用户提供优质的回答，在知识传播中提升品牌价值。但传统的知识营销是长期投资，需要不断积累才能产生效果。假如品牌方需要的是立竿见影的效果，显然不是一件容易的事情。

于是乐高选择转为主动，从传统的回答者转变到提问人的角色，通过主动发布问题，吸引用户参与。当然，品牌方在知乎需要先开通认证的机构号，并发布“品牌提问”。与一般的提问相比，品牌提问有更多权限，包括广告和品牌露出，以及更优质的传播效果等。乐高也是利用了这一点，在主动控制话题的同时，主动引导传播。

当然，这也并非单纯的互动，这次提问的目的，是推广乐高旗下的学前玩具系列——乐高得宝（见图 8-20）。因此，为何选择知乎传播，为何选择这样的问题，答案就很明显了：面向互联网环境下成长、喜欢晒娃、有一定学历与知识基础的年轻父母。也许他们也注重科学育儿，也会提到孩子的玩具，这就跟产品产生了关联。

乐高在问题下附上了一个 H5 链接，H5 的内容是介绍关于孩子在运动、语言、认知和社交等方面能力的成长知识。父母知友们在分享孩子的谜之行为后，也能通过 H5 了解孩子的行为是怎么产生的。

图 8-20　乐高得宝

3. 平台引流

新媒体平台（如微博、微信公众号、网站等）利用知识问答平台进行引流，吸引新粉丝关注。例如头条问答与头条号关联，答主可通过高质量的答案吸引粉丝，是头条号增粉的常用方法；也可以在知乎问答中嵌入引导语、海报、链接等素材，实现增粉效果（见图 8-21）。

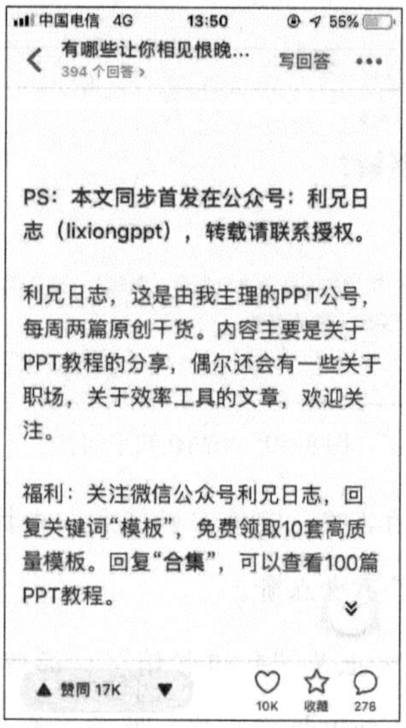

图 8-21　自媒体利用知乎推广微信公众号

4. 危机公关

企业在遇到负面新闻时，可借助知识问答平台及时进行公关。基于知识问答平台的理性特点，能够将真实信息有效传播，减少信息歪曲等风险。以知名视频网站哔哩哔哩（B 站）为例，2016 年因视频播放前插入贴片广告，受到粉丝质疑。在事件发生 24 小时内，董事长陈睿在知乎亲自回答了粉丝的质疑，成功挽回企业形象（见图 8-22）。

图 8-22　B 站董事长陈睿借助知乎完成公关

四、知识问答平台的营销技巧

知识问答平台的本质与新媒体内容平台类似，也以输出内容为主。要求运营者要有一定的用户定位能力，以及信息搜集整理、文案编写等技能。实操中可采用如下技巧：

1. 关键词定位

在知识问答平台搜索关联问题，可直接列举关键词，搜索并进行回复。列举关键词有两种方法：

（1）业务关联。从品名、品牌、功能、特点等入手，如吸尘器的关键词，可以通过吸尘器、戴森、吸尘、清洁等单个或组合的关键词入手。

（2）周边关联。从长尾词入手，例如竞品、周边行业、时事热点等。

2. 选择问答方式

品牌在知识问答平台的互动方式有以下三种：

（1）主动在知识问答平台搜索问题进行解答。

（2）直接向受众提问。

（3）商家或品牌方也可以自行设置问题，通过“自问自答”的方式进行回复推广。

以下几种常用问题设置的句式可供参考：

评价型：如何评价 ××；×× 怎么样；买过 ×× 的能说说感受吗……

比较型：×× 与 ×× 有什么不同（区别）；×× 与 ×× 哪个比较好……

推荐型：哪一款 ×× 比较好；什么牌子的 ×× 好……

3. 编写答题文案

认真准备每一个回答，是知识问答平台运营的基本素质。高质量的答案能提高被平台推荐的概率，获得受众的认可。要想做出高质量的答案往往要注意以下几点：

（1）回答时要审题，切忌发生离题、答非所问等情况。

（2）写作表达上强调真实感，尽量避免官方语气，也不需要“卖萌”，用日常交流的口吻即可。

（3）回答要逻辑清晰，按观点、按步骤一点一点列举清楚。

（4）评价型、推荐型回答要突出个人观点，比较型问答要中立、客观。

（5）适当配图，引用视频等新媒体资料。

单元三　App 营销

一、了解 App 与 App 营销

App（Application Program）从大众角度可以简单理解为“手机软件”，即主要安装在智能手机、

平板电脑等移动设备上的软件。随着智能手机的普及，App 已经是手机用户的“家常用品”。常用 App 的种类以通信、游戏、视频为主。较长的使用时间、较强的消费意愿，为 App 在营销领域提供了良好的发挥空间。

因此，App 营销可以理解为通过智能手机、平板电脑等移动设备上的应用程序来开展营销活动。在新媒体营销的环境下，App 是品牌与用户建立服务关系的重要渠道，是连通线上线下渠道的桥梁。

二、App 的类型

按照功能分类，App 主要分为以下六种类型：

1. 工具型

工具型 App 解决用户单个或少量的需求，使用直接、便利。缺点是功能单一、用户黏性低、可替代性强。常见的工具型 App 有高德地图、搜狗输入法、墨迹天气、印象笔记等。

2. 内容型

内容型 App 提供各种领域的内容，不同兴趣爱好的用户都能找到自己想看的内容，而且内容形式多样，从图文、音频到视频无所不包。平台可通过吸引用户消费内容，以促进商业转化。常用的内容型 App 包括微博、今日头条、抖音、喜马拉雅等。

3. 社交型

社交型 App 满足用户的社交需要，提供平台连接用户，建立关系。社交型 App 提供各种各样的社交方式，包括通信、垂直领域、内容社交等。社交型 App 有着高黏性的优点，是商业转化的基础。常见的社交型 App 如知乎、小红书、美柚、脉脉等。

4. 交易型

交易型 App 用于线上交易，可以理解为电子商务应用。常见的 B2C、C2C 商务模式，就体现在交易型 App 上。常见的交易型 App 包括京东、小红书、拼多多等。

5. 平台型

平台型 App 是一个综合体，能满足用户的多种需求。就如同一个健全的小区，能满足住户社交、医疗、饮食、交通等生活需求。同理，平台型 App 能同时容纳多种形式的应用，里面会有工具、内容、社交、交易、游戏等元素，能全方位服务用户。常见的平台型 App 如微信、淘宝、支付宝、百度等。

6. 游戏型

与平台型 App 的综合性、服务性不同，游戏型 App 以趣味性和交互性为特点，也会适当加入内容、社交、交易等元素。

三、App 的营销特性

1. 精准性

App 的精准性体现在两个方面：首先，App 是用户主动从应用商店下载到手机中的，基本确保了用户喜欢或需要该款 App，是 App 的真实用户。当用户通过 App 的分享功能进行分享，社交圈里相似特质的用户也会聚集起来。其次，用户在使用 App 的过程中，后台会对用户的信息进行收集，包括登录信息、定位信息、浏览信息等。App 会分析这些信息，通过大数据的方式识别用户的兴趣、习惯等特性，以准确提供用户需要的服务。例如用户在今日头条浏览文章，后台通过收集用户在各类文章的浏览频率、停留时间，便能识别用户的阅读兴趣，向用户推荐他们感兴趣的文章。

2. 交互性

得益于触摸屏的普及，App 提供了丰富的互动，带来了更贴近的体验。以视频广告为例，传统的电视商品广告在选定频道后，只有看或不看的选择，观众能做的并不多。而在淘宝 App 上观看商品视频，视频的播放速度、进度可自由选择；也能通过评论、点赞等方式和商家互动；还会附有商品的网店链接，有兴趣可以点进去选购。比起传统媒介的单向传播，App 在用户接收信息时，还提供了一系列反馈操作，达到了双向交互的效果。

【小资料】

同步交互和异步交互

同步交互，指的是实时交互。受众在接收信息的同时做出反馈，信息平台也会即时收到反馈并回应。例如你在浏览 B 站的美食视频时“一键三连”，平台会接收到你的关注偏好，从而立刻调整首页推荐内容，下一次刷新你就会发现首页多了很多美食视频；或者直播中，网友向主播提问，主播能即时回答。

异步交互等同于写信，信件寄出后，收件人什么时候会回复则取决于对方。所以异步交互是在受众接收信息后隔一段时间再进行反馈的机制。

3. 用户黏性

App 的用户黏性，可理解为 App 对用户的吸引力。吸引力越强，用户对 App 的忠诚度就越高。App 用户黏性主要体现在高频使用 App、对 App 的服务有较强需求、在 App 与其他用户进行互动等行为上。

【小资料】

拉勾招聘 App 如何增强用户黏性

“拉勾招聘”是一款求职类 App，为了增强用户对 App 的黏性，主要用了三种方法：

（1）打造定制化服务，节省用户时间。在拉勾招聘可通过地域、职位、薪酬等偏好定制需求，平台就能根据需求，帮助求职者选择公司，提高用户的决策效率。

（2）多场景应用。单纯的求职场景自然是单调的，拉勾招聘还为职前准备提供了服务，例如基础的求职技能、职业技能培训课程，还有便于了解公司情况的公司库、榜单、探秘视频，帮助用户做好准备。

（3）强化社交环节。拉勾招聘提供了直接与人力资源部负责人沟通、面试评价和公司问答三个社交功能，便于企业和求职者交流。

四、App 营销的模式

品牌利用 App 有效开展营销活动可参考以下四种模式：

1. 广告投放

广告投放是 App 营销中最基本的模式。开发者可以在 App 中加入广告栏，如开屏、弹窗、横幅和信息流等。广告主在广告栏加入图文、视频等内容，用户点击广告栏即可进入详情页或引流到其他 App。广告投放模式较为简单，只要将广告投放到热门的、受众重合的 App 即可。而对于 App 运营方，则需要把平台质量做好，积累用户，增强用户黏性以提高自身广告价值，才能吸引广告方投放。图 8-23 和图 8-24 分别是信息流广告和开屏广告。

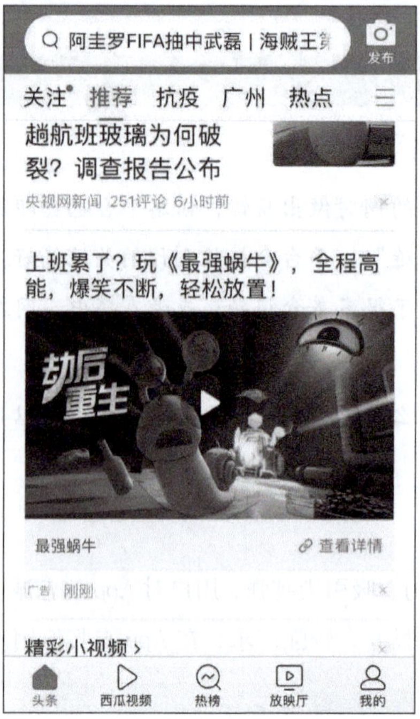

图 8-23　今日头条 App 的信息流广告

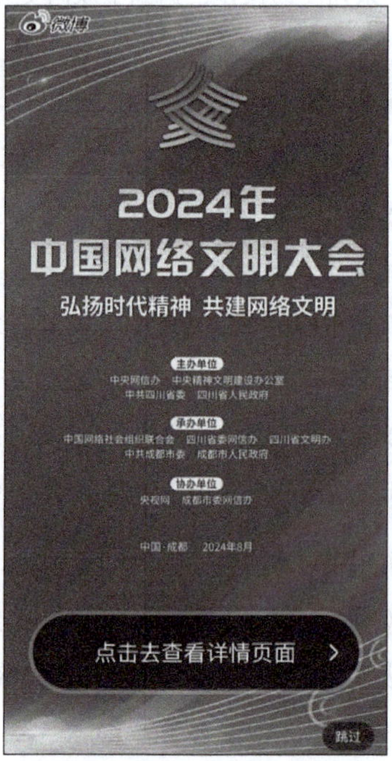

图 8-24　新浪微博 App 的开屏广告

2. 内容营销

品牌可通过设计专门的 App，向用户提供专业的内容，或为用户提供生产内容的机会。平台通过为受众提供丰富、优质的内容，吸引用户观看，并促进商业转化。如影视分享平台“新片场”App（见图 8-25），为专业影视制作者和制作机构搭建分享个人作品、互相交流及拓展业务的平台，并在用户积累的基础上，向用户提供专业的影视课程。

图 8-25　新片场 App

【小资料】

PGC 与 UGC 的区别

PGC（Professional Generated Content）：专业生产内容，可以理解为专家提供内容、制作内容。例如 36 氪、虎嗅网等网站，就是由互联网、科技、营销等领域的专业写手进驻，为平台提供高质量、权威性更强的内容。

UGC（User Generated Content）：用户生产内容，即由平台用户原创的内容。如常见的抖音、快手、哔哩哔哩等平台，就属于 UGC 平台，用户自行制作并分享内容。

3. 会员营销

传统的会员管理模式，是给客户开通会员卡，然后通过社交媒体、电话、短信或电子邮箱等方式与会员保持服务关系。但缺点是，客户未必能留意到客服的信息，无形中会失去客户的关注，甚至流失客户。

App 可提供完善的会员管理系统，推广信息、产品购买和日常服务等功能都集中在 App，用户可随时开通会员并在 App 消费。如星巴克 App（见图 8-26）在用户加入会员后即可使用，会员可通过 App 下单点餐。同时，所有会员优惠都配合 App 完成：会员可以清楚看到个人积分、等级等情况，容易刺激会员消费以换取升级优惠；另外，平台也会定期派送礼券供会员兑换，增加会员的消费频率。

图 8-26　星巴克 App

4. 电子商城

在 App 满足用户需求并有一定知名度的基础上，可以考虑在 App 加入电子商城功能，适当出售与平台核心服务相关联的商品。例如“下厨房”App（见图 8-27）在菜谱分享功能的基础上，加入了“市集”板块，出售食材、餐具、食品等商品，确保品牌有稳定的盈利。

图 8-27　“下厨房”App 的市集

【课堂讨论】

同学们都用哪些 App？其中会用到以上提到的哪些模式？

模块小结

1. 游戏营销

从游戏平台的角度看，常见的游戏营销种类有：主机游戏营销、移动游戏营销、场景互动游戏营销。常用的游戏营销策略有福利派送、广告植入和定制游戏。

2. 知识问答营销

知识问答平台的营销价值主要体现在以下四点：产品宣传、品牌宣传、平台引流、危机公关。掌握知识问答营销需要定位关键词，选择问答方式，再编写答题文案。

3. App 营销

App 分为工具型、内容型、社交型、交易型、平台型、游戏型六种，App 营销有着精准性、交互性和用户黏性三大特性。品牌可利用 App 的广告投放、内容营销、会员营销和电子商城营销等营销模式获得盈利。

练习题

一、单项选择题

1. 游戏营销中最常见的策略是（　　）。

A. 广告植入　　B. 福利派送　　C. 定制广告　　D. 付费内容

2. 下列哪一种是基于搜索引擎的知识问答平台？（　　）

A. 知乎　　B. 微博问答　　C. 搜狗问问　　D. 头条问答

二、多项选择题

App 的营销价值包含（　　）。

A. 黏性　　B. 精准性　　C. 趣味性　　D. 交互性

三、问答题

1. 在知乎上搜索问题“企业如何用新媒体做营销”并编写答题文案。

2. 请分析：App 营销可以与你学过的哪些营销方式结合？结合后会产生怎样的效果？

四、案例分析题

请阅读以下材料并回答问题：

1. 猜画小歌

谷歌 AI（Google AI）发布了一款体验人工智能交互的微信小程序：猜画小歌（见图 8–28）。游戏机制简单有趣，就是玩“你画我猜”。但不一样的是，猜画的人不是你的网友，而是谷歌 AI。用户要在有限的时间内，按照给出的文字提示（比如狗、钟表或鞋子）勾勒图画，谷歌 AI 则会在时间结束后猜出你画的物体。至于它猜得对不对，就看你的画工了。

2. “跳一跳”的麦当劳广告

小程序游戏“跳一跳”一度火遍微信，高流量自然带来广告价值。麦当劳作为跳一跳首个进驻的品牌，在春节除夕和初一，随着多人玩法一起上线。玩家跳上了麦当劳定制盒子后，盒子会变成白色，并出现品牌文案，响起熟悉的音效“I’m loving it”。如果适当停留，则可以获得 20 分的额外加分，并看到特效动画。

图 8–28 微信小程序猜画小歌

3. 腾讯中秋月饼

中秋将至，腾讯定制了品牌月饼。月饼盒上印着故宫、长城、敦煌等中国著名景点的图片。人们可以一边享受美食，一边体验文化。例如故宫月饼盒，拆开包装可以获得故宫的路线图，用手机扫描图中二维码，还可以直接跳转到故宫博物院小程序，学习相关的历史文化知识。

问题：小程序的优势有哪些？小程序的出现对游戏营销和 App 营销会有哪些冲击？

Module 9

模块九
新媒体营销与大数据推广

学习目标

知识目标

◎ 了解大数据推广的基本概念、原理及特点等

◎ 理解大数据推广在新媒体营销中的应用

◎ 掌握新媒体运营中的大数据分析工具

能力目标

◎ 能解释大数据推广技术原理

◎ 能举例说出大数据推广在新媒体营销中的应用

◎ 能应用数据分析平台查看新媒体数据资料

素质目标

◎ 培养市场洞察意识

◎ 培养信息搜集能力

当大量的数据汇总到一起，能产生怎样的化学反应？科学技术的发展，尤其是计算机技术的进步，让我们可以从一堆烦琐的数字里，找到有用的信息。人口数据能帮助政府机构了解民生情况，科学数据能有效推进科研工作开展，经济数据能为商业决策提供参考……当新媒体营销遇上大数据会怎样呢？这是本章要探讨的问题。

单元一 大数据与大数据推广

1. 大数据的概念

顾名思义，大数据（Big Data）就是大量、海量的数据信息。“大数据”这一术语于1997年首次使用，美国宇航局研究员（迈克尔·考克斯和大卫·埃尔斯沃斯）在用计算机模拟飞机气流时，生成了大量数据信息，超出了现有储存设备的承载能力，他们称之为“大数据问题”。由此可见，大数据是一种海量、高产、多样化但难以处理的数据信息，需要更先进、高效的处理模式。

2. 大数据推广的概念

从大量的用户/客户数据中挖掘有效数据，通过大数据技术进行分析与预测，最终使推广更加准确有效，这便是大数据推广。

在日常生活中，用户打开手机使用某个App，从注册、登录、浏览、点赞、评论、转发到消费，使用的数据都会留存到后台，运营商可通过提取、分析这些数据（例如个人信息、阅读量、分享数、停留时间、消费记录等），了解用户关心什么、喜欢什么，从而做出准确的营销决策。

以美团App为例，平台能通过用户浏览、点单等历史数据，分析用户的消费习惯和兴趣爱好，推荐用户可能感兴趣的餐馆、景点等，提高用户消费意愿。通过大数据推广技术，可减少用户搜索、选择服务的难度，提高使用体验，增强用户黏性。

【案例分析】

大数据赋能农村电商，创新实践引领乡村振兴

在新时代的浪潮下，大数据正对农村经济产生深远影响，成为推动乡村振兴战略实施的关键因素。以下三个案例，展现了大数据如何在农村电商领域发挥着关键作用，引领传统农业迈向数字化转型。

案例一：广西容县——数据大屏下的决策智慧

广西容县政府创新性地构建了大数据平台，实现了数据的实时监控与分析，通过数据大屏，直接服务于地方商务决策层。这一举措不仅让政府能及时把握农村电商的发展脉搏，还有效指导了农产品网络零售策略的制定。通过大数据的深度挖掘，容县政府得以预判市场趋势，规避风险，为乡村振兴战略打下坚实的基础。

案例二：江苏灌南县——大数据引领的市场先机

江苏灌南县依托农村电子商务大数据中心，汇聚了农产品交易、消费及物流等多维度数据，极大提升了市场预测的前瞻性和准确性。大数据中心让当地农产品企业能够快速响应市场变化，精准匹配消费者需求，实现营销策略的个性化定制。灌南县的实践证明，大数据已成为农村电商抢占市场先机、优化产销结构的利器。

案例三：重庆“村村旺”——大数据驱动的交易革新

作为全国首屈一指的农村电商综合服务平台，“村村旺”融合农业大数据与交易结算技术，打造了一个安全高效的数字化交易环境。该平台不仅简化了农产品 B2B 交易流程，实现了资金的闭环管理，还解决了长期以来困扰农村电商的信用与供应链结算难题。“村村旺”正引领一场农村电商交易模式的革命，加速农产品流通的现代化进程。

大数据的应用不断拓宽着农村经济的发展边界。未来，随着技术的不断进步与应用的深化，大数据必将在推动农村电商高质量发展中扮演更加重要的角色，开启智慧农业的新纪元。

单元二　大数据推广的特点

对于新媒体营销，大数据推广的核心是“天时地利人和”，即让媒体选择合适的渠道，在合适的时候，以合适的方式，推送给合适的受众。大数据推广成为营销活动中更为便利的辅助工具，其特点主要表现在以下几个方面。

1. 数据源多样

随着网络技术的发达，日常生活留下的使用数据也越来越多。浏览历史、点赞转发、消费记录、停留时间……大量的数据积累，只有从多平台、多维度采集数据，对受众的了解才能更全面。采集数据的平台包括软件应用、媒体平台、电子商务平台、智能硬件等。

2. 处理效率高

在信息爆炸的时代，受众对热点的关注分散，一些热点事件的热度很快就会消失。同理，受众的消费行为也会在短时间内发生变化。如何随时关注受众的情况，即时做出营销决策，成为竞争的重点。利用大数据技术可从各种来源的数据中快速获得有效信息，营销人员在计算机前就可以完成分析和决策。

3. 推广个性化

传统营销理念以媒介渠道为导向，广告投放要考虑媒体的知名度、关注度等问题。大数据环境下，营销转向个性化，强调以受众为中心。大数据技术可以了解受众在哪里、活跃时间、喜欢看什么等信息，指导媒体向不同受众发布符合其偏好的信息。例如不同的受众使用小红书 App，在首页看到的推荐内容都不完全一样。这就是平台基于用户大数据（个人信息、浏览数据等）做出的个性化推荐。

【课堂讨论】

打开手机，同学之间互相看看彼此的淘宝、抖音，这些 App 给每个人推荐的产品、视频都不一样。为什么会不一样？

单元三 大数据推广的营销价值

1. 受众定位

所有营销人员都会考虑这一系列问题：受众是谁？粉丝从哪里来？潜在客户在哪里？传统的市场调查方式效果不明显、成本高；受众注意力分散，难以锁定受众群体；信息渠道多，受众选择面广，难以捕捉……各种因素综合增加了受众定位的难度。

怎样才能找到受众群体呢？在日常生活中，我们可以通过相貌、个性、身份、地位等特征识别人群。在网络环境下，系统通过采集个人信息、使用习惯、消费等数据进行用户画像（见图 9-1）。当大量的数据集合到一起，通过贴标签、归类、提取，便可描绘出一个可识别的虚拟用户（用户画像），它能代表某类特定的受众群体，便于参考以实现精准营销。

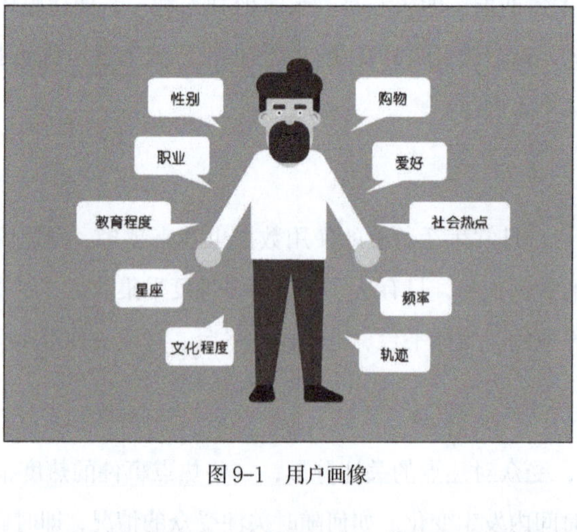

图 9-1 用户画像

【案例分析】

京东茗茶类消费者的“用户画像”

京东在 2012 年开始引入愿意尝试电商销售的茶叶商家。2013 年京东平台已经吸引大量线下商户进驻，大量茶叶品牌随之加入电商平台。至 2017 年，京东茗茶类商家已达 2700 家。在第六届北京国际斗茶文化节暨首届鸟巢茶文化周，京东发布了 2017 年茶叶电商业态分析报告，并通过消费者数据勾勒出茗茶类消费者的用户画像。

通过数据分析，京东的茗茶消费者中，新用户占比 10%，老客户占比 90%，年均复购率为 30%，消费群体相对稳定。

从地域分布看，华东、华南两个喝茶大区分别占茗茶消费者的 21% 和 22%。而在电商影响下，华北的茗茶消费者占 24%。从城市类型看，一二线城市的茗茶消费者数量占比 55%，三四线城市的茗茶消费者数量占比仍可达到 43%。

2017 年茗茶类目价格数据显示，单价排名前三位的茶类是：黑茶（250 元）、白茶（241 元）、普洱茶（218 元）。普洱作为单价排名前三位的茶类，同时也是 2017 年增幅最快的茶类（25%）。可见京东客户消费水平较高，价格较高的礼盒较受欢迎。

由此可见，京东茗茶客户保持稳定，老客户忠诚度高。2018 年须继续关注新用户增长。茗茶消费者主要集中在华东、华南的茶叶产区，同时华北的需求因受到电商影响出现上升，报告建议进一步了解区域需求状况。另外，拓宽三四线品牌走向电商，提升影响力，也有着重要意义。

2. 精准营销

大数据为营销带来了更加科学的依据，数据可辅助企业开展营销活动。企业通常会基于对受众展开的数据分析，针对性地制定营销策略。

以淘宝为例，卖家大量增长，导致竞争越发激烈，不少卖家会在经营中遇到各种问题。所以卖家会借助各种工具优化运营，大数据分析工具就是其中之一。例如，卖家可通过淘宝“生意参谋”（见图 9–2）看到行业数据，了解自身在行业内的排名，及时调整战略；还可以通过实时指标，参考店铺的浏览量、下单量等数据信息，设定效果更好的货品上架、内容发布的时间。每天买家产生海量的浏览、消费数据，数据平台做好挖掘和分析，为商家经营提供科学的依据。

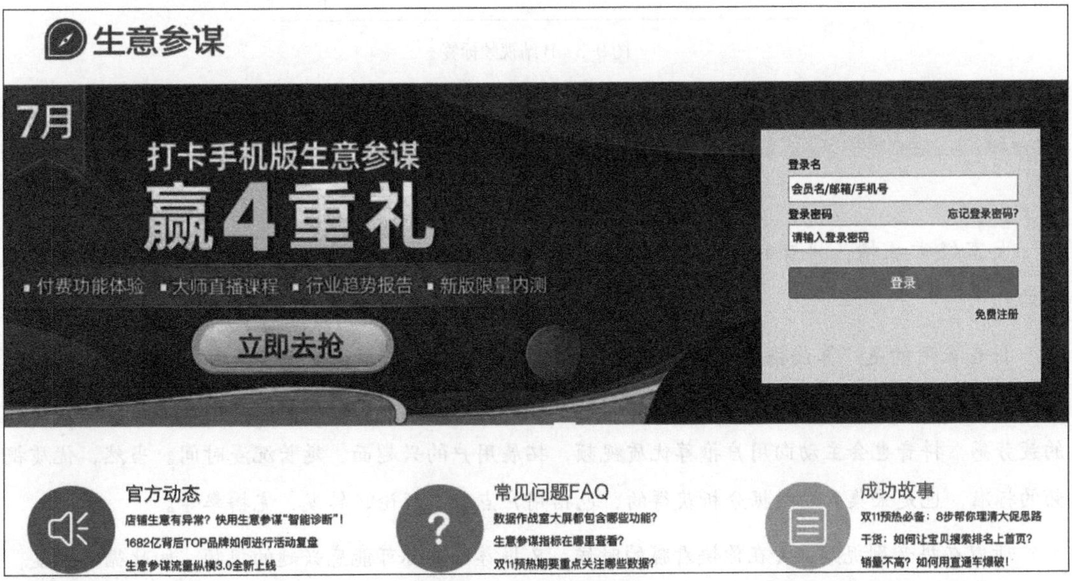

图 9–2　淘宝“生意参谋”

单元四 大数据推广 + 新媒体营销

那么，大数据推广如何影响新媒体营销呢？大数据推广让新媒体内容在合适的时间、地点，以有效的渠道和方式，精准投放到受众。相对于传统营销，大数据加持下的新媒体营销更具个性化，和受众的距离更亲近。以下通过几个热门领域说明。

1. 大数据推广 + 网络视频

打开视频 App 或网站，在首页或观看视频时，都能看到平台给我们推荐的其他视频。推荐机制丰富了我们的浏览内容，带来了更好的体验。目前各大网络视频平台都有专属的推荐模式，但基础都是对用户的大数据采集、分析与推广。用户在平台上的浏览、点赞、评论、搜索等互动数据，都会被记录下来。平台据此形成用户画像，并提取用户标签，将用户的兴趣、偏好、需求可视化地展示出来。这样平台就能知道用户大概喜欢看什么类型的视频、什么时候看、要找什么视频等行为信息，从而实现精准推荐。B 站视频标签如图 9-3 所示。

图 9-3 B 站视频标签

【小资料】

抖音是怎样让你上瘾的？

大家经常吐槽，抖音的视频怎么都看不完，一直看还会上瘾。那么抖音是怎样让我们上瘾的？

抖音采用的是“算法推荐 + 人工精选”的推荐机制。首先，后台会根据用户的互动数据，掌握用户的观看兴趣，从而推荐符合用户兴趣偏好的视频。除此之外，为了避免用户重复看同类推荐的疲劳感，抖音也会主动向用户推荐优质视频，拓展用户的兴趣面，延长沉浸时间。当然，优质视频的标准，也是采集互动数据分析获得的，包括用户点赞、评论、转发、完播率等。

所以在抖音刷视频，会在你快看腻的时候，又推荐一些你可能感兴趣的视频，如此循环往复，不上瘾才怪。

【课堂讨论】

根据网络视频大数据推广的原理，想想为什么抖音视频中经常出现模仿视频和挑战活动？有什么意义？

2. 大数据推广 + 新媒体电商

随着新媒体技术、内容的飞速发展，电商在其影响下被赋予新的价值——新媒体电商。传统电商通过新媒体手段（图文、短视频、直播等）开展营销，开创了新的流量渠道。同时，基于电商大数据的挖掘，便于电商平台将内容精准地推送给潜在客户，达到内容导购的效果。例如目前的小红书、淘宝微淘、淘宝直播等。

以小红书的笔记推荐模式为例（见图 9-4）。小红书每天产生上千万的笔记，包含了 KOL、普通用户的消费推荐、干货分享等内容。用户在浏览笔记的过程中，互动数据（浏览、点赞、收藏等动作）会被收集，形成用户笔记画像。系统通过用户画像，预估笔记内容效果（点击量、点赞量、收藏量等），以此对笔记进行评分，分数高的内容将以各种策略向用户展示。

图 9-4　小红书 App 笔记推荐模式

【小资料】

网易云音乐"年度听歌报告"

网易云音乐每年底都会推出一款人气应用"年度听歌报告"（见图 9-5），精准呈现用户在一年中音乐收听的记录，并形成对用户音乐爱好的总结。这是通过大数据技术，精准捕捉用户的个人行为数据，进行分类与计算呈现的效果。

依托于丰富的数据收集，网易云音乐详尽收集了用户的听歌数据。每位用户收听次数最多的歌曲、发表的评论、收听时长、收听习惯等，均在这份报告上呈现。报告不仅描述了每位用户的音乐偏好，还深入剖析了用户的情绪与个性，为他们贴上独特的标签，为报告增添了更多个性化的情感色彩。

由此，用户在其中获得强烈的情感共鸣，成功在用户心中树立口碑，并通过他们的转发与分享，实现了最终的传播与刷屏效果。

图 9-5 网易云“年度听歌报告”页面

3. 大数据推广 + 社交媒体

随着微信等社交媒体的普及，社交大数据也成为新媒体营销中关注的热点。大数据推广与社交媒体结合的成果，体现在信息流广告。2015 年年初，微信朋友圈接入了信息流广告，微博紧跟其后；2016 年，陌陌在好友动态植入百威啤酒的视频信息流广告。信息流广告，是指植入在社交媒体好友动态中的广告。信息流广告和社交媒体的好友动态相仿，表面上无明显差异。同样可以点赞、评论、转发。品牌以“朋友”的形态发布广告，在提高曝光率的同时，减少受众对广告的不良反应，达到软性推广的效果。

信息流广告实现的基础，就是大数据。打开微信，刷一下朋友圈，会发现每个人看到的广告未必一样。这就是平台收集了用户在社交媒体的使用数据，通过算法推荐得到的效果。比起传统广告的抽样调查，社交媒体提供的大数据则更全面、更精准。微信朋友圈的信息流广告如图 9-6 所示。

图 9-6 微信朋友圈的信息流广告

【课堂讨论】

除了课本列举的例子，你还在什么平台刷到了信息流广告？和身边的同学对比一下，看看收到的广告是否一样？为什么会不一样？

单元五　新媒体运营中的大数据分析工具

在日常运营中，大数据分析能提供参考，解决工作问题，例如定位、选题、热点分析等。以下是三个新媒体运营中常用的数据分析工具。

1. 百度指数

百度指数（见图 9-7）是以百度用户的行为数据为基础的数据分享平台。运营者可以输入关键词，研究全网搜索情况及趋势，了解搜索需求，并能根据同一关键词，建立用户画像。

图 9-7　百度指数

【课堂活动】

以“大数据”作为关键词，从百度指数的结果中了解搜索“大数据”的人在关注什么，以什么类型的用户群体为主。

2. 知微事见

知微事见（见图 9-8）以分析网络热点事件为主。其通过搜集微博、微信等网媒平台数据，直观地呈现了事件的热度变化、影响力等情况。也可以看到各个渠道的媒体在不同时段的报道、舆论的偏向、受众的画像等数据。

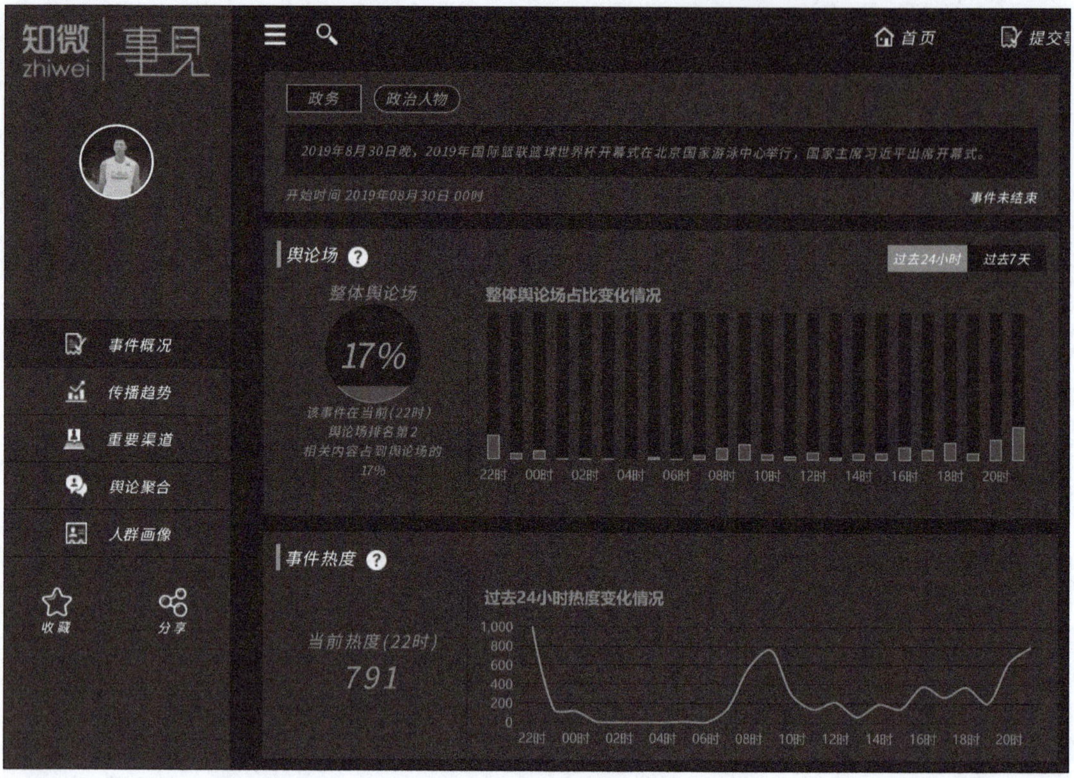

图 9-8　知微事见

3. 新榜

新榜（见图 9-9）主要采集微信公众号、微博、今日头条、抖音等新媒体内容平台数据，方便用户了解新媒体发展状况。平台主要提供新媒体榜单数据、平台分析数据及付费的数据采集分析服务等。

#	公众号	发布	总阅读数	头条	平均	最高	总点赞数	新榜指数	加入我的收藏
1	十点读书 duhaoshu	7/56	560万+	70万+	10万+	10万+	23万+	996.7	♡
2	有书 youshucc	7/56	553万+	70万+	98790	10万+	23万+	996.0	♡
3	洞见 DJ00123987	7/56	545万+	70万+	97323	10万+	23万+	995.2	♡
4	占豪 zhanhao668	7/54	536万+	70万+	99291	10万+	22万+	994.4	♡
5	一星期一本书 yer808	7/42	377万+	70万+	89785	10万+	79319	972.6	♡
6	百草园书店 Bai-Cao-Yuan	7/56	366万+	70万+	65451	10万+	12万+	970.2	♡
7	读者 duzheweixin	7/56	299万+	68万+	53439	10万+	23759	952.3	♡
8	三联生活周刊 lifeweek	21/48	273万+	177万+	56936	10万+	14340	950.1	♡

图 9-9　新榜

模块小结

1. 大数据推广的概念

从大量的用户 / 客户数据中挖掘有效数据，通过大数据技术进行分析与预测，最终使推广更加准确有效。

2. 大数据推广的特点

数据源多样、处理效率高、推广个性化。

3. 大数据推广在新媒体营销中的应用

借助大数据寻找受众、了解受众，进行受众定位；根据各类数据有针对性地开展新媒体营销活动，实现精准营销。

4. 大数据推广 + 新媒体营销

大数据在网络视频、新媒体电商、社交媒体上都有广泛的应用。

5. 新媒体运营中的大数据分析工具

常用工具有百度指数、知微事见、新榜。

练习题

一、单项选择题

1. 下列哪一种不属于大数据推广的特点？（　　）

A. 数据源多样　　B. 内容更丰富

C. 营销个性化　　D. 处理效率高

2. 下列哪一个不属于新媒体大数据平台？（　　）

A. 知微事见　　B. 百度指数　　C. 知乎　　D. 新榜

二、问答题

你还知道哪些"大数据推广 + 新媒体营销"的例子？尝试以"大数据推广 + ？"的格式收集几个案例。

三、情景演练

1. 假设你是一个微信公众号的运营者，需要追一篇热点文。请在知微事见上任选一个热点事件进行分析，并选取角度，草拟一个软文大纲（含标题）。

2. 自行选择一种商品，利用百度指数进行信息收集，了解关注这些商品的客户，并总结一个简单的用户画像。

四、讨论题

“《小时代》40% 的受众是高中生，他们是冲动型消费者；30% 是白领，对《小时代》感同身受，是营销导航的重点；20% 是大学生，他们是非核心消费者，但能影响其他受众；另外 10% 则为目前观影年龄在 26 ～ 35 岁的主题观众，他们是需要消除顾虑，扩大外延的群体。”根据大数据分析，乐视影业描绘出了《小时代》的目标影迷群体——“互联网原住民”。

在精准定位目标受众的基础上，乐视影业也深入洞察了这类消费者的偏好。根据大数据分析，《小时代》的受众“90 后”对名牌有着强烈的关注，因此在电影《小时代》中出现了令人眼花缭乱的奢侈品牌。当然，这一点也使得《小时代》站在了风口浪尖上，遭到众多人批评。然而，这也让《小时代》成为人们关注的焦点……

（资料来源：摘自《基于大数据分析的电影营销策略分析——以电影〈小时代〉为例》，作者：崔颖）

讨论：

1. 大数据会对电影制作、营销产生什么影响？

2. “大数据 + 电影营销”的优缺点有哪些？

参 考 文 献

[1] 秋叶，萧秋水，刘勇．微博营销与运营 [M]．北京：人民邮电出版社，2017.

[2] 沙凤娟．玩转微博营销：小微电商微博营销全攻略 [M]．北京：人民邮电出版社，2018.

[3] 唐绪军，吴信训，黄楚新．2019 中国新媒体发展报告 [M]．北京：社会科学文献出版社，2019.

[4] 科姆．微博营销：140 字的淘金游戏 [M]．刘吉熙，杨硕，译．2 版．北京：人民邮电出版社，2011.

[5] 冯英健．网络营销基础与实践 [M]．5 版．北京：清华大学出版社，2016.

[6] 杨飞，黄小波．自媒体运营从入门到精通 [M]．北京：中国商业出版社，2018.

[7] 顾倩，任家瑶，谭鹏燕，等．社交平台对休闲食品营销的影响——以微博为例 [J]．现代营销（下旬刊），2019（6）：83-85.

[8] 薛万欣，李丹丹，裴一蕾，等．微博红人自媒体营销行为及其效果分析 [J]．现代管理，2018，8（6）：681-687.

[9] 马昕晨．微博营销信息传播质量影响因素的 SWOT 分析——以“雀巢咖啡”为例 [J]．办公自动化，2019（15）：54-56.

[10] 何蕉蓝．基于 SWOT 分析的旅游景区微博营销策略探究 [J]．度假旅游，2019（1）：57-58.

[11] 王艳玲，李宸．微信公众号的传播特性及其营销优势 [J]．新闻爱好者，2017（10）：39-41.

[12] 杨丽敏．微信营销的价值及其运用价值管理 [J]．科技资讯，2017（25）：115-117.

[13] 尹瑞林．微信公众号企业营销策略研究 [J]．现代营销（下旬刊），2019（4）：78.

[14] 童清艳．新媒体现状及未来媒体发展趋势的分析研究——用户自主传播的媒体创意效应 [J]．今媒体，2017（3）：6-9.

[15] 高功步．从微信到微团购：微信营销体验与分析 [J]．互联网天地，2014（3）：73-74，77.

[16] 白柳．新媒体时代下的服装微信营销分析 [J]．赤峰学院学报（自然科学版），2015（20）：127-129.

[17] 夏永根．企业为什么要做微信营销？原因在这里 [J]．北方牧业，2014（24）：32.

[18] 刘静．大数据时代下电子商务平台实践发展研究——以淘宝网为例 [J]．改革与战略，2016（5）：122-126.

[19] 彭兰．“新媒体”概念界定的三条重要线索 [J]．新闻与传播研究，2016（3）：120-125.

[20] 何雯．微信营销的采纳意向影响因素研究 [D]．南京：南京师范大学，2015.

[21] 王明元．餐饮企业微博营销策略研究——以“西贝西北菜”微博营销为例 [D]．呼和浩特：内蒙古大学，2013.